シリーズ

新福祉国家構想 4

福祉国家型財政への転換

危機を打開する真の道筋

二宮厚美・福祉国家構想研究会──●編

大月書店

シリーズ刊行にあたって

このたび、福祉国家構想研究会が、その研究の成果を「シリーズ新福祉国家構想」として大月書店から刊行することになった。本書はその一冊である。刊行開始にあたって、本研究会がこうした企画を行なうに至った理由、ならびに研究会が共有している立脚点などを明らかにしておきたい。

本研究会は、現代日本で進行している構造改革政治を止めさせ政治を新たな福祉国家建設の方向に転換させるために、福祉国家型対抗構想を作成、発表して活発な論議を喚起することを目的としてつくられた。

では、いま、なぜ福祉国家型対抗構想が求められているのか。その点から説明しよう。

最も基本にある理由は、一九九〇年代中葉から推進された新自由主義改革により引き起こされた深刻な社会の危機に対処するためである。一九八〇年代初頭から一部先進国ではじまり九〇年代に入って世界的に普及した新自由主義改革は、日本でも「構造改革」の名のもとに展開されたが、その矛盾と被害はとりわけて深刻なものとなった。ヨーロッパ福祉国家では、新自由主義改革はグローバル企業の蓄積の増大、競争力強化をねらって福祉国家を成り立たせる二本柱、すなわち産業別労働運動による労働市場規制と、社会保障の制度に攻撃をしかけたが、ほかでもなく、これら二本柱の頑強な抵抗にあってジグザグを余儀なくされた。それに対し、戦後日本国家は、この二本柱がもともと致命的に脆弱であり、企業支配と日本型雇用、「土建国家」すなわち自民党政権の開発型政治による地方への補助金と公共事業への資金撒布を通じて国民統合をはかってきた。これが、日本企業の類い稀な競争力の源泉となり、他の先進国にない経済成長の持続を可能にしたのである。ところが、構造改革は、企業のリストラにより日本型雇用を縮小・改変し、さらに大企業負担の軽減のため地方に対する公共事業を容赦なく削減した。その結果、社会保障需要は大きくなったが、政府は、またしても大企業負担軽減のため、ただでさえ脆弱な社会保障制度についても本格的な削減に乗り出したから、社会の破綻は劇的なものとなった。企業リストラによる正規従業員の大量整理、非正規労働者の激増、いままで失業の吸収装置となっていた地域経済の停滞と雇用の縮小、最後の砦たる社会保障の削減が相俟って、餓死、自殺、ネットカフェ難民、ワーキングプアの激増というかたちで爆発したのである。

構造改革の矛盾が顕在化した二〇〇六年以降、政府も、それに対処するための対抗策を模索しうちだしたが、それは二つの方向をとった。一つは、構造改革の矛盾に対して一定の財政支出を行なうとともに大企業負担の増加を防ぐために消費税の大幅引き上げで対処しようという構造改革の漸進路線であり、他の一つは、大規模な公共事業による開発型政治への回帰である。しかし、いずれも事態の根本的な解決にはなっていない。国民の側からは、構造改革を停止するにとどまらず、その被害を拡大した「企業社会・開発型政治」のあり方を変革し、福祉国家型の対抗策すなわち労働市場規制と社会保障制度の拡充を行なうことが不可欠となった。これが、私たちが福祉国家型の対抗構想の必要を訴え、その研究を開始した基本的理由である。

こうした対抗構想の必要性は、この間の政治の激動のもとで、いっそう緊急性をおびるに至った。

第一に、二〇〇九年の総選挙で民主党が大勝し、民主党政権が誕生したことである。民主党政権の誕生自体が、構造改革政治を止めてほしいという国民の期待の所産であった。もともと、急進構造改革の路線を掲げて自民党と政権の座を争うべく登場した民主党は、二〇〇七年の参議院議員選挙を境に構造改革に懐疑的な路線に転換し、国民はその民主党に期待し、政権を委ねた。鳩山政権は、期待に応えるべく構造改革の枠から踏み出したが、財界、マスコミの圧力のもと、動揺をはじめ、続く菅政権での構造改革回帰をふまえて、野田政権ではふたたび構造改革政策の強行路線に立ち戻ることになったのである。

民主党政権という国民的経験は、二つの教訓を与えた。一つは、政権を替えれば、構造改革型政治に歯止めをかけて福祉型政治に転換できるという確信を与えたことである。子ども手当の半額支給、公立高校授業料無償化でさえ、自公政権下では、その実現は覚束なかったであろうことは明らかである。二つ目は、しかし、選挙めあての、トッピングのような福祉支出では、構造改革政治を止めることなどとうていできないという教訓である。構造改革政治を止めるには、労働市場の規制による安定した雇用の確保、体系的な社会保障制度、それを支える税・財政政策さらには大企業本位でない経済政策を含む国家レベルの対案が必要であることが明らかとなった。この二つの教訓は、いずれも福祉国家型対案が緊急に必要であることを示している。

第二に、三月一一日に日本を襲った大震災と原発事故の復旧・復興という課題も、福祉国家型対案の切実性、緊急性を示した。東北地方を襲った津波や原発事故の被害が異常に深刻化し、その復旧・復興が遅延しているのは、大企業本位の開発型政治と構造改革の結果にほかならない。東北地方を中心とした被災地域は、高度成長期から農業や地場産業の衰退にみまわれてきたが、自民党政権は自らの支持基盤維持のために大量の補助金、公共事業を撒布し雇用の場をつくると同時に企業の誘致をはかって、その衰退を取り繕ってきた。「土建国家」である。ところが、構造改革は、大企業負担軽減のため地方に対する財政資金を削減したから矛盾は一気に深刻化した。公共事業の削減は、地方の雇用を収縮し、財政危機は公務員の削減、医療、福祉、介護施設の統廃合をまねいた。財政支出削減をめざして強行された市町村合併も、公務員の削減、地方の公共サービス、福祉、医療の削減を加速した。地方が構造改革によって破綻しているところに、地震と津波が襲ったのである。

原発事故は、徹頭徹尾、大企業本位の政治の所産である。大企業本位のエネルギー政策が国策として原発建設を推し進め、利益誘導政治が、補助金撒布を通して地域に原発誘致を押しつけた結果である。オイルショック以降、いっそう原発重視に踏みこんだ政府は、通例の公共事業投資の行き届かない「僻地」にねらいを定め、電源三法交付金、固定資産税、電力会社からの補助金、原発への雇用をえさに、原発建設、増設を誘導した。さらに、地方構造改革のもと、原発誘致地域は、原発増設を認めるなかで自治体財政と地域の雇用をやりくりせざるをえなくなり、原発依存の悪循環に入りこんだのである。

したがって、大震災、原発事故の復旧・復興のためには、緊急に農地・漁港の修復、医療・社会保障施設の再建・充実、公務員の拡充をはかるとともに、長期的には農業、地場産業の本格的再建、福祉施設拡充による雇用拡大などを通じた福祉国家型の地域づくりが不可欠である。原発事故の被災地域においても、国の責任で、事故を収束させ、除染を行なうと同時に、原発ぬきのエネルギー・電力政策の実行、原発に依存しない地域づくりの構想が不可欠となる。これらは、いずれも福祉国家型対抗構想の重要な柱となる。

第三に、三月一一日後、政府は、構造改革路線を反省するどころか震災を好機として、それまで停滞していた構造改革路線の再強化のため、構造改革国家づくりの構想を提起したことである。一つは、構造改革型復興をうちだした東日本大震災復興構想会議の「復興への提言」である。これは、震災復興をテコに東北地方を構造改革型地域づくりのモデルとするべく、被災地域の農業・漁業の集約化、東北州というかたちでの道州制の先行モデル化、特区制度による企業活動に対する規制緩和、法人税引き下げ、原発再稼働などをうちだした。二つめは、消費税の当面五％引き上げを謳った「社会保障と税の一体改革」構想である。こうした構想を批判し、その実現を阻止するためにも、福祉国家型の対抗構想が急がれることとなったのである。

こうして、三月一一日を機に、大震災の復旧・復興の方向をめぐっても、構造改革か福祉国家型政治かの対決が激しくなっている。しかも、菅政権のあとを継いだ野田政権は、菅政権期の構造改革政治の停滞に苛立って、消費税引き上げ、環太平洋経済連携協定（TPP）参加、原発再稼働、普天間基地の辺野古移転などの早期実行を求める保守支配層の期待に応えるべく、これら課題の実現を急いでいる。

以上の諸点から、構造改革国家に対抗する福祉国家型対抗構想の策定、対置がますます急がれている。


では、構造改革に対置される「新しい福祉国家」とは何か。その構想の詳細は、本書も含めシリーズ各巻をご覧いただくほかはないが、ここで最低限の説明をしておかねばならないことがいくつかある。

まず、「福祉国家」とは何か、いかなる概念かという点にふれておかねばならない。福祉国家をひとまず定義づければ、産業別労働運動と国家による労働市場への規制、国と自治体による社会保障・教育保障をつうじて、すべての人々の最低生活保障に責任をもつ国家ということができる。この定義は、福祉国家による生活保障の二つの柱を包含している。福祉国家では、就業している労働者は、労働運動と国家の労働市場規制により安定した雇用と適正な賃金が保障される。他方、労働市場から排除された失業者、リタイアした高齢者、労働市場に参入する準備期にある子ども、障害のある人々等に対しては、社会保障、教育保障により生活保障がなされる。良質な雇用と社会保障によって生活保障に責任をもつ国家、これが福祉国家である。

こうした福祉国家は、歴史的には、一九世紀末に、産業資本主義、自由主義国家の矛盾の深刻化のもとで登場し、第二次世界大戦後の生産力増大に裏づけられて確立をみた。このような戦後福祉国家の雇用と社会保障の制度的確立には、労働組合の力を背景とした労働者政党の政権掌握があった。その意味では、労働者政党の政権獲得は、福祉国家の定着・確立の土台あるいは条件となったということができる。

福祉国家という理念は、第二次世界大戦後に普及したが、この理念はきわめて政治的、論争的なものであった。冷戦期には、資本主義的生産様式でも矛盾の解決が可能であることを証明する、社会主義に対する対抗国家構想として「西側」で頻繁に使われ、そのため戦後日本の社会運動の分野では「福祉国家」は資本主義の矛盾を隠蔽するものとして批判の対象でもあった。それでも、本研究会があえて「福祉国家」を対抗構想として使用したのは、現代の新自由主義改革が攻撃したのが、また私たちが追求する対抗国家構想の主たる内容が、「福祉国家」が掲げ確立した、雇用保障と社会保障という二つの柱だからである。

この点は、研究会がなぜ「新しい」福祉国家というのかという問いにつながる。

戦後ヨーロッパで確立をみた「旧い」福祉国家は、冷戦期に社会主義との対抗として登場したことから、アメリカを盟主とする軍事同盟体制の一翼に組みこまれ、その枠内で自由市場に参入し、またアメリカに軍事的負担の一部を肩代わりしてもらうことで成立した。冷戦体制の一翼としての国家であった。それに対して、新しい福祉国家は、アメリカを盟主とする帝国主義がグローバルな世界秩序の維持拡大のため、新自由主義と軍事大国化をめざして福祉国家の旗を投げ捨てていることに対し、反グローバリズム、反帝国主義、多国籍企業を規制する国家構想として掲げられている点で、正反対の位置に立っている。

また、旧い福祉国家が、重厚長大型の産業発展と大企業の成長に乗りその繁栄から得た税収で福祉国家政策を展開し、大企業も労使関係の安定のためにこの体制を容認したのに対し、新しい福祉国家は、現代の大企業がグローバル競争に勝ちぬくために福祉国家的制度を否定し、新自由主義を要求するのに対抗し、大企業に対する強い規制と負担によりその運営をはかろうとする点で、大きく異なっている。

にもかかわらず、旧福祉国家にもめざすべき新福祉国家にも共通するのが、そしてほかでもなく、戦後日本国家に欠落していたのが労働市場規制による雇用保障と強い社会保障制度である点は、あらためて強調しておかねばならない。

本研究会がめざす「新しい福祉国家」は、新自由主義型国家に対抗して、六つの柱をもっている。

第一の柱は、憲法第二五条の謳う、人間の尊厳にふさわしい生活を営むことを保障する権利を実現するために必要な雇用保障と社会保障の体系である。安定した雇用と社会保障は、車の両輪であり、どちらが欠けても人間らしい生活を営むことはできない。その意味で、この柱は、福祉国家型構想の中核をなすものである。この柱については、本研究会の特別部会である「福祉国家と基本法研究会」が社会保障憲章、社会保障基本法というかたちで具体化し、『新たな福祉国家を展望する――社会保障基本法・社会保障憲章の提言』（旬報社）として刊行した。

第二の柱は、そうした雇用と社会保障の体系を実現し福祉国家を運営する税・財政政策である。福祉国家型の税・財政とは、雇用、社会保障、地域の産業を支える大きな財政である。新しい福祉国家構想は、税・財政政策ぬきには現実性をもちえない。菅政権が集中検討会議の議論をふまえて決定した「社会保障・税一体改革成案」は、社会保障制度改革と消費税引き上げを主とする税制改革――つまり第一の柱と第二の柱に対応する構造改革型構想を文字どおり一体のものとして提示した。私たちの対抗構想は、これに正面から対置されるものである。

第三の柱は、政府の「新成長戦略」や復興構想会議の「提言」が示すような、大企業本位の経済成長ではなく、農業、漁業、地場産業、福祉型公共事業、教育・医療・福祉領域の雇用を中心とする地域社会と地域に根ざす産業主体の経済構想である。大震災からの復興において、復興構想会議は、大企業本位の「地域主権型」地域づくりの構想を提示しただけに、被災地域の住民本位の復旧・復興のためにも、対案の具体化が急がれる。

第四の柱は、国家責任を放棄して地方に構造改革を丸投げする、いわゆる「地域主権改革」に対抗する福祉国家型の国と地方のあり方を示す対案である。今度の大震災、原発事故ほど、国家が、生存権の保障のためにいかに大切な責任と役割をもっているかがわかったことはない。同時に、人々の暮らしが、市町村をはじめとした自治体、その制度の支えにより成り立っている「地域」の結びつきなくしてはありえないこともあらためて実感された。国と地方自治体は、人権保障のにない手として共同しなければならない。

第五の柱は、原発を廃止し原発に代わる自然エネルギーを中心としたエネルギー政策である。これも福島原発事故という、きわめて高い代償を払って私たちが実感した点である。原発ぬき、脱化石燃料依存のエネルギー政策がうちだされなければならないし、そのためには、エネルギー多消費型産業の転換、過労死社会のライフスタイルの転換も展望されねばならない。

第六の柱は、日米軍事同盟を見直し安保条約を廃棄し、自衛隊を縮小し、憲法第九条を具体化する安保・外交構想である。


本研究会のめざす新しい福祉国家は、大企業本位の資本主義に強い規制をかけるものではあるが、資本主義そのものの否定ではなく、それに修正をくわえるものである。

この新しい福祉国家構想を日本で掲げるさいに留意すべき点が二つある。一つは、日本における新福祉国家戦略では、戦後日本国家の特殊性から、まずは、ヨーロッパ福祉国家がすでに確立した労働市場規制と強い社会保障制度そのものの継承と実現、すなわち旧い福祉国家の完成をもめざさねばならない、という大きな課題をもっている点である。企業主義的労働運動による産業別労働運動の弱体と相俟って、これら制度の致命的脆弱性が、現代日本社会に特別の困難をもたらしているからである。

二つめは、日本の新福祉国家建設は、その拠り所として、日本国憲法の諸原則、とくに憲法第九条と第二五条をもっているということである。日本国憲法が、アジア・太平洋戦争に対する強い反省と、当時世界史的に課題となっていた貧困の克服、福祉国家建設をめざして制定されたことから、日本国憲法は新福祉国家の理念を規範的に表明したものといえるからである。

本研究会は、構造改革の被害が顕在化し福祉国家型の対抗構想の必要性が高まった、二〇〇八年に四名を共同代表に発足した。私たち四名は、すでに一九九〇年代半ばから、冷戦終焉後の経済グローバル化のもとで大企業の競争力強化をねらって展開された構造改革を批判し、それへの対抗構想として新たな福祉国家構想の具体化を主張してきたが、その具体化のためには研究会による共同作業が不可欠であると考えたからである。

本研究会は、二つの目標をもって出発した。一つは、全領域で展開されている構造改革の手法とその新たな展開について機を失せず、批判的解明を行うことである。もう一つが、生活の領域ごとに、構造改革に対抗する福祉国家型対案を具体的に作成・公表することである。

本研究会は、構造改革に反対し、雇用の確保や社会保障の充実をめざすさまざまな領域の運動が進むべき方向を提示することで運動の期待に応えようとしてつくられたものであるから、対案作成においても、各領域の活動家と研究者の緊密な共同作業を心がけた。そのため、研究会には研究者だけでなく、多数の現場の活動家がくわわることとなった。本研究会は、全体会において、つねに進行する構造改革の現段階の分析を行ない、国家レベルの対抗構想を念頭におきながら、同時に分野ごと課題ごとに部会や検討チームを設けて、各論的対案の作成にあたることとした。本シリーズは、そうした全体会、部会での共同の検討の成果である。

本研究会では、先に掲げた福祉国家の六つの柱を念頭におきつつ、第一の柱に対応して、医療と介護部会、教育の無償化や後期中等教育などを議論する教育部会、失業時保障の構想や労働市場政策を議論する雇用部会、所得保障構想部会などを設け、続いて、第二の柱に対応する税・財政構想部会、第三の柱に対応する地域経済構想と産業構造を研究する部会、第四の柱に対応して原発政策の政治・経済学的検討を行なう部会、第五の柱に対応し「地域主権改革」批判、福祉国家型地方自治体構想を策定する部会、第六の柱に対応する安保・外交政策部会、さらに、全体にかかわって福祉国家の理論と思想を検討する部会などを設け、その成果を逐次、出版物として発表していくつもりである。

本書の読者が、本研究会の意図に応えて、本シリーズの全体に目を通しこれら対抗構想を批判的に検討され、運動や分析の武器として活用されることを期待したい。

二〇一一年一一月

福祉国家構想研究会共同代表　岡田知弘・後藤道夫・二宮厚美・渡辺治

◉目次

序章 競争国家か福祉国家かの対抗関係

1 いまなぜ福祉国家型財政への転換なのか

本書は、現代日本における福祉国家型財政に向けた転換を考えようとするものである。いまなぜ福祉国家型財政への転換を問うのか。「転換」というのは、あるものから他のものへの変化・転化を意味するから、私たちは、まずこれまでの日本の財政構造を「非福祉国家型」または「反福祉国家型」のものと把握する。そのうえで、アンチ福祉国家型から福祉国家型への転換を課題と考えるのは、およそ三つの理由による。

第一は、アンチ福祉国家の財政構造は、当世風にいうと、持続可能ではないことである。アンチ福祉国家のことを、ここでは仮に「グローバル競争国家」と名づけておくとすれば、戦後福祉国家の解体に向かう新自由主義路線上の「グローバル化のなかの国民的競争国家」化は、近い将来に限ってみても、サステナビリティ（持続可能性）に欠ける。世間では、社会保障や教育・福祉に手厚い福祉国家型財政こそが持続可能ではなく、早晩破綻するとする見方が支配的であるが、そうではなく、実は逆である。アンチ福祉国家の新自由主義的な競争国家のほうがサステナビリティに欠き、むしろ新たな福祉国家に転換する路線に立つことが将来の展望につながるのである。新自由主義的な競争国家はやがて脱線というか、破綻に向かわざるをえず、この破局から脱出するためには、福祉国家の再構築（つまり新福祉国家）が課題にならざるをえない。これが本書で「福祉国家型財政への転換」を課題とする第一の理由である。

第二は、福祉国家型財政への転換が一つの歴史的必然だということである。この必然性は現代資本主義の帰結、つまり現在進行中の新自由主義的な資本蓄積から生まれる。資本蓄積とは、平たくいうと、企業が利潤を再投資してその経営規模を拡大していくことである。現代の世界に広がる新自由主義的蓄積は、それに固有な様式のもとで、福祉国家そのものとその国家を担う財政の構築を歴史的課題として浮上させる。この「新自由主義的蓄積→福祉国家型財政の構築」の必然的コースをつかみ取ることが、福祉国家型財政への転換を問う第二の理由となる。

第三は、福祉国家型財政への転換が望ましい、期待される、また適切・妥当であるとする国民多数の意思と世論を本書が共有することである。福祉国家型財政への転換を待望する世論は、もちろんたんなる願望ではない。将来を賭けたこの選択は、現代日本の場合には、憲法的規範に依拠した価値意識によるものであり、確固とした社会的根拠に根ざして生まれるものである。たとえば、全国民に「健康で文化的な最低限度の生活」を保障する憲法第二五条は、生存権保障のための福祉国家の確立を国民的合意のもとにおく。かかる憲法的価値観を前提にし、また国民的合意のものとして、福祉国家型財政への転換を考える、これが第三の視点となる。ここで憲法的価値観にあえてふれたのは、いま日本が、安倍政権下において、戦後最大の憲法危機に直面しようとしているからである。福祉国家型財政への転換は、現代日本では、アンチ福祉国家派の主流に位置する「改憲型新自由主義」に対するカウンター・ポリシーなのである。

2 「土建国家か福祉国家か」から「新自由主義か新福祉国家か」へ

歴史上の転換は、いつの場合も、過去の旧い体制に別れを告げて新たな方向に向かうことを意味する。したがって、福祉国家型財政への転換という場合にも、まず、従来の旧い体制がなんであったかを明確にしておかなければならない。ただ、ここは、過去の体制がいかなるものであったかを歴史的に詮索する場ではないから、いささか抽象的な表現になることを覚悟して、簡潔に過去を振り返っておくことにする。

福祉国家概念と対比させていうと、二一世紀に入る前の日本は「土建国家」であった。土建国家は、高度成長期以降の日本において、自民党の利益誘導政治がつくりだしたものである。この土建国家のもとでの社会保障および教育・雇用は、戦後日本に独特な企業社会的性格を色濃くもって構成されていたから、日本の福祉国家的行財政制度は、端的にいって、「利益政治プラス企業社会」の支配のもとにおかれてきたといってよい。国民多数の生活や労働は、大きな土建国家と強力な企業社会によって支配され、その結果、福祉国家的諸制度はヨーロッパに比較して未熟で脆弱なものにとどめられてきたのである。[*1]

ただし、本書が課題とする福祉国家型財政がいま相手にするのは、この土建国家にあるというわけではない。現代日本には、「土建国家か、それとも福祉国家か」という対決の構図のもとで、これからの日本の福祉国家財政を問おうとする論者がいるが、[*2]この見方は半分以上当たらない。というのは、二一世紀に入って以降、過去すでに二回ばかり、土建国家からの転換が進められてきたからである。

その第一は、小泉構造改革による新自由主義路線上での転換であった。小泉政権による新自由主義的構造改革とは、利益誘導政治のもとでの「大きな土建国家」と「脆弱な福祉国家」をもろとも解体しようとするものであった。小泉首相が口にした「自民党をぶっ壊してでも進める構造改革」とは、政官財（または政官業）トライアングルのもとでの「大きな土建国家プラス脆弱な福祉国家」をぶち壊すことだったのである。土建国家をあらわす公共事業費と福祉国家をあらわす社会保障費の両方が、削減・抑制に向けて大なたをふるわれたのは、このためである。この新自由主義的構造改革は、各政権による強弱の違いを横においていえば、基本的に、その後の安倍・福田・麻生政権に継承された。

第二の転換は、その後、民主党鳩山政権期に起こった。鳩山民主党が二〇〇九年総選挙のマニフェストに掲げた「コンクリートから人へ」のスローガンは、「さらば土建国家」を意味するものにほかならなかった。ただし、土建国家からの転換に向かって鳩山政権がとった舵取りは、性格からみれば異質な二つの路線上のものであった点に注意しておく必要がある。

まず、「コンクリートから人へ」の第一の意味は、その言葉どおり「人間重視」の路線、すなわち福祉国家を志向する選択肢にあった。民主党政権が表看板に掲げた「国民生活第一」のスローガンは、「土建国家から福祉国家への転換」をさし示すものだったのである。実際に、鳩山政権期の財政は、額としては大したものではなかったにせよ、児童福祉、生活保護、公教育、医療・介護等にウェイトをかけたものであった。

ところが、民主党政権には、この福祉国家志向とは別のレールが残っていた。「残っていた」というのは、〇六年にはじまる小沢代表期以前の岡田・前原代表期の民主党では、福祉国家志向派ではなく、小泉構造改革とスピード競争を競い合う新自由主義派が主流を占めていたからである。この民主党新自由主義派がねらった土建国家からの転換とは、「土建国家から福祉国家へ」ではなく、「土建国家から新自由主義的構造改革へ」の転換であった。

〇九年の政権交代選挙によって成立した民主党政権は、二面的色彩を帯びていたのである。この二面性は二股的差異、上半身・下半身の違い、ジキルとハイド、マーメイド、あるいは両生類的性格と、どのように形容してもかまわない。[*3] いまここでかりに両生類の比喩を使っていうとすれば、かつての民主党政権は、いわば肺呼吸期の福祉国家志向路線に立って土建国家に別れを告げ、エラ呼吸期の新自由主義に依拠して土建国家を葬りさろうとした。これが、二一世紀における土建国家からの第二回目の転換であった。

いかにも残念だったことは、両生類的性格をもった民主党が、菅政権以降、早々と福祉国家志向の肺呼吸によって生きのびる力を捨てさり、歴史逆行的なエラ呼吸期の新自由主義に立ち戻って、いわば自死・自滅の道に向かったことである。エラ呼吸の政権とは、いうまでもなく野田政権である。野田政権は、かつての岡田・前原民主党時代の新自由主義的構造改革路線に回帰し（つまりエラ呼吸期に立ち戻り）、肺呼吸期の福祉国家志向の選択肢を投げ捨てるようにして、自ら命を絶ったのである。野田当人は自らをドジョウのようなものと例えたが、民主党政権は、肺で呼吸する「ハト」からエラで呼吸する「ドジョウ」に変わったところで崩壊した、といってよい。

現代日本は、ふたたび自民党安倍政権のもとにある。ただこの政権は、同じ自民党政権といっても、かつての土建国家時代のそれではなく、新自由主義路線上に立つ政権である。すでに土建国家は、二一世紀に入って以降、その右サイドから新自由主義の攻撃を受け、さらに左サイドから福祉国家志向派の攻勢を受けて、過去の物語になりつつある。福祉国家型財政への転換で問われる現在の対決の構図は、もはや「土建国家か福祉国家か」の対抗関係ではなく、「新自由主義か新福祉国家か」の対決にあるといってよい。[*4]

したがって、いま日本で福祉国家型財政への転換という場合、別れを告げなければならない体制とは、何よりも新自由主義がめざしてきた「グローバル競争国家」ということになる。もちろん、過去の土建国家が企業社会的社会保障制度等とあわせて、現代日本ではいまなお残存しているから、福祉国家型財政に向けた転換は、土建国家との別離でもある。ただ、ここでそれ以上に重要なことは、「グローバル競争国家」をめざす新自由主義的構造改革路線が過去のものになってしまったとはいえず、それどころかむしろ、安倍政権の手で従来以上に激しく、執拗に追求され、現在進行中のものだということである。政治状況に照らしていえば、安倍政権は、二〇一二年師走総選挙の結果、日本維新の会やみんなの党といった過激な新自由主義派の加勢を受けて、新自由主義路線上をいちだんと加速して走る可能性が強くなった。つまり、現代日本の現実は、「新自由主義から新福祉国家へ」という楽観的見通しのなかにあるとは必ずしもいえず、「グローバル競争国家か新福祉国家か」の激しい対決のなかにおかれている、といわなければならない。

3 新自由主義、新福祉国家、ポスト福祉国家の三潮流

「グローバル競争国家か新福祉国家か」の激しく鋭い対決のなかにおかれた現代日本では、大づかみに

いって、理論・政策面で三つの潮流がひしめき、互いに衝突を繰り返すことにならざるをえない。

まず、第一の潮流は、現在の自民党安倍政権が立脚する新自由主義路線である。現代日本で時代を現実的に主導するのはこの新自由主義派である。だが同時に、上記した三つの理由にもとづいて、この潮流に対抗する新福祉国家派の力が強まり、第二の潮流を形成する。ところが、この「新自由主義か新福祉国家か」の対抗関係のなかにおいて、第三の潮流が生まれる。これが世間一般にいう「第三の道」である。この「第三の道」は、第一の新自由主義と第二の新福祉国家が対抗関係に入ったときに登場する中間派ないし折衷派的性格を帯びたものにならざるをえない。[*5]

ここでは、その「第三の道」をかりに「ポスト福祉国家」派と呼んでおくことにしよう。現代日本で注意しなければならないことは、この「ポスト福祉国家」派の課題が「ポスト土建国家」の課題にダブってくることである。なぜなら、先にふれたように、日本の現代史では「土建国家か福祉国家か」の選択が問われつづけてきた経緯があるからである。「土建国家か福祉国家か」の対決線上で後者の福祉国家に与しようとすれば、課題はおのずと脱土建国家（ポスト土建国家）に向かわざるをえない。ところが同時に、この「ポスト土建国家」は、「新自由主義か新福祉国家か」の対決戦に組みこまれた場合には、新自由主義の力に圧倒されるようにして新自由主義に親和的となり、新福祉国家とは一線を画した「ポスト福祉国家」の性格を帯びるようになるのである。

こうして、現代日本には、福祉国家型財政への転換をめぐって、三つの潮流、すなわち①転換を推進しようとする新福祉国家派、②転換を阻止しようとする新自由主義派、③第三の道を志向するポスト福祉国家派の三つが存在する。三者はひしめき、つばぜりあいを繰り広げる。

これら三者のなかで、いちばん微妙な位置にあるのは、いうまでもなくポスト福祉国家派である。まずポスト福祉国家派は、アンチ土建国家（または非土建国家）の立場を新自由主義派および新福祉国家派と共有する。つまり、積極的か消極的かの違いを問わないとすれば、三者はともにアンチ土建国家（非土建国家）の立場に立つ。次に、ポスト福祉国家派は新福祉国家派とともに福祉国家には親和的な立場、つまり「親福祉国家」の立場に立って、福祉国家を敵対視する新自由主義とは一線を画する。ただし、このポスト福祉国家派は、新福祉国家派とともに新自由主義に対決・対抗する立場に徹するかといえば、必ずしもそうとはならない。新自由主義派に対するポスト福祉国家派の立場が、明確な反新自由主義ではなく、せいぜいのところ非・新自由主義の立場にとどまるとき、ポスト福祉国家派は文字どおり「脱福祉国家」の道、日本人好みの言葉でいえば「福祉国家超克」の道に向かうことになるのである。

この点を押さえて、新自由主義、新福祉国家、ポスト福祉国家のそれぞれが、福祉国家型財政への転換が問われるときの主要争点において、いかなる見取り図のもとにおかれるかをみておくことにしよう。

4　グローバル競争国家に向けた新自由主義の財政戦略

一九九〇年代以降本格化する経済のグローバル化、これが財政上の主要な争点が生まれた最大の背景であった。ここで経済のグローバル化とは、さしあたり、グローバルな市場化のこと、したがって、全世界がカネ、モノ、サービス、人、情報等の自由な市場取引関係のもとに包摂されることを意味した。九〇年代には、このグローバル化を評して「メガ・コンペティション（大競争）時代の到来」と呼ぶ風潮が広がったが、新自由主義はこの風潮のなかで活気づくことになる。

新自由主義はまず、グローバル化とともに国民国家は黄昏《たそがれ》時を迎える、と主張する。たしかに、世界の自由市場化を放任すれば、カネ・モノ・人が国境をぶち抜いて自由に動きまわり、地球上はボーダーレス化（無国境化）し、国民国家は無力化していかざるをえない。国民国家に属する財政主権で最初に希薄化し、空洞化していくのは、租税主権（＝高権）である。というのは、高利潤をあげる大企業や高所得の富裕層は、貨幣所得に高い税金をかける国を逃れて、低税率の地域に資金を移す自由を手に入れるからである。グローバル化は大企業や富裕層に税金逃れの自由を与える――新自由主義がグローバル化のなかで発見した新たな環境はこれであった。

新自由主義はグローバル化が切り開く新天地に立って、欣喜《きんき》雀躍《じゃくやく》、戦後福祉国家のもとで確立した累進所得税制の無効・無力化を宣言する。その第一声が、グローバル化のもとでは累進的個人所得税制は役に立たない、高収益の大企業から税金をとるのは無益なこと、というものであった。個人であれ企業であれ、高い課税をつきつけると、安い税金の国へと逃げ出してしまう、だからもう高額所得層に目をつけた税制や税収はあてにできない。手っ取り早くいって、このような主張が新自由主義の鬨《とき》の声になったのである。

これは、「グローバル化→国民国家の黄昏→租税主権の無力化→累進的所得税制の無効化」の論理に要約される。個人・法人の所得課税に依存できないとなると、国家の財政は別の税源に頼らざるをえない。それは、基幹税を従来の所得・資産税から他の税目にシフトさせるほかはない、ということである。他の税源とは、グローバル市場に対して中立的な消費税（付加価値税）である。そこで、新自由主義がグローバル競争国家化に向けて掲げる第一のテーゼは「消費税の基幹税化」となる。

日本では、消費税導入以降、前世紀末から今世紀に入るまでに数々の税制改革が進められてきたが、その基本は、個人・法人所得税の減税と消費税の増税であった。この流れを神野直彦は明快に「所得税基幹税主義の解体戦略」と呼んでいる。[*6] これこそは、新自由主義の税制改革戦略だったのである。

ところが、この「所得税基幹税主義の解体」による「消費税の基幹税化」は、財政の所得再分配機能に重大な転換を呼び起こすことにならざるをえない。というのは、伝統的な福祉国家は所得・資産税を基幹税にすえた垂直的所得再分配を基軸としていたからである。かつて林建久は福祉国家の「基礎」、あるいは「中核」、さらに「本質」にあたるものとして税財政の所得再分配機能を強調したことがあるが、[*7]彼のいう所得再分配とは、垂直的所得再分配にほかならなかった。垂直的再分配とは、所得上層から下層へのタテ型の再分配のことを意味し、その機能は何より累進所得税制を基軸において担保されるものであった。

だが、消費税は逆進税の呼び名も高い大衆課税の悪しき典型である。消費税を財源にした所得再分配は、とうてい垂直的再分配といえたものではない。その財源を消費税に求める所得再分配は、主として中間的所得層以下の大衆的負担による再分配となるから、その構造は大衆内部あるいは相互間の水平的所得再分配にとどまる。したがって、「所得税基幹税主義→消費税基幹税主義」というシフトは、「垂直的所得再分配→水平的所得再分配」の転換を誘発して進められることになる。グローバル競争国家化に向けて新自由主義がうちだす第二の戦略は、この所得再分配構造の転換である。

とはいえ、新自由主義がグローバル化の波に乗って基幹税や所得再分配の転換を推し進めたとしても、所得税や垂直的所得再分配を完全に廃止することはできない。なぜなら、その他の事情を一切無視しても、現代日本には憲法があるからである。憲法は、全国民に生存権を保障し、税制でいえば応能負担原則を導き出す。グローバル化の波は、国民国家を空洞化し、憲法体制の内部を浸食しようとするが、どこまで行っても、憲法そのものを廃棄しないかぎり、生存権保障や応能負担租税原則を完全に葬りさることはできない。つまり、憲法が現存するかぎり、神野のいう「所得税基幹税主義」にもとづく垂直的所得再分配は、なお強靭な生命力をもって生き続けるのである。

そこで、この憲法体制に対して新自由主義は第三の計略を案ずる。その案は、憲法の力によって生き続ける垂直的所得再分配機能を絶対的に圧縮・抑制することである。端的にいって、これは社会保障財政の削減・圧縮・抑制策となる。たとえば、生活保護費を切り下げる、診療報酬を削減・抑制する、年金支給額を引き下げる、保育・福祉費用を圧縮する、といった施策がこれにあたる。これらをここでは「社会保障財政の圧縮」と呼んでおくことにしよう。

この社会保障財政の圧縮とは、福祉国家の垂直的所得再分配機能に即していうと、垂直的再分配の絶対的な縮小を意味する。いまここで「絶対的縮小」と表現したのは、垂直型の所得再分配を水平型に切り替えることは、再分配構造の水平化による垂直的所得再分配の「相対的縮小」を意味するからである。新自由主義は、垂直的所得再分配の水平化によってまずその機能の「相対的縮小」をねらい、続いて、それでもなお残る垂直的再分配機能の「絶対的縮小」をねらって第三の戦略に乗りだすのである。林建久（先述）がいうように、垂直的所得再分配機能が福祉国家の「基礎」「中核」「本質」であるとすれば、新自由主義はこの機能の絶対的縮小をねらう「社会保障財政の圧縮」に走って、福祉国家にとどめを刺そうとする、といってよい。*8

5　ポスト福祉国家派のグローバル競争国家派への迎合

新自由主義の戦略は、①消費税の基幹税化、②垂直的所得再分配構造の水平型への転換、③社会保障財政の圧縮の三点にまとめられる。現代日本の「税と社会保障の一体改革」の課題に即していうと、民主党野田政権から自民党安倍政権をつらぬく「一体改革」路線は、まさしくこの新自由主義戦略を具体化したものにほかならなかった。この点は、本書第1・2・4章で明らかにされる。

いまこの序章でみておかなければならない点は、この新自由主義戦略に対する新福祉国家派、ポスト福祉国家派の位置取りである。

論旨を明確にするために、まず新福祉国家派（すなわち本書）が新自由主義戦略に対してとる立場を述べておこう。新福祉国家派は、いうまでもないことだが、新自由主義戦略のいずれに対しても「ノン」の立場に立ち、正面から対決関係に入る。念のために述べておくと、①所得・資産税基幹税主義に立って消費税にはノー、②垂直的所得再分配を基軸にした福祉国家の継承、③社会保障財政の絶対的拡充の声をあげる。これが本書全体の基調となる。

問題なのは、ポスト福祉国家派の位置取りである。現代日本の論壇が一種の混迷状況に陥るのは、このポスト福祉国家派に対する評価が確定していないためである。言い換えると、ポスト福祉国家派の位置づけがあいまいなために、一般の論壇・ジャーナリズムのみならず、学会レベルでも混迷・錯綜と呼んでよいような状態が続いている、といわなければならない。

ポスト福祉国家派は、まず「消費税の基幹税化」の趨勢に屈服する。これが「新福祉国家かポスト福祉国家か」の選択肢における最初の岐路となる。つまり、グローバル化のもとでは、福祉国家であれなんであれ、もはや所得税を基幹税にした財源に依拠することはできない、というのがポスト福祉国家派に共通した出発点である。ここでは、その代表的論者の神野直彦の見方を紹介しておくと、彼は、グローバル化の進行過程では、「租税負担率を高めれば、資本は一瞬のうちに租税負担率の低い国民国家にフライトしてしまう。したがって、高額所得を形成する資本所得に対して、累進的個人所得税や法人税で重い租税負担を課税する福祉国家の租税制度の維持が困難となる」という。[*9]

先に紹介したように、神野は新自由主義的税制改革を鋭く「所得税基幹税主義の解体戦略」と批判するが、同時に、この「所得税基幹税主義の解体」そのものはグローバル化の帰結としてそのまま受けいれるのである。公平を期すために述べておくと、彼が所得税基幹主義の解体に加担するとか、グローバル化を積極的に推進する立場に立つ、というわけではない。彼は、グローバル化を歴史的に不可逆的なものとして受容し、いわば消極的・受動的に容認するのである。これは、いささか手厳しくいうと、「グローバル化のなかの国民的競争国家」化の動きに受動的に屈服することを意味する。

いまここでポスト福祉国家派と名づけた潮流に属する人々は、その出発点において、この「グローバル化のなかの国民的競争国家」化を消極的ながら受容する点で共通するグループを形成する、といってよい。たとえば、宮本太郎、井手英策らがその代表である。彼らは、神野と共通して、基幹税としての所得税を放棄するわけではないが、グローバル化のなかでは、消費税（付加価値税）を所得税に並ぶ基幹税として受けいれる。[*10]その他にも、彼らは共通して、本書で後にみる「福祉国家の分権的解体」を受容するが、それは「グローバル化→国民国家の黄昏→分権化」の推論に立脚するためである。この推論に立って、神野は、かなり早くから次のように述べていた。

中央集権のパラダイムが崩れ、地方分権化の動きが強まるのはなぜか。「それは市場経済のボーダレス化が進み、国民国家が国境を管理する能力を、希薄化させてしまう『国民国家の黄昏』という現象が、生じているからだといってよい。国民国家が国境を管理する能力を希薄化していけば、中央政府が累進所得税や法人利潤税の課税を強化しようとしても、一瞬のうちに資本は、国境を越えて海外へとフライトしてしまう」[*11]

この指摘にみるように、神野に代表されるポスト福祉国家派は、グローバル化の受容・容認を起点において、新自由主義によるグローバル競争国家化の潮流に引きこまれ、迎合することになるのである。いうまでもなくここでは、「消費税の基幹税化」を入り口にして、新自由主義による「垂直的所得再分配構造の水平型への転換」にも同調せざるをえない。この傾向は、ポスト福祉国家の「大きな政府」を構築するには消費税のような逆進的税制に頼るほかはないとする神野の主張、すなわち「社会ヴィジョンとして『大きな政府』を目ざすのであれば、逆進的な租税制度を築くことが原則になるのです」とする主張にあらわれている。[*12]

先に指摘しておいたように、所得再分配の財源を累進的所得税に求める場合と、逆進的消費税に求める場合とでは、再分配の構造に大きな違いが生まれるのは自明である。所得再分配の構造は垂直型から水平型に転換する。この転換によって生まれる福祉国家のイメージは、もはや伝統的福祉国家像に同じものとはとうていいえない。本書でかかる思潮を「ポスト福祉国家」と形容したのは、このためであるが、この派に属するグループは「脱福祉国家像」を「福祉ガバナンス」、「分かち合いの経済」、「ユニバーサリズム」等の言葉で表現してきた。[*13]「分かち合い」の名目で、貧しき者への負担を正当化しようとしたのは神野である。彼は、『大きな政府』にするということは、国民が協力して『分かち合い』で生きていこうとするのですから、貧しい国民にも負担を求めることが正当化されます」と述べ、貧しき者同士の水平的分かち合いを合理化・正当化しようとした。[*14]

神野流の「分かち合い」の修辞をユニバーサリズムに言い換えたのが井手英策である。井手は、逆進的税制による福祉を神野以上に強調する。福祉用語としてのユニバーサリズムとは、日本語に訳すと、もともとは「普遍主義」を意味するものであったが、彼は、これを「受給・負担の両面で人びとを等しく取り扱うということ」と拡大解釈し、[*15]社会保障財政に適用して、「低所得層と中間層を区別しないかわり、中間層を受益者としつつ、低所得層にもそれなりの負担を求める方法だ」と主張する。[*16] なんのことはない、富者と貧者を負担・受益両面で平等に扱うのがユニバーサリズムだというのである。負担平等の典型は人頭税である。一人頭いくらという画一的均等による税金がその代表例であり、給付面でいうと、たとえば児童手当や国民年金のように、一人当たり画一平等の給付金がその典型となる。

ここでは、垂直的所得再分配はほぼ完全に崩れる。井手は、「住民税の均等割や地方消費税、地方環境税などは、所得の多寡を重視せず、人びとに広く負担を求める税であり、よりユニバーサルな租税体系と位置づけられる」という。[*17] だが、富裕層から中間層、そして低所得層まで、その所得の違いをほとんど無視して、広く均等な負担を求める税制で支えられた「福祉国家」は、もはや福祉国家と呼べる代物ではあるまい。むしろそれは、新自由主義が理想郷とする市場社会に近いものだといわなければならない。なぜなら、所得の多寡を一切問題にせず、富者であれ貧者であれ、負担・受益の両面において差別をもちこまず、万人を同等・平等に扱うのは、実は市場だからである。

神野の「分かち合い」概念から井手の「ユニバーサリズム」概念への「理論的変遷」は、ポスト福祉国家派がじわじわと新自由主義的競争国家派の勢いに押されていく様子を物語るものである。井手のいうユニバーサリズムは、神野の「分かち合い」よりも新自由主義に対して親和的である。そうなったのは、神野がポスト福祉国家を「希望の構想」として設定するさいに、かつての土建国家と新自由主義的競争国家の両者に替わるオルタナティブとして論じるのに対して、井手の場合には、もっぱら土建国家に替わるも

別表　福祉国家財政をめぐる三潮流の対応

	消費税の基幹税化	所得再分配の水平化	社会保障費の抑制
新自由主義	○	○	○
ポスト福祉国家	△	○	×
新福祉国家	×	×	×

注）○（賛成），△（半ば賛成），×（反対）。

のとしてユニバーサリズムを対置するからである。たとえば井手は、新自由主義に対して、「小泉構造改革が標榜した新自由主義思想を免罪すべきではない。だがそうした効率性や競争の必要を声高に訴える思想が、なぜ人びとにうけいれられたのか。この点にこそ問題の本質がある」として、[18]福祉国家が日本において十分な発展を遂げなかった理由を、主として土建国家期に形成された財政構造上の歪みに求めている。神野にくらべて、井手には新自由主義に対する対抗意識が薄いのである。

ただ、ここではこれ以上、ポスト福祉国家派内部の問題には立ち入らない。いまここで重要な点は、両者間に違いがあるとはいえ、ポスト福祉国家派は消費税等の増税に与するが、同時に、その財源で多少とも社会保障財政を拡充する方向をうちだしていること、その点で社会保障財政の圧縮を執拗に追求する新自由主義派とは一線を画するということである。現代日本の「税と社会保障の一体改革」の動きをみる場合、消費税の引き上げと社会保障財政の圧縮とを同時に追い求める新自由主義派と、消費税の引き上げで社会保障の機能強化をはかろうとするポスト福祉国家派との間にあるこの違いを押さえておくことは、大きな意味をもつ。なぜなら、「税と社会保障の一体改革」は両派の混成部隊で進められてきたからである（安倍政権下の社会保障制度改革国民会議では、新自由主義派が主導権を握ったことは本書後章で論じられる）。

以上のような新自由主義派、新福祉国家派、ポスト福祉国家派の立場の違いを一覧表にすれば、別表のようになる。この表を一括して眺めると、新自由主義派が福祉国家の解体をねらったものであること、ポスト福祉国家派が「福祉国家」の名前は残していてもあくまでいわばその脱皮形態にすぎないこと、新福祉国家派が従来の福祉国家の継承・発展の位置にあることが、およそのところ理解できるだろう。本書の各章はこの見取り図を出発点において展開されるものである。

◉注

＊1　この点を指摘した論者は多く、いまでは通説といってよいほどだと思われるが、さしあたり二宮厚美『日本経済の危機と新福祉国家への道』（新日本出版社、二〇〇二年）を参照。

＊2　その最近の典型は、後にみる井手英策『財政赤字の淵源――寛容な社会の条件を考える』（有斐閣、二〇一二年）、同『日本財政　転換の指針』（岩波新書、二〇一三年）にみることができるが、第1章でみるように、これまでの日本の体制を土建国家とみなす見方は、少なくとも一面的、いささか強くいえば誤認である。

＊3　民主党政権のこれらの二面的特質については、二宮厚美『新自由主義の破局と決着――格差社会から21世紀恐慌へ』（新日本出版社、二〇〇九年）、同『新自由主義からの脱出――グローバル化のなかの新自由主義vs.新福祉国家』（新日本出版社、二〇一二年）を参照。

＊4　渡辺治・二宮厚美・岡田知弘・後藤道夫『新自由主義か新福祉国家か――民主党政権下の日本の行方』（旬報社、二〇〇九年）参照。

＊5　日本のポスト福祉国家派とヨーロッパにおける「第三の道」とが重なり合う関係を示す一例は、アンソニー・ギデン

ズ、渡辺聡子『日本の新たな「第三の道」』（ダイヤモンド社、二〇〇九年）にみることができる。
＊6　神野直彦『税金　常識のウソ』（文春新書、二〇一三年）九九頁。
＊7　林健久『福祉国家の財政学』（有斐閣、一九九二年）二三、七五、二〇九頁。
＊8　かかる新自由主義的財政改革を主張する例は、比較的近年のものを順不同であげておくと、井堀利宏『「小さな政府」の落とし穴――痛みなき財政再建路線は危険だ』（日本経済新聞出版社、二〇〇七年）、同『誰から取り、誰に与えるか――格差と再分配の政治経済学』（東洋経済新報社、二〇〇九年）、土居丈朗編『日本の税をどう見直すか』（日本経済新聞出版社、二〇一〇年）、同編『日本の財政をどう立て直すか』（日本経済新聞出版社、二〇一二年）、鈴木亘『財政危機と社会保障』（講談社現代新書、二〇一〇年）、八代尚宏『新自由主義の復権――日本経済はなぜ停滞しているのか』（中公新書、二〇一一年）、西沢和彦『税と社会保障の抜本改革』（日本経済新聞出版社、二〇一一年）、石弘光『増税時代――われわれは、どう向き合うべきか』（ちくま新書、二〇一二年）など。
＊9　神野直彦・井出英策編『希望の構想――分権・社会保障・財政改革のトータルプラン』（岩波書店、二〇〇六年）一〇頁。
＊10　たとえば、神野・前掲『税金　常識のウソ』は、消費税を所得税と並ぶ基幹税として設定することがアジェンダだ、と主張している（二四四～二四五頁）。宮本太郎『生活保障――排除しない社会へ』（岩波新書、二〇〇九年）、井手・前掲書も、ほぼ神野と同じ視点から消費税依存を主張している例である。
＊11　神野直彦『財政学』（二〇〇二年、有斐閣）二八九頁。ちなみに、神野はこれよりも早く、同様のことを、「経済システムのボーダーレス化・グローバル化が進むと、『国民国家の黄昏』という現象が出現する。国民国家の黄昏現象は、中央政府の所得再分配機能や経済安定化機能の減衰として表面化する。こうして中央政府の所得再分配機能や経済安定化機能の減衰が生じると、そのオルタナティブとして、地方政府機能を多機能化しようとする動きが生じてくる」と述べていた（神野直彦『システム改革の政治経済学』岩波書店、一九九八年、一五八頁）。
＊12　神野・前掲『税金　常識のウソ』二〇四頁。今後の福祉財政のあり方に水平的所得再分配を主張する同様の例は、神

野直彦・宮本太郎編『自壊社会からの脱却――もう一つの日本への構想』(岩波書店、二〇一一年) 第七章 (高橋正幸「小さな政府のその先へ」) にもみることができる。

＊13　一時期、宮本太郎がポスト福祉国家を「福祉ガバナンス」と表現してきたことについては、二宮・前掲『新自由主義の破局と決着』第五章を参照。ただ最近は、ガバナンス概念の危うさに気づいたのか、福祉ガバナンス用語を使用していないようである。これはレトリックに溺れがちな彼の功罪を示しているように思われる。

＊14　神野・前掲『税金　常識のウソ』二〇四頁。

＊15　井手・前掲『日本財政　転換の指針』二九頁。

＊16　井手・前掲『財政赤字の淵源』二五六頁。

＊17　同前、二五七頁。念のため、消費税については、「消費税の場合、所得の多寡とは関係なく、ある財を購入すれば誰もが納税者となる。これはユニバーサリズムの概念に近い税制ということになる」と述べ、消費税を財源にしたユニバーサリズムの実現を主張している(前掲『日本財政　転換の指針』二七頁)。

＊18　井手・前掲『日本財政　転換の指針』一七頁。なおここで詳しく論じることはできないが、この序章で引用した井手の二冊の著作は、土建国家から福祉国家への転換を基調にしたものとなっており、本書で問題にする「新自由主義か福祉国家か」の対決関係に関する問題関心はきわめて希薄であることを付言しておく。

(二宮厚美)

第1章 財政危機のなかの福祉国家型財政への道

1 現代日本の財政危機という難問

福祉国家型財政への転換を考えようとする場合、最初にぶつかる最大の難問は、国家財政の危機的状態である。この財政危機は、新自由主義がグローバル競争国家化を追求する場合にもぶつかる問題でもある。序章で述べたポスト福祉国家派についても同様である。いずれの流派であっても、将来に向けて財政構造の変革をめざそうとすれば、まずその前に壁となって立ちふさがるのは財政危機の深化という難問である。

日本財政の危機的状態は、財政支出のむだ・浪費を洗いだし、不要不急の経費を削減すれば、増税抜きでも打開できる、といった程度のものではもはやない。民主党政権がかつて進めた事業仕分けによる財政再建策が、むなしいばかりの結果に終わったことは、いまや民主党関係者自身が認めるところである。そもそも事業仕分けなどは、財政危機打開ないし緩和のためのものではなく、新自由主義的構造改革のため、つまりグローバル競争国家化を意図した施策だったのである。

福祉国家型財政への転換によって社会保障の充実をはかろうとする場合にも、財政危機の深化は悩みの種となる。民主党流の「コンクリートから人へ」のスローガンに依拠して、コンクリートの経費を削って人にまわしたとしても、それだけでは財政再建にも社会保障の充実にもつながらない。あるいは、かりに公共事業の予算を福祉にまわす、軍事費を削って福祉にまわすという方向を選択したとしても、それだけでは福祉国家型財政への転換は果たせない。何しろ、現代日本の財政は、この間、連年にわたって税収を上回る借金に依存しなければならない状態が続いているのである。この傾向は、将来にもなお持ち越される可能性がきわめて高い。にもかかわらず、たとえばみんなの党は、選挙のたびに、「公務員を減らし、人件費を削減すれば、増税なしでなんとかなる」といったことを主張してきた。こうした手合いは、いまや完全なデマゴーグであるといわなければならない。

現代日本では、何らかの増税抜きに財政危機を打開することは不可能となった。「増税なき財政再建」「増税抜きの財政改革」「増税の前にまずは支出の見直しを」といった合言葉は、完全な誤りとまではいえないにしても、いまでは歴史反動的な意味をもたざるをえない。このことは、すでに自治体において実証されてきたところである。というのは、自治体は限られた増税・増収策しかもたないために、新自由主義派は「自治体＝ミニ福祉国家」崩しの切り札として何より「財政再建」のスローガンを用いてきたからである。自治体レベルでの「財政再建」は、ほとんど住民生活・福祉切り捨てと同義のものであった（現在も、そうである）。

だが、国家財政では、財政再建にも社会保障充実にも、増税策はいまなお残された唯一の策といってよいほどに決定的な選択肢である。したがって、新たな福祉国家に向けた財政改革は、増税策と一体のものでなければならない。社会保障財政についても、同じである。社会保障充実に向けた財政改革には、その財源確保に向けた増税策が必要となる。新自由主義はグローバル競争国家化に向けて、消費税を基幹税にすえ、その増税をねらった。これは、現代の深化する財政危機の難問に立ち向かうためには、新自由主義派といえども、増税・増収策が必要になることを物語っている。つまり、現代日本における財政改革の焦点は増税策にある、といわなければならない。

とはいえ、増税のあり方は、たんなる財政収支のバランスをはかる方策、あるいはたんなる財政再建策として決められるわけではない。そうではなく、増税の方向やそのための税制改革は、将来の国家ビジョンと不可分の関係にある。すなわち、序章の類型化でいうと、新福祉国家派、新自由主義派、ポスト福祉国家派は、将来構想の中枢に税制問題を位置づけることになるのである。

そのさい、序章でみたように、新自由主義派とポスト福祉国家派は、強弱・程度の違いはあっても、消費税を基幹税にすえるという方向を共有する。新福祉国家派は、消費税の基幹税化にノンの立場をつらぬき、福祉国家型財政への転換で必要になる税源を別の税制に求める。税制の用語でいうと、消費税の基幹税化を根拠づける考えは応益負担原則に立脚するのに対して、福祉国家型財政が依拠するのはあくまでも応能負担原則である。

ただし、この応益負担か応能負担かの違いは、たんに税制改革上の争点であるにとどまらず、国家財政全体の改革にかかわる争点、したがって将来の国家ビジョンを左右する違いとなってくる。そこで、本章では、消費税の基幹税化を起点においた財政改革や国家ビジョンが呼び起こす問題点を明らかにし、それとの対抗線上で福祉国家型財政のとるべき路線を考えていくことにしたい。この第1章は、第2章以降で実証的に検討される財政改革の道筋を理論的に明らかにすることを主たる任務としているので、日本の現実に即した分析は後章にゆだねる。

2 新自由主義的蓄積のもとでのグローバル競争国家化

(1) 税収不足による財政赤字の累積

福祉国家型財政への転換に向けてまず検討しなければならない問題は、現代日本の財政危機をどう評価するか、ということである。ここでは、財政危機をひとまず財政赤字の累積によるものとしておこう。財政赤字そのものは収支ギャップとして把握される。収入が減り、支出が増えるときに収支ギャップは拡大し、財政の赤字が増大する、これは小学生でもわかることである。この意味での財政赤字の要因は、現代日本のとくに二一世紀以降の過程をみた場合、主として、①歳入面では新自由主義的税制改革による税収の下落・低迷、とりわけ個人・法人所得税の減収、②歳出面では社会保障費の増加、の二点に求められる（本書第2章の具体的分析を参照）。

ここで、さしあたり支出面での社会保障費の増大をそのまま認めておくとすれば、現代日本の財政赤字の主因は、支出に追いつかない収入面の立ちおくれ、つまり税収不足にある、ということになる。これは見やすい道理だろう。問題なのは、なぜ税収不足が生じ、いまなお持続し、さらに深刻になってきたのか、という点にある。

税収不足の要因は、大きく二つに分解される。一つは、課税対象としての国民所得が伸び悩んでいること、いま一つは、国民所得が伸びても税収が上がらない構造に税制が陥っていること、この二つである。通常、前者は「デフレ不況の進行」、後者は「税制の空洞化」と呼ばれるものである。[*1] 税制の空洞化は、法人税の減税、所得税の累進緩和、証券利得の優遇等に向けた新自由主義的税制改革によって進行したものにほかならない。現代日本の税収は、一九九〇年代初頭のピーク時からおよそ一〇兆円以上（国・地方合計では約二〇兆円）も落ちこんでいるのである。

問題なのは、税収不足をまねいた「デフレ不況」と「税制の空洞化」が進行した理由・背景である。その原因は、一言でいうと、新自由主義的蓄積に求められる。言い換えると、現代日本の財政危機は新自由主義的蓄積の帰結にほかならない。これをまず「新自由主義的蓄積→デフレ不況」の関係からみておくことにしよう。

(2) グローバル化を舞台にした新自由主義的蓄積

資本蓄積とは、剰余価値（利潤）の再投資によって資本が増殖していくこと、平たくいえば、企業が獲得した利潤を再投資してその経営規模を拡充していくことを意味する。個々の企業が利潤をあげる場は市場である。新自由主義的蓄積の特質は、その市場が一国内市場に制約されず、グローバル化していることにある。個々の企業からみると、たとえ巨大な多国籍企業であっても、グローバル化した市場は、国境で閉ざされた一国内の市場にくらべてみれば、果てしなき無限の市場となってあらわれる。

企業がこの無限に広がるグローバル市場を相手に営利活動に乗りだすとき、もっぱら一国内の市場に足場をおく企業とは異なった視点が生まれる。視点の違いで重要になるのは、さしあたり三点である。

第一は、市場を構成する需要と供給の両面のうち、需要面はさして問題とされず、いわゆる供給重視の視点が前面に出ることである。需要面が軽視されるのは、グローバル化した市場から生まれる有効需要が、個々の企業からみれば、いまや無限に広がるものとあらわれるためである。一国内の市場を相手にした企業は、その規模が独占的・寡占的であればあるほど、国内の有効需要の過不足に悩まされるものであるが、果てしなきグローバル市場を相手にする企業には、需要不足はさして大きな問題とはならない。[*2] 企業にとっての重要問題は、需要不足ではなく、何よりグローバル市場でうち勝つ競争力となる。

経済学史でいうと、市場の需要サイドに着眼し、有効需要を重視したのはケインズ主義、これに対して供給サイドに立って企業の競争力を重視するのが新自由主義、というのが通説である。競争力重視の新自由主義が台頭するのは、「ケインズは死んだ」といわれた一九七〇年代後半以降、グローバル化が一つの時代を形成するときのことであった。グローバル化の新たな展開を背景にして、ケインズ主義的福祉国家の時代から新自由主義的競争国家の時代への転換が告げられたのである。ここでは、世界市場における多国籍企業の競争力強化が国をあげたいわば国是とされ、従来のケインズ主義国家は徐々に「国民的競争国家」へと変貌を遂げる。ケインズ主義は「内なる需要」を重視したが、新自由主義は「外向けの競争力」を重視する。

第二は、グローバル市場で問われる競争力とは何より個々の多国籍企業のそれであるために、個別資本の営利を最重視する視点が前面にあらわれることである。経済学の用語を用いて、「総資本の論理よりも個別資本の論理」、あるいは「マクロ経済視点よりもミクロ経済視点」が優先される、といってもよい。ケインズが社会的総資本の絡みあいのなかの有効需要を問題にしたのに対し、新自由主義では、国民経済のマクロ構造は市場のなりゆきにゆだねられ、関心はもっぱら世界を相手にした個々の企業の競争力強化に注がれる。

グローバル市場に君臨するのは、現代では多国籍型大企業である。その多国籍企業が競争しあう舞台は、各国内の市場から世界に広がる市場に移っていくから、略奪を競いあう市場は「内需」から「外需」に移ることになる。内需を構成する国民経済や地域経済の構造は、グローバル競争の結果にまかされる。個々の多国籍企業にとって、自らの国際競争力を強化することこそが最大の課題であって、グローバル化の陰で、母国の産業や雇用が空洞化しようが、地域経済が衰退の道に転がりこもうが、どうでもよいとまではいわないが、控えめにみても二の次の問題となる。のちの議論のために一言述べておくと、これが母国のデフレ不況をまねく要因になるのである。

第三は、世界を相手にした個別資本の競争力強化に向けて、「国家改造」が求められることである。ここに生まれるのがいわゆる「構造改革政治」、つまり新自由主義的構造改革である。構造改革による国家改造の帰結がグローバル競争国家となる。この関係をもう少し詳しくみておくことにしよう。

(3) 多国籍企業の競争力強化を担うグローバル競争国家

新自由主義的構造改革による競争力強化策は、資本の三形態（貨幣資本、生産資本、商品資本）にそって進められる。ただ、商品資本の競争力は、世界市場が自由化され、競争条件が平等化すれば、生産資本のそれ、すなわち生産手段（技術）と労働力の質とコストによって規定されるから、一国内の構造改革は主として貨幣資本と生産資本の二形態の競争力を強化する課題に即して進められる。ここでは、念のために、三形態に即して競争力強化策を簡潔にまとめておくことにしよう。

まず商品資本の競争力強化策は、世界市場の自由化を徹底し、競争条件をグローバルに均等化することである。WTOによる自由化策がドーハ・ラウンドの頓挫によって行きづまりを迎えるなかで、日米間でTPPへの参加が課題になったのはこのためである。投資・貿易の自由化が徹底されると、国際間で優勝劣敗の法則が貫徹し、競争力に劣る産業・企業は淘汰されるが、それは、回避すべきことではなく、むしろ構造改革のねらいであるとさえいってよい。TPP参加の帰結が、国際競争力に強い自動車のために、競争力に劣る農産物を犠牲にするところに帰着することは、いまやTPP参加推進論者ですら認めるところである。

次に、貨幣資本の競争力強化策とは、資本所得に対する公租公課を引き下げつつ、金融・証券市場の自由化を徹底することである。新自由主義が金融的蓄積を促進する傾向に走るのは、このためである。金融的蓄積が現実的蓄積（いわゆる実体経済）の先に立ち、膨大な利得・収益を生み出していく過程では、法人所得や金融的所得に対する税制上の優遇措置がとられることになる。利子・配当やキャピタル・ゲイン（資産譲渡益）、さらに法人の内部留保が税制の優遇を受けると、大量の過剰資金が滞留するから、この過剰資金が金融・土地・住宅資産等の市場に入りこんで、資産価格のバブルを呼び起こす。新自由主義的金融政策は、これを防止するのではなく、むしろバブル化を容認する方向に向かう（この点は後述する）。

第三の生産資本の競争力は、生産力の水準（質）とそのコストによって規定される。生産資本とは、資本が生産過程において身にまとう形態を意味するから、素材的には生産手段と労働力の二つから構成される。ただそのコストは、世界市場の自由化が進むと、主に人件費によって左右されるようになる。というのは、原材料等の商品の価格は自由な世界市場では均等化する傾向に向かうからである。そこで、生産資本の競争力強化策の第一は総人件費の削減、つまり賃金カットを主眼にしたものにならざるをえない。九〇年代後半以降、日本の財界がそれまでの日本的経営の見直しを叫び、労働市場の規制緩和を推し進めたのは、このためである。

他方、生産力の水準（質）のほうは、①技術水準、②労働力の質の二つによって左右される。そこで新自由主義は、この技術と労働力の両面から競争力の強化をはかる構造改革を求める。その帰結が、一言でいうと、社会資本の再編成である。

社会資本とは、機能的には、社会的共同生産手段と社会的共同生活手段の二つに分けられるが、一般には、前者は共同の生産基盤、後者は生活基盤と呼ばれてきたものである。これを一括して、社会的間接資本またはインフラストラクチャーと呼ぶ場合もある。鉄道、道路、港湾、橋梁《きょうりょう》、電力・通信網、大学、研究所、医療機関、福祉施設、文化・スポーツ施設などがその代表例である。粗っぽくいうと、こうした社会資本分野のうち、生産基盤を土台にする場合の国家を土建国家、生活基盤を土台にする場合を福祉国家と呼んできた、といってよい。土建国家とは、企業の拠って立つ生産基盤の建設・管理に多くの財政を注ぎこむときの国家を形容したもの、福祉国家とは、国民の生存権を担う生活基盤を重視した国家を形容したものであった（もちろん、これは社会資本の素材面から国家形態を説明したものであって、福祉国家の厳密な定義というわけではない）。

いま重要なことは、技術と労働力の両面から生産資本の競争力強化に乗り出すと、ただちに社会資本の再編または再構築が課題になってくる、ということである。多国籍企業（の生産資本）の競争力を強化するために、生産・生活両基盤にまたがる社会資本の再編成が進められる。ここでは、土建国家と福祉国家双方にわたるスクラップ・アンド・ビルドが進行する。その方向は、ごく簡潔にいえば、まず土建国家を技術立国型に再編すること、それと同時に福祉国家を人的投資立国型に切りかえ縮小することである。*3

(4) 競争国家化のなかの社会資本の再編成

技術立国型に向けた社会資本の再編策とは、公共投資を「選択と集中」のふるいにかけて、重点を在来型公共事業から研究・技術開発型公共投資にシフトさせることである。公共投資の重点分野が「鉄とコンクリート」から「リサーチ・アンド・デベロップメント（R＆D）」に変わる、といってもよい。これに対して、人的投資立国型に向けた社会資本の再編成とは、医療・教育・福祉にかかる社会的費用を資本に転化することである。ただ、この「社会的費用の資本化」には、若干の補足説明が必要となる。

じつは、社会資本という用語は、もともと社会的費用の資本化をさす言葉として生まれたものであった。[*4]たとえば、医療にかかる費用は、個々人の健康を回復・維持するために、個人的にも社会的にも必要とされる費用（コスト）である。これと同様に、教育にかかるコストも、個々人の成長・発達に必要な個人的・社会的費用にほかならない。こうした費用を資本に転化するとは、いったいどういうことを意味するか。資本とは、一般には、将来に利潤を生み出す元手・元本のことをさす。この元手・元本の意味を医療や教育にあてはめた場合、もし医療・教育にかける費用が利潤をもたらす源泉になるとすれば、その費用は元手としての役割を果たし、みごと、資本に転化することになる。

ただし、この「費用の資本への転化」は、個別的かつ社会的に、二側面で進行することに注意しなければならない。まず個別的には、医療・教育の費用は将来にリターン（報酬）をもたらす能力への投資とみなされることである。つまり、医療・教育費は人的能力開発のための資本（＝元手）である。医療・教育によって高められた諸個人の能力は、将来に高い報酬を約束する。とすれば、医療・教育の費用はいまや人的投資の元本に転化する。いうまでもなく、これは諸個人の集合体としての社会全体にもあてはまるから、医療・教育の社会的費用は社会的な人的投資、つまり社会資本に転化するのである。

それと同時に、医療・教育の費用が一つの医療・教育サービス市場に支払われる場合には、その費用はそれらのサービスを販売する企業にとっての利潤源泉となる。医療・教育のサービスが市場化すれば、それらに支払われる費用は、医療・教育資本にとっての利潤源泉になる、これは見やすい道理だろう。ここでは、いわば直接的に「社会的費用の資本化」が進み、社会資本が生まれる。この「社会的費用の社会資本化」を媒介するのは、社会サービスの市場化である。社会サービスの完全な市場化が果たせない場合には、その擬制《ぎせい》的市場化をはかること、これが「社会的費用の資本化」を媒介するのである。

こうして、医療・教育等の社会サービスにかかる費用は、①個人的にも社会的にも、将来にリターンを約束する能力への投資となり、②その市場に支払われる場合には、直接的に医療・教育資本の利潤源泉となる。これが「社会的費用の資本化」の意味である。社会的費用の資本化のなかで生まれるのが社会資本だから、先述の人的投資立国化とは、福祉国家の社会資本化と言い換えられる。

以上をまとめると、新自由主義的蓄積が構造改革をつうじて呼び起こす競争国家は、グローバル化した市場を相手にした多国籍企業の競争力を強化することを課題として、①グローバル市場の自由化と拡大、②貨幣的・金融的蓄積優先型の財政・金融政策ととくに資本所得優遇の税制措置、③土建国家の技術立国型化、福祉国家の社会資本化に向かう、ということになる。これを現代日本の動きに即して、順にその具体例をあげておくと、①TPPやFTA（自由貿易協定）、EPA（経済連携協定）への参加による資本・貿易の自由化の推進、②消費税の基幹税化と増税、資本所得優遇の税制、法人税減税、インフレ・ターゲット型量的金融緩和策、③研究・技術開発優遇税制、道州制導入、地域主権改革、規制撤廃・緩和、特区制度の活用、社会保障の市場化などが、グローバル競争国家に向けた構造改革の事例である。こうしたグローバル競争国家化の動きが、本章のテーマに引き寄せていえば、福祉国家の解体を呼び起こすのである。

ただし、いまここで問題なのは、結論に先走りするのではなく、競争国家化のもとでの新自由主義的蓄積が「デフレ不況」を引き起こすからくりをみておくことである。節を変えて、当初に設定した「新自由主義的蓄積→デフレ不況」のテーマにそって話を続けていくことにしよう。

3 新自由主義的蓄積によるデフレとバブルの共進関係

(1) 格差・貧困社会化のなかの過剰資金の形成

話の大筋を明確にするために、あらかじめ結論を述べておくと、新自由主義的蓄積は、①内需不振にもとづくデフレ不況と、②大企業・富裕層のもとにおける過剰資金の集積との二点を呼び起こす。*5 後者の過剰資金は、絶えず金融・不動産市場のバブル化に走る傾向に向かうので、新自由主義的蓄積は、いかにも奇妙な「デフレとバブルの共存・共進」という関係をつくりだす、といってよい。

まず問題なのは、新自由主義的蓄積のもとでデフレ不況が進行する理由である。あらかじめ一点注意しておくと、いま使った「デフレ不況」という言葉は、現代日本で進行中の経済不況・停滞を必ずしも正確に表現するものではない。大瀧雅之は、この数十年のあいだ日本で進行中の事態はデフレではなく、ディスインフレだと指摘しているが、[*6]このほうが適切である。というのは、デフレとは物価が下落しつづけることを意味するのに対し、この間の日本の物価下落・低迷の傾向は、たんに流通通貨の（少ない）量に起因する物価の下落ではないからである。とはいえ、現代日本では、物価下落の傾向に並行する不況を「デフレ不況」と呼ぶ慣わしがすでに定着しているので、ここではデフレ不況の用語を使って話を進める。

そのデフレ不況が進行した基本的要因は、新自由主義的蓄積がグローバル化を背景として格差・貧困社会化を呼び起こした点に求められる。現代日本の格差・貧困社会化の起点は、何よりも雇用の破壊にあった。雇用の破壊は、失業・半失業者や非正規労働者を中心において所得・生活の貧困化を進めるとともに、勤労者諸階層間の格差を拡大する。[*7]前世紀末からはじまるこのような格差・貧困社会化は、戦後日本がはじめて経験した事態であった。

もちろん、これは日本だけのことではない。新自由主義に襲われた欧米先進諸国ではどこでも、それ以前にはなかった格差・貧困社会化に見舞われたのである。たとえば、スーザン・ジョージは、新自由主義を名指しして、アメリカにおける格差の広がり、全世界にまたがる格差・貧困社会化の元凶と告発した。彼女は、いまや貧困を語る必要はない、貧困はすでに知り尽くされている、むしろ調べなければならないのは富裕のほうだと指摘し、貧困の対極にある富裕層の富を示すわかりやすい例として、「上位一〇％が世界の富の八五％を所有、二％がその半分以上を手にしている」という事実をあげている。[*8]

この指摘は重要である。というのは、格差・貧困社会化は、貧困の対極に先述の過剰資金を累積する、ということでもあるからである。ふたたびジョージの指摘を借りていえば、世界で八万人に一人いると推定される超富裕層は、貧困になろうとしても、もはや決して貧困になることのできない人々である。なぜなら、超富裕層とは、だいたい毎日毎日一三・七万ドル（一ドル＝九〇円換算で約一二〇〇万円）以上使わないと自動的にますます金持ちになってしまう人々のことをさすからである。[*9] 一日に一〇〇〇万円以上使わないと、いやでも金が増えてしまうほどの富裕とは、「過剰富裕」としかいいようがあるまい。過剰なまでに富裕な階層は、言い換えると、死なないかぎり、もはや貧困にはなれない階層である。

貧困の対極にあるこの「過剰富裕」とは、言い換えると、過剰資金の存在を示すものにほかならない。日本がアメリカと違うのは、この過剰資金が、一部は富裕層にまわるものの、主に大企業・銀行のもとに集められていることである。それを物語るのが、上場企業の二六〇兆円以上に達する内部留保である。[*10] ただし、内部留保のかたちをとった過剰資金が増加した基本的理由は、アメリカと同じ、労働分配率の低下、資本分配率の上昇によるものであった。日本では、国民経済計算上の雇用者報酬、税務統計上の勤労者所得のいずれもが、一九九七年をピークとして、低下・低迷の一途をたどった。[*11] その裏返しが資本分配率の上昇、企業利潤の増大であった。つまり、労資間の階級的格差の拡大こそは、格差・貧困社会化と過剰資金形成の根源だったのである。

貧困はデフレ不況、過剰資金は各種のバブルという対照的事態を呼び起こす。これを次にみておかなければならない。

(2) 暗礁に乗り上げる外需依存・投資主導型成長

新自由主義的蓄積のもとで拡大・深化する貧困が、まず呼び起こすのは貧困にもとづく家計消費の不振、つまり消費需要の下落・低迷にもとづく内需不振である。日本では、およそこの一五年ばかりの間、「雇用破壊→勤労者所得の低下→大衆的消費の不振」の趨勢が、内需不振をまねいたのである。*12 したがって、新自由主義的蓄積は国民経済内部に「家計消費不振→内需低迷→経済成長低下・鈍化」の傾向を呼び起こす、といってよい。これが現代日本のデフレ不況の構造となる。

ただし、国民経済を左右するのは家計による消費需要だけではない。家計消費の需要不足を補う他の需要が存在する。家計消費以外の他の需要には、GDPを構成する需要項目をならべていうと、①民間投資需要、②公共消費・投資需要、③外需（輸出）の三つがある。もしこれらの三面の需要が家計消費の需要不足を補うことになれば、それはそれで国民経済を維持・成長させる要因となる。じつは、リーマン・ショックを契機にした世界恐慌以前の先進諸国は、家計消費による内需不足を補填するその他の需要の力が働き、成長率に違いはあっても、それなりに維持されてきたのである。

その典型例をいくつかあげておくと、たとえばアメリカは、民間家計消費が不振に陥りそうになるところを、住宅・証券バブルのもとでの債務依存型消費（借金による消費）の拡大でくい止めてきた。新自由主義の総本山にふさわしく、アメリカは世界中の過剰資金を集め、バブルをふくらませながら、放っておけば不振に陥る消費需要を債務依存型消費で支え、いわば内需のバブル化をはかったのである。

ヨーロッパでも、不動産・信用バブルに依拠して消費・投資需要を拡大するパターンがたとえばスペイン、ポルトガル、アイルランドなどでみられたが、ギリシャでは公共投資・消費の拡張で内需の冷えこみをカバーする道を歩んだ。ギリシャで民間の投資需要に依拠することができなかったのは、ドイツ・フランス・オランダなどの企業によってギリシャ企業が駆逐されたからである。今日のギリシャ危機の遠因はここにある。[*13]

だが、先にふれたように、新自由主義はケインズ主義と違って、基本的に、不足する国内の需要を財政支出によって補填する策には向かわない。それは、ほかならぬ多国籍企業が内需の不振を尻目に、世界に広がる外需に依存する方向に向かうためである。日本が歩んできた道は、内需の不足を外需依存で補い、消費需要の低迷を投資需要の喚起でカバーする道であった。内需の不足を外需で補う選択が可能なのは、世界市場に進出できるほどの競争力をもった企業や国に限られるが、日本はグローバル競争国家化の路線上で、この外需とりこみに向かったのである。これが現代日本の外需依存・投資主導型成長パターンであった。

ただし、この成長パターンは長くは続かない。それは、まず「外需依存」の傾向が続くと、そのなかで逆に内需を冷やす結果があらわれること、つまり「外需依存→内需不振」の逆効果があらわれること、続いて内需を喚起する「投資主導」の力のほうも徐々に弱まっていくことによる。

このうち、「外需依存」が逆に「内需不振」を呼び起こすルートは、さしあたり三つある。

第一は、外需に依存した成長が円高傾向を呼び起こし、「国内生産→輸出」型の外需依存が、「現地生産→海外販売」型の外需依存に変わることである。海外での現地生産が増加すると、その当初には、現地生産向けに部品等の中間財の輸出が増大するということはあるが、それは一時期のことであって、自動車業界にみるように、やがては中間財の生産も海外に移行する。多国籍企業のもとでの外需依存型成長は、その足場が海外生産にシフトしていく過程で、国内の産業・雇用の空洞化を呼び起こし、内需不振の新たな要因をつくりだしてしまうのである。電機・電子業界にみるように、大企業が台湾・韓国等のEMS(Electronics Manufacturing Service:受託生産企業)を利用して機器・部品を調達する場合にも同じことが起こる。

第二は、外需依存型成長が誘発する円高が輸入価格の低下をまねくために、外国からの輸入および逆輸入が増大し、それだけ国内の内需依存型産業の衰退を加速してしまうことである。多国籍企業による海外生産が逆輸入を増やし、いわば内需を外から奪ってしまうことになるのは、指摘するまでもない。ついでにいうと、安価な輸入品の流入はデフレ化(物価下落)の大きな要因になる。

第三は、外需依存型成長で課題となる国際競争力強化策そのものが、内需を冷やしてしまうことである。というのは、内需不振の主因となった賃金の削減・抑制は、ほかならぬ外需依存に向けた輸出競争力を強化するために進められてきたものだったからである。これは、「外需依存型成長→輸出競争力強化策の推進→総人件費削減・抑制→家計消費不振」のルートで「外需依存→内需不振」の関係が進行することを物語る。いま安倍政権が、産業競争力会議等を使って射ようとするアベノミクスの第三の矢「成長戦略」は、この「外需依存→内需不振」の悪循環に飛んでいくような矢である。*14

これに続いて問題になるのは、「投資主導型成長」の限界である。先述の外需依存・投資主導型成長においで投資が担う役割は、不振な家計消費に代わって投資が内需を喚起し先導する、という点にあった。たとえば、自動車・電気製品の輸出が伸びれば、かりにそれらに対する内需が不振であったとしても、車・電機の増産に向けた投資が進み、それを牽引力にして生産・消費両面にわたる内需が波及的に広がる、というのが外需依存・投資主導型成長のイメージだったのである。だが、このような投資の力は、「外需依存→内需不振」の関係が深まるなかでは、強まるどころか、むしろ弱くなる。なぜなら、内需が萎縮すれば、投資先も国内から海外にシフトせざるをえないからである。とくに、いわゆる貿易財と呼ばれる分野、国際的にみてその生産の互換性・代替性が高い財貨・商品の領域では、投資先はグローバル化し、国内にとどまることはない。

要するに、「内需不振→外需依存」型も「消費低迷→投資主導」型も、早晩崩れるということである。より正確にいうと、すでに日本では現在、内需不振を外需依存で代位する方策も、消費不足を投資の喚起で補完する方策も崩れつつあるのである。だからこそ、デフレ不況がしぶとく、根強く続いているのである。このことは、「デフレ不況→国民所得の停滞→税収の低迷」のなかの財政赤字がなお将来にわたって増えつづけることを意味する。

問題なのは、なぜこういう事態が続くのか、その根源はどこにあるのか、ということである。問題解決の鍵を握るのは、「内需不振にもとづくデフレ不況」のいわば対極に集積された過剰資金の処理にある。デフレ不況打開の決定打は、この過剰資金に手をつけることにある。そのためには、福祉国家型財政に向けた転換を進めなければならない、というのが本書の見通しであるが、その結論に向かう前に、いまここでみておかなければならない論点は、アベノミクス（安倍政権の経済政策）に対する評価である。というのは、アベノミクスとは、現代日本の新自由主義陣営が総力を傾けてうちだしたデフレ不況打開策だからである。

4 的を射止めぬアベノミクス「三つの矢」

(1) アベノミクスの第一の矢「量的金融緩和策」

アベノミクスは、①インフレ・ターゲット策に代表される量的金融緩和策、②公共事業を中心にした財政出動策、③規制改革と競争力強化策を中心にした成長戦略、の「三本の矢」からなるとされている。三本の矢がそこに向かって飛ぶ標的は、いうまでもなくデフレ不況の克服である。これらの矢のうち、ここでは第一の矢とされる金融政策を中心にして簡単な論評を加えておくことにしよう。というのは、量的金融緩和策はデフレと共存・共進の関係にあるバブルの放任・容認・助長策にほかならないからである。

安倍政権下で黒田東彦日銀総裁がうちだした「これまでとは異次元の金融緩和策」とは、従来からの量的金融緩和策をいちだんと拡張したものである。量的金融緩和策は、日銀が二〇〇一年三月以来、ゼロ金利下で採用した金融政策をさす。中央銀行の伝統的金融政策はどこでも、金利操作を中心にしたものであったが、ゼロ金利下では、それ以下に金利を下げて金融緩和に乗りだすことができないから、通貨供給(マネーサプライ)の量そのものを増やして景気を刺激しようというのが量的金融緩和策の意味である。[*15]

とはいえ、日銀が通貨供給量(最近はマネーストックと呼ぶ)そのものを直接にコントロールすることはできない。というのは、マネーストックとは市中に出回る「日銀券プラス預金通貨」のことだからである(預金通貨の範囲をどこまでにするかによって、その量は異なってくる)。個人や企業が市場における取引の必要性から実際に使用する通貨量(=マネーストック)は、市場の現実的動向、つまり景気の良し悪しで決まるものである。社会の必要通貨量は市場の現実的動向によって規定される、というのが経済学のいわば常識である。[*16] 従来の日銀も基本的にはこの常識にそってきた。そのマネーストックを日銀の側から操作しようというのが、量的金融緩和策である。

この量的金融緩和策のポイントは、市中銀行が保有する国債等の金融資産を日銀が買い取って、銀行保有の通貨を増やしてやることである。実際には、日銀が買いオペをやったぶんだけ、日銀にある市中銀行の当座預金が増える、というかたちをとる。この当座預金は、もともとは銀行が預金引き出しや銀行間の決済に備える準備預金という性格をもった口座であるから、原則としてゼロ金利である（必要準備額を超える当座預金には低利息が付利される）。したがって、必要準備額以上の当座預金の積み上げは、銀行にとってはいわば死に金が増えるのと同じ意味をもつことになるから、銀行としては、必要以上に増えた当座預金の資金をより有利な市中の投融資にまわすことになるだろう。そうなると、市場に出回るマネーストック（マネーサプライ）が増えることになる。この見通しのもとで採用されたのが、量的金融緩和策である。

したがって、量的金融緩和策とは、マネタリーベース（日銀券プラス当座預金）の量を増やしてマネーストック（日銀券プラス預金通貨）の増加をはかろうとする政策を意味する。インフレ・ターゲット策は、たとえば物価上昇率二％を達成するまで、この金融緩和策をとりつづけて、「マネタリーベースの増加↓マネーストックの増加↓物価上昇」の実現をはかろうとするものである。アベノミクスの第一の矢として、黒田日銀総裁が進める金融緩和策とは、ここでは詳細は割愛するが、従来の日銀以上にこれを大規模かつ広範囲に、スピードをあげて進めようとするものにほかならない。

(2) バブル化に向かう日銀の「異次元緩和策」

問題なのは、このアベノミクスの放つ第一の矢が、デフレ不況克服の標的にみごと命中するかどうかである。結論を端的にいうと、この矢は的に届かぬ矢である。なぜなら、まず第一に、日銀が政策的に実現できるのは、マネタリーベースの増加までであって、「マネタリーベースの増加→マネーストックの増加」のルートを開通することはできないからである。マネーストックの増加は、日銀によって決められるのではなく、先述したように、民間の市場がその必要通貨量を増やしたとき、つまり景気が実際に良くなっていくときに生じるのである。[*17] アベノミクスはマネーストック増大の先に日銀を立たせるが、実際には、マネーストック増大に先立たなければならないのは景気回復なのである。これをとりちがえて、景気回復の前に日銀の金融政策を立たせるのは、世間でいうアベコベである。アベノミクスがアベコベミクスとあっては、そこから放たれる矢が、デフレ不況克服の標的には届かぬまま、いわば腰折れの矢にとどまるのはおよそ自明である。

的に届かぬ腰折れの矢となる第二の理由は、量的金融緩和策が増やそうとするマネーストックが、そもそも増やさなければならないどころか、むしろすでに過剰な状態にあることである。このことは、近年の銀行の預貸率（受け入れ預金額に対する貸出額の比率）の低下、[*18] 銀行融資額の低下傾向、大企業の無借金経営化等にあらわれている。[*19] 日銀が、量的金融緩和策によって「マネタリーベースの増加→マネーストックの増加」のルートを切り開こうとして、ついにこれまで、思いどおりの結果を得られなかった理由は、この過剰資金の存在にある。逆にいえば、過剰資金があったからこそ、大量の国債が値崩れすることもなく、消化されてきたのである。

第三は、アベノミクスの現実的効果としてはこれが最も重要になるが、バブル化を放任・容認・助長する方向に向かうということである。二〇一三年四月、日銀は黒田新総裁のもとで、従来からの国債の大量買い取りに加えて、ETF（上場投資信託）やREIT（不動産投資信託）の買い取りを増やす方向をうちだした。黒田はそのねらいについて、「長めの金利や資産価格に直接働きかける」と説明している（「日本経済新聞」二〇一三年四月五日付）。ETFやREITは、いうまでもなく、株式等と同じリスク資産である。日銀がその買い取り額を増やすというのは、証券市場に大量の「緩和マネー」を注ぎこんで、株式・不動産の価格の引き上げに乗りだすことを意味する。

これは、資産価格のバブル化を恐れない、むしろ資産価格を膨張させて、デフレからの脱却をはかるとしたかつてのFRB、すなわちグリーンスパンおよびバーナンキ議長期のFRBがとった政策スタンスに基本的に同じである。グリーンスパンが採用した政策は、かりに住宅・証券のバブル化が進むとしても、それを無視して、デフレ防止の金融緩和をとりつづけるというものであった。これが、二〇〇七年から〇八年にかけた住宅・証券バブルの崩壊をまねく一大要因になったことは、いまではよく知られていることである。*20

アメリカのバブルは、FRBから銀行に流れた資金が、FRBの管轄外のシャドウバンキング（投資銀行や商業銀行出資の特定目的会社、ヘッジファンドなど）にまわり、いわゆるサブプライム住宅ローンをもとにしたCDO（債務担保証券）、合成CDO、CDS（債務破綻補填証券）などの証券市場を膨張させて破裂したものであった。日本との比較でいま押さえておかなければならない点は、住宅・証券の資産価格の膨張が、アメリカでは、シャドウバンキングの広がりと増大に並行して進んだこと、サブプライム住宅ローンに典型をみるように大衆を巻きこんで進んだことである。これが、資産価格の高騰による大衆レベルの債務依存型消費（たとえば住宅を抵当にした借金による消費）の増加を呼び起こすことになったのである。本章で先に、アメリカでは放っておけば不振に陥る消費需要を債務依存型消費で支え、いわば内需のバブル化をはかったと述べたのは、この意味である。

ところが、現代日本では、日銀自身がいわばシャドウバンキングに代わって資産価格の引き上げに向けて先頭に立とうというのである。これは、「異次元の金融緩和策→資産価格による所得引き上げ効果→消費・投資の内需底上げ」のルートをねらったものといってよい。だが、日本の場合には、資産価格の引上げをねらった金融緩和策は、証券・不動産を保有する階層の所得・消費をある程度喚起することはあっても、大衆的消費の底上げにまではつながらない、といわなければならない。なぜなら、格差・貧困社会化の進んだ現代日本で資産価格効果が及ぶのは限られた階層にすぎず、内需不振の主因であった大衆的消費の低迷を打開するところにまでは至らないからである。したがって、今後、予想されるのは、かつてのアメリカほどではないミニバブルの発生と早期の破裂である、といってよい。[*21]

(3) 破綻済みの矢の混成による「安倍のミックス」

アベノミクスの第二の矢に話を移そう。公共事業を中心にした財政出動は、新自由主義路線に立ったものではなく、新自由主義が批判してきた土建国家型ケインズ主義の系譜に位置するものである。なぜいまさら、過去にいったんは否定してきたケインズ主義的バラマキ政治に安倍政権が頼ることになったのか。いうまでもなく、それは新自由主義的構造改革路線では、デフレ不況を打開できないという現実にぶつかったからである。

ケインズ主義に立てば、国民経済が過剰生産能力をもち、需要不足による需給ギャップに悩まされているときには、政府が公共事業であれ福祉事業であれ、財政支出によって有効需要を高めてやれば、それだけ需給ギャップは解消し、デフレ状況も緩和される。これは、先にみた金融緩和策では期待できない効果である。金融政策による通貨の供給は、せいぜいのところマネタリーベースを増やすにとどまるが、財政支出による資金は、市場に直接投入されるものである。この違いをわきまえていえば、内需不足に悩む市場に政府が直接介入し、有効需要を喚起してやれば、それだけデフレ不況が緩和される、克服できないまでも一時的に癒す程度のことはできる、ということになる。このことは、ケインジアンならずとも、新自由主義派であっても、自明のことである。

そこで、新自由主義派は、自らの路線に行きづまりを感じて、いったんは見切りを告げたはずのケインズ主義に助けを求めることになったのである。したがって、アベノミクスの第二の矢は、ケインズ大明神に助けを乞うた新自由主義の放つ矢だといわなければならない。ただし、この矢は肝心のデフレ不況克服の標的に対して、その中心部を射ぬく矢とはならず、せいぜいのところ的をかすめる程度の矢にとどまる。

なぜなら、まず、公共事業による有効需要は直接には公共事業関連業種、すなわち土木・建設、コンクリート、素材等の限られた分野で生まれるにすぎず、内需不振の主因であった大衆的消費の喚起にまでは至らないからである。大衆的消費の底上げという課題からみると、公共事業費は民主党のいう「コンクリートから人へ」のスローガンにそって、むしろ福祉分野に振り向けるほうが、よほど効果が高いというべきである。つまり、アベノミクスがケインズ主義に頼るのであれば、土建国家型ケインズ主義ではなく、福祉国家型ケインズ主義に助力を乞うべきだったのである。

第二に、公共事業費は新たな公債発行（借金）によるものである。公共事業のための建設国債は、現代日本では、おおむね過剰資金によって消化される、とみてよい。過剰資金は、国債の利息付きで温存されるということになる。日銀によるプレミアム付き国債買い取り策は、この過剰資金の温存を保障する役割をもつ。[*22] デフレ不況が進行する対極において増大する過剰資金を温存したのでは、デフレ不況そのものの根源を絶つということには決してならない。

第三に、借金による財政支出の増大は、そのツケを将来に残して、さらに財政を悪化させる。そうなると、これは近い将来の新自由主義的財政再建路線を加速化させる圧力になる。つまり、将来にツケをまわして、消費増税や社会保障圧縮による新自由主義的回収策を逆に強める力となっていくのである。

では、アベノミクスの残る第三の矢「成長戦略」は、いかなる性格のものか。第三の矢は、二つの矢じりをもったものである。すなわち、俗にいう「フレーム派」の規制緩和・撤廃策と、「ターゲティング派」と呼ばれる重点分野の国際競争力強化策との二つである。

第一の矢じりの規制改革がめざすのは、安倍首相当人の言葉でいうと、「日本を世界でいちばん企業の活動しやすい国にする」ことである。具体的には、①解雇規制の緩和、非正規労働の多様化等の労働市場の規制緩和、②医療・介護・保育等の社会保障分野の公的規制の解除、つまり社会サービス市場で「世界一、企業の活動しやすい国にする」ことである。これは、先に使った言葉でいうと、福祉国家の社会資本化を意味する。すなわち、福祉国家の解体を志向したものにほかならない。だが、格差・貧困社会化をさらに進める方向で、現代のデフレ不況が解決できるか、およそできるものではないことは、もう指摘するまでもあるまい。

第二の矢じりである国際競争力強化策とは、世界市場における大企業の競争力を強化しようとするものである。この戦略は、外需に依存し企業の投資に主導された成長路線、つまり外需依存・投資主導型成長パターンをふたたび強化しようとするものにほかならない。大企業の国際競争力を高めて「いつか来た道」に舞い戻るというわけである。だが、ちょっと考えてみればすぐわかるように、現代日本のデフレ不況とは、ほかならぬ外需依存・投資主導型成長のなかで生まれ、進行してきたものである。だから、この第二の矢じりは、いたちごっこに向かう矢先、いわば毒をもって毒を制する処方にほかならない。第三の矢は完全に的外れの矢というほかはあるまい。

以上、駆け足でみてきたアベノミクスの三つの矢とは、デフレ不況打開の標的に①届かぬ矢、②的をかすめる矢、③的外れの矢としてまとめられる。これを消費需要の不振に起因するデフレ不況に対する施策の面から特徴づけるとすれば、第一の矢の量的金融緩和策は、内需不足をミニバブルによって補填しようとする「バブル依存型」、第二の財政出動策は、内需不足を公共事業によって穴埋めしようとする「公需依存型」、第三の成長戦略は消費内需の不足を従来の外需依存・投資主導型で補完しようとする「外需・投資依存型」として位置づけることができるだろう。

だが、こうした三つのタイプの不況脱出策は、いずれも、すでに破綻ずみのものである。大づかみにいえば、バブル依存型はアメリカで破裂し、公需依存型はギリシャ・南欧で破綻し、外需・投資依存型は日本において頓挫をきたした道であった。アベノミクスとは、その意味でいうと、こうした破綻ずみの政策をミックスしたもの、いわば「安倍のミックス」を物語るものでしかない。本章で、先にアベノミクスを「現代日本の新自由主義陣営が総力を傾けてうちだしたデフレ不況打開策」と評したのは、破綻ずみのものを総計したようなものだ、ということをいわんがためであった。

いま問題なのは、なぜ「安倍のミックス」が成功しないのか、その理由・根拠にある。ズバリいって、その理由は、過剰資金の処理・処方・活用策の失敗に求められる。新自由主義的蓄積のもとでの格差・貧困社会化がデフレ不況を生み出したとすれば、その対極に増えつづける過剰資金に始末をつけないかぎり、不況は打開できないのである。アベノミクスの三つの矢はいずれも、過剰資金の処方策に向かわないために、デフレ不況打開の的を射ぬくことができない、といってもよい。

では、過剰資金の処理で、まず何が問われるのか。話は、ここで、いわばふりだしに戻ってしまう。解決の糸口は税制改革にある。税制改革を起点にした競争国家の道か、それとも新福祉国家の道か、この選択が問われることになるのである。そこで、以下、紙数の関係上、駆け足となるが、あらためて税制改革を起点にした福祉国家型財政への転換の意義を確かめておくことにしよう。

5 新自由主義的税制改革を起点にした福祉国家型財政の構造転換

前節までに確かめたことは、現代日本の財政危機の要因は、税収面では「デフレ不況→国民所得低迷→税収不足」の回路にもとづいており、アベノミクスのもとでは、今後ともこの推論が成立するということであった。ただし、税収の空洞化を引き起こすルートはこれだけではなく、いま一つ、「新自由主義的税制改革→税収の空洞化→税収不足」の経路があったことに目を向けておかなければならない。もし税制改革が過剰資金の吸い上げに向かっていたとすれば、その有効活用によって、税収不足をまねいた第一の回路も第二のそれも、それだけ細くなっていたはずである。ところが、肝心の税制改革は、競争国家化に向から新自由主義路線上をつっ走り、過剰資金を税収に転化するどころか、逆にその放任・温存・肩入れに向かったのである。その出発点の論理になったのが、序章でみた「グローバル化のなかの消費税の基幹税化」であった。

そこで本節では、「消費税の基幹税化」が税収の空洞化をはじめとして、国家財政全体にいかなる影響を及ぼすかをみていくことにしよう。結論をあらかじめ述べておくと、消費税の基幹税化は、財政危機のただなかで福祉国家型財政の破壊・変質を呼び起こす引き金となる。序章でみたあらすじでいえば、「消費税の基幹税化→垂直的所得再分配の水平化→社会保障費の圧縮」という流れを呼び起こすのである。

(1) 貯蓄と資本に課税しない消費税

まず、消費税を基幹税として増税していくことは、いったい何を意味するのか、という点を確かめておくことにしよう。

消費税は課税対象からみれば、物税の一種である物品税であるが、これを課税主体にかかる人税におきかえてとらえてみると、国民の所得のうち、消費にまわされる所得を課税標準にしたものである。周知のとおり、国民の所得は、マクロ的にもミクロ的にも「消費プラス貯蓄」に分解される。たとえば、月収三〇万円の人が、毎月二五万円を生活(=消費)のために使うとすれば、消費税とはその二五万円にかかる税金である。消費税率が一〇%になれば、二五万円の所得から一〇%の消費税が支払われるわけである(厳密にいえば、消費にあてられる二五万円は商品価格約二二万七三〇〇円と消費税約二万二七〇〇円に分かれる)。これに対して、使われないで残された五万円は経済学的意味での貯蓄となり、さしあたり非課税の所得となる。

すなわち、消費税とは「消費にまわされる所得」に課税し、「貯蓄にまわされる所得」には課税しない税金だ、と言い換えられる。消費には厳しく、貯蓄には甘い税金、これが消費税の正体である。ここから、消費税の逆進的性格(低所得層に過酷な性格)が明らかになる。なぜなら、低所得層ほど消費性向(消費にまわす所得)の割合が高く、それだけ税金の負担が重くなるのに対し、高額所得層のほうはそれとは逆に、貯蓄性向(貯蓄にまわす所得)が高いからである。格差社会を表現する「一%対九九%」の構図のなかにおいてみると、消費税は一%層に集中する貯蓄にはやさしく、九九%層の大衆的消費には厳しい結果を呼び起こす、ということになる。これは、消費税が基幹税としての地位を高めれば高めるほど、格差・貧困社会化をさらに促進する税制だ、ということを意味する。

したがって、基幹税化した消費税のもとでは、先述の「デフレ不況→国民所得低迷→税収不足」の回路を断ち切ることはできない。それとは逆に、新自由主義的蓄積のもとでの「格差・貧困社会化→過剰資金の形成」のルートはいっそう強められる。なぜなら、「貯蓄=資本」には消費税はかからず、いまですら過剰な貨幣資本をさらに増やす要因になるからである。そのうえに、マクロ経済では、「国民所得＝消費＋貯蓄」の等式は「国民所得＝消費＋投資」の等式に等しくなるから、貯蓄はやがて投資にもとづく所得（資本所得）を生み出す。新自由主義的蓄積とは、この「資本所得＝貯蓄」を追加的な元本としてさらに新たな資本所得を累増していくものである。だが、消費税では、この累増・累積される資本所得を課税ベースに組み入れることはできないから、やがて資本所得は過剰化し、九九％層の対極に位置する一％層の世界に滞留することにならざるをえない。[*23]

このような事態は、およそこれまでの税制上の常識では、許すべからざることであった。というのは、資本所得とは不労所得の代表格とみなされ、これまでは「勤労所得軽課・不労所得重課」の税制原則にさらされてきたからである。勤労者は資産家にくらべて、一般的に、消費性向は高く、貯蓄性向は低い。したがって、消費税は勤労所得を直撃する。だが、資本所得＝不労所得はまるまる取り逃がしてしまう。このような消費税は「勤労所得軽課・不労所得重課」の大原則に真っ向から反するものである。だから、基幹税化した消費税のもとでの「勤労所得重課・不労所得非課税または軽課」という事態は、これまで、許されざることだったのである。

(2) グローバル化のなかの新自由主義的税制改革

では、なぜかかる非常識、反常識的な消費税制が堂々ともちだされ、あまつさえ基幹税として格上げされるようになったのか。その答えは、すでに本書序章で書いておいた。経済のグローバル化が答えである。グローバル化のもとでは、課税を回避して逃げ足の速い資本には、もはや高率の税金をかけることはできない、課税するなら、税金逃れのできない移動性の低い課税対象に目をつけるしかない、というのがその答えの要旨であった。仕向地主義（消費される場で課税する方式）による消費税であれば、消費者自身が税を負担することになるから、商品を生産・販売する企業側の立地上の選択に対しては中立的、つまり直接影響を与えることはない。これが消費税を基幹税化するときに用いられる口実であった。

そうすると、グローバル化を前提にした税制構想は、たんに消費税の基幹税化、増税を主張するにとどまらず、その他の税制改革を誘発することになる。そのさい、改革の基準として決定的になるのは、課税客体の移動性が高いか低いかの判断である。移動性というのは、税率の高低を見くらべて課税客体が移動しやすいかどうかの程度のことである。だから可動性と呼んでもよい。その移動性・可動性に最も富むのは、いうまでもなく、貨幣資本である。カネ、モノ、人が地球上を自由に動きまわるグローバル化時代で、もっとも移動性の激しいのはカネである。ただし、この場合のカネとは、生活のために使われるカネではなく、その運動そのものが利殖となるカネ、すなわち貨幣資本である。したがって、グローバル化を前提にすれば、各国は、貨幣資本に対しては租税逃避を呼び起こすほどの税金をかけることはできない、という結論が導き出される。

これが消費税の基幹税化に続く新自由主義的税制改革の、いわば第二弾になるのである。この税制改革は、貨幣資本が生む所得に対する税率を引き下げること、少なくとも国際的にみて平均水準の税率に抑える方向に向かう。この資本所得優遇策で、現在最も注目されているのが、二元的所得税構想である。[*24] これは、①所得を勤労所得と金融所得とに二分する、②金融所得は利子・配当・キャピタルゲイン等を一体化したものにする（金融所得一体化）、③勤労所得には累進税率、金融所得には低い比例税率を適用する、というものである。[*25] この構想が、消費税にならんで、「勤労所得軽課・不労所得重課」とはまるで逆の「勤労所得重課・不労所得軽課」になってしまうことは、もはや指摘するまでもないだろう。

カネに次いで移動性の高いのは、モノである。ただし、この場合のモノは消費財ではなく、資本財である。つまり、貨幣資本との対比でいえば、生産資本である。生産資本の移動性に着眼した税制改革は、法人税の減税となる。グローバル化を背景にして、新自由主義派や財界が、「企業に高い税金をつきつけると、企業は海外に逃げ出す、だから法人税は上げるのではなく下げなければならない」と叫んできたことは、いまや周知のことである。新自由主義派の土居丈朗は、はっきりと財界に加担して、「わが国多国籍企業の競争力を阻害しない税制の整備が求められる」と述べ、[*26] いまや多国籍企業の競争力強化のためには法人税減税が急務だ、と主張した。

ただし、高い税金をきらって海外に逃げ出す可能性が高いのは、多国籍企業ばかりではない。カネ、モノに続いて人も逃げ出す可能性がある。もちろん、その場合の人とは、一般の庶民ではなく、ごく限られた富裕層である。このことは、オランド政権下のフランスで、高額所得層に対する所得税率の引き上げが問題になったときに、実証された。富豪というべき企業家、資産家、俳優だけが外国国籍の取得に走ったのである。これは、富裕層がグローバル化を利用して、「高い税金をかけるなら、外国に逃げるぞ」と脅迫したことを意味する。この脅迫に新自由主義派が賛同し、合唱するとき、あるいはその脅かしに屈服し、追随する人々が増えるとき、新自由主義的税制改革の第三弾が撃たれる。それが、個人所得税の最高限界税率の引き下げ、累進性の緩和、つまり所得税率のフラット化である。

ただし、所得税率をフラット化するだけでは、税収は減る一方となるから、減るぶんは他の税収増で補う。その税収補填策は何か。そこで登場するのが課税ベースの拡大策である。課税ベースの拡大とは、具体的には、課税所得をはじき出すときの各種所得控除を廃止・減少することである。たとえば、老年者控除、扶養控除、年金控除、保険料控除、基礎所得控除等をなくしたり、減らしたりして、課税所得を増やすことである。これらは、いうまでもなく、所得税の大衆課税化をさらに徹底するものにほかならない。

こうして、グローバル化のなかの新自由主義的税制改革とは、①消費税の基幹税化、②資本所得の優遇、③法人税の減税、④所得税率のフラット化と課税ベースの拡大、の四点にまとめられる。こうした措置は、本書後章でみるとおり、消費税導入後の日本において、実際に進められてきたものである。いま注目しておかなければならない点は、これらの新自由主義的税制がいったい何をねらったものであり、いかなる帰結を呼び起こすか、という点である。それは、三点にまとめられる。

その第一は、新自由主義的税制改革は、多国籍企業や富裕層の国際競争力強化をねらったものだということである。その意味で、この税制改革は競争国家化に向けた新自由主義的構造改革の一環、きわめて重要な環だといわなければならない。

第二は、このような税制改革は将来の税収増を約束するものではない、ということである。税収の増加どころか、新自由主義はむしろその逆の「税収の空洞化」「税制の空洞化」を招来する。言い換えると、グローバル競争国家化は、国民国家の租税主権を空洞化して、租税国家の黄昏を早めるのである。

第三は、新自由主義的税制改革は、財源面から、垂直的所得再分配の財政構造を崩す役割、序章の言葉でいえば、所得再分配の水平化を進めることになる、ということである。このことは、新自由主義的税制のもとでは、所得再分配のための税源が「勤労所得軽課・不労所得重課」の原則に拠るのではなく、それとは正反対の「勤労所得重課・不労所得軽課」に拠るものに変化する、という点をみれば明らかである。

このような新自由主義的税制改革の帰結は、垂直的所得再分配を基軸にした福祉国家型財政が崩れていくことを意味する。福祉国家型財政の崩れる姿をみるのは、まことに忍びないことではあるが、ここでは、いま我慢して、その様相を確かめておかなければならない。

(3) 垂直的所得再分配の水平化を担う応益負担税制

戦後福祉国家財政の機能は、マスグレイブによれば、①資源配分、②所得再分配、③経済安定化、の三点にまとめられる。[*27] このマスグレイブ説は、これまで長らく大蔵省（現・財務省）も採用してきたほどだから、いまや通説といってよい。そこで、ここでもこの通説にしたがって、新自由主義が福祉国家型財政の構造・機能を崩していくときの姿を確かめていくことにしよう。

まず、新自由主義的税制改革が呼び起こす事態は、所得再分配構造の水平化であった。

なぜ、所得再分配の構造が従来の垂直型から水平型に転換するのか。それは、再分配のための税源が、応能負担税制から応益負担税制に変化するためである。新自由主義的税制改革がめざしたのは、消費税の基幹税化にせよ、累進所得税制のフラット化にせよ、さらに資本所得の優遇にせよ、何よりも応能負担税制を崩すことであった。この応能負担税制が崩されていくと、それに代わって、応益負担税制があらわれざるをえない。

というのは、まず、税制上の公平原則が垂直的公平重視から水平的公平重視に変わるからである。ここで垂直的公平とは、「違う者には違った扱いをすること」を意味し、水平的公平とは「同等の者には同じように扱うこと」を意味する。これを税制にあてはめていえば、垂直的公平とは「異なる所得には違った税率を課す」、水平的公平とは「同じ所得には同じ税率で課す」ということである。かかる垂直的・水平的公平を充足する税制とは、じつは、総合所得累進税または包括的累進所得税であった。なぜなら、総合所得累進税のもとでは、「異なる所得には違った税率」と「同じ所得には同じ税率」の課税原則が両方とも充たされるからである。つまり、応能負担原則にもとづく総合所得累進税制こそは、垂直的・水平的公平原則にかなう民主主義的税制の典型だったのである。

ところが、新自由主義はこの総合所得累進税制を退ける。ここでは、「異なる所得」とは金融所得と勤労所得との違い、法人所得と個人所得との違いにねじまげて理解され、それぞれ違った税率が適用される。もちろん、こうした所得の性質別違いにもとづく公平は、とうてい垂直的公平といえる代物ではない。だから、新自由主義は金融所得や法人所得を個人・勤労所得とは別扱いにして、これを恥しらずにも、垂直的公平だとまではいわない。そこまで厚顔ではないが、ただし、それぞれ違った性質の同一所得には同じ税率を適用する、つまり比例税率を提唱する。この場合の「同一所得には同一の税率を」の水平的原則は、いったい何によって根拠づけられるのか。垂直的公平を担保する応能負担原則を排除してしまった水平的公平の世界では、この「同一所得には同一の税率を」を根拠づけるためには、「同一の受益（=所得）には同一の負担（=税率）を」の受益者負担原則しか残されていないわけである。

いささかまわりくどくなったが、こうして、垂直的所得再分配を支えてきた応能負担税制に代わって、水平的所得再分配を担う税制は応益負担型税制ということになる。応益負担とは、さしあたり、広義の受益者負担と呼び変えてもかまわない。そのうえで、次に問題なのは、この応益負担税制に支えられた垂直的所得再分配の水平化が福祉国家型財政に引き起こす変質である。

(4) 所得再分配の水平化と結びついた資源配分の再編成

所得再分配にならぶ福祉国家型財政の機能は、マスグレイブによれば、資源配分機能であった。この場合の資源配分とは、市場にまかせていたのでは十分に供給されない公共財を供給することを意味する。市場は公共財の適切な供給に失敗する――これを「市場の失敗」という。この市場の失敗を是正するのが公共機関による資源配分機能である。マスグレイブは、公共機関によって供給される財・サービスを社会財と名づけた。社会財とは、「純公共財」と「準公共財」を包括したものである。

ここで「純公共財」とは、公共経済学のいう「非排除かつ非競合的な財」をさす。非排除的とは、その財貨をある誰かが利用したとしても他者の利用を排除できないこと、非競合的とは、その財貨をある誰かが利用したとしても他者の利用を減らすものではないこと、つまり利用に競合性がないことをいったものである。このような非排除・非競合的属性をもった財貨・サービスは、その属性ゆえにフリーライダー(ただ乗り)が可能になるために、公共機関が供給しないかぎり、誰も自らすすんで供給しようとはしない。だから、非排除・非競合的性格を有する財・サービスは公共機関が供給しなければならない、というのが公共経済学の導き出した結論であった。

公共経済学によるこのような純公共財の導出は、私にいわせれば、ナンセンスといってよいほどの謬論なのであるが、ここでは立ち入らない。[*28] いま問題にしなければならないことは、上記のような「純公共財」は、つきつめていくと、国防・外交・治安・司法・国土保全・科学研究といったごく限定的な、主に権力的機能にかかわる行政に限られてしまい、教育・医療・福祉・文化・上下水道・交通などの社会サービスは除外されてしまうことである。これでは、現実の公共サービスや行政を説明することはできない。

そこで、公共経済学は「純公共財」とはいえない財・サービスを「準公共財」と名づけて、行財政の実態を説明しようとしてきた。ここで「準公共財」として扱われるのは、主に福祉国家的サービスであることに留意して、話を進めよう。

マスグレイブは、公共機関が「純公共財」と「準公共財」をあわせた「社会財」を市場に代わって供給することを、その資源配分機能と呼んだのである。ただし、この資源配分は、福祉国家のもとでは、垂直的所得再分配に結びつけて実施されるものであった。この所得再分配と一体になった資源配分機能という点が、ここでは重要である。なぜなら、所得再分配が垂直型から水平型に変わっていくと、再分配機能と結びついた資源配分にも変化が生まれるからである。

垂直的所得再分配の水平化とともにあらわれる最初の資源配分の変化は、社会財がふたたび純公共財と準公共財との二つに分解され、垂直的再分配を通して供給される公共財が「純公共財」に絞られてくることである。垂直的再分配の財源は、累進所得税のような応能負担型税によるものである。なぜなら、垂直的再分配では、「再分配による受益」と「再分配に必要な負担」とのあいだに何の対応関係も問われないからである。

これに対して、水平的再分配をつうじて供給される公共財は「準公共財」となる。社会保障に即していうと、純公共財は生活保護、公衆衛生、救命救助などに限定されるが、準公共財とされるのは、その便益の帰属先（受益者）が比較的明確で、それゆえその便益に対して個々人の負担を問いやすいサービス、たとえば保育・医療・福祉・介護などの社会サービスである。「受益と負担の対応関係」を問いやすいこの準公共財は、応益負担型税制による水平的所得再分配の対象にふさわしい。そこで準公共財は水平的再分配による供給対象とされるのである。

ただし、一口に「受益と負担の対応関係」といっても、個人単位で成立する場合と、集団を単位として成立する場合との二つがある。[*29] 税金を根拠づける租税根拠論に即していえば、前者は個別的な受益・負担関係によって租税を根拠づける個別的応益説、後者はコミュニティ総体の受益・負担関係によって租税を根拠づける一般的応益説（または総体的応益説）となる。後者の一般的応益説にもとづいて租税を根拠づける場合には、その負担を配分する場合には、必ずしも個々人が受益に応じて税を負担する必要はない。つまり、一つのコミュニティ集団（＝共同体）が全体として公共財から便益を享受すると考える場合には、その公共財に要する税負担の配分は、必ずしも個々人の受益に見合った負担配分である必要はなく、負担能力に応じた配分であってもかまわないわけである。この違いを押さえて、ここでは、一つの地域社会を単位にして「受益と負担の関係」を問う場合を一般的応益負担、個々人を単位にして「受益と負担の関係」を問う場合を個別的応益負担と呼んでおくことにしよう。

そうすると、水平的所得再分配をつうじて供給される公共財は、地域単位の一般的応益負担を税源として供給される準公共財と、個人単位の個別的応益負担を財源として供給される準公共財とに分けられる。ただし、こう述べた瞬間に、後者の個別的応益負担による準公共財とはいったい何のことをさすのか、と

別図　所得再分配と資源配分の連動関係

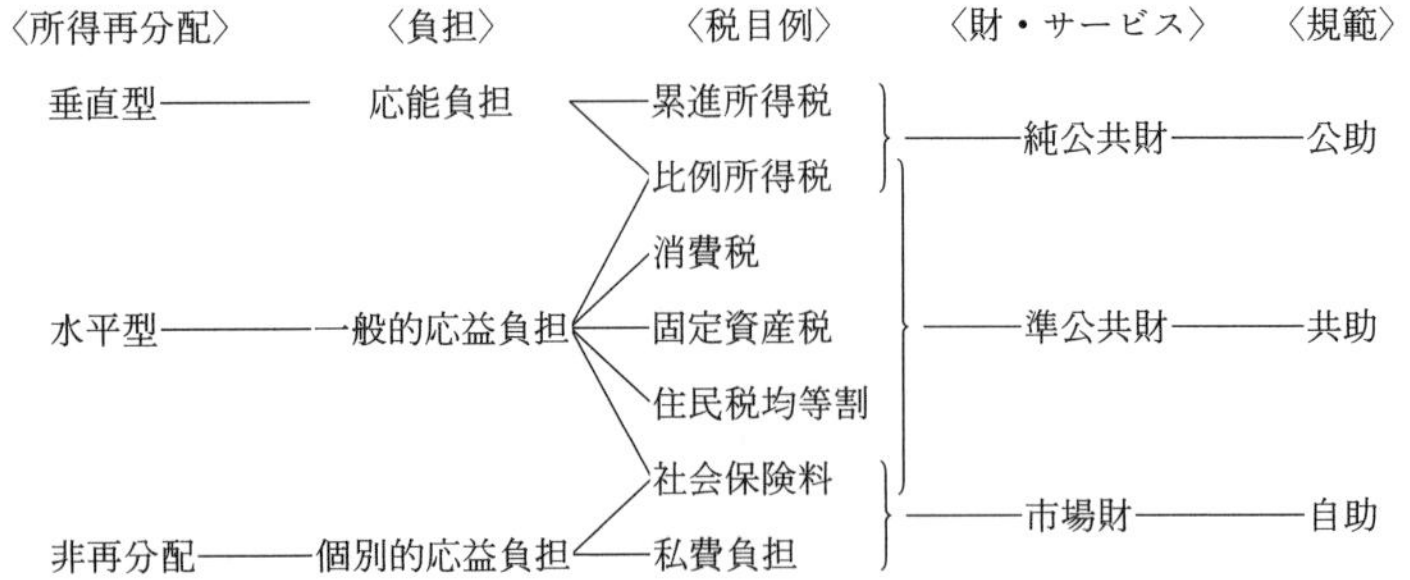

いう問題が生まれる。地域を単位にした応益負担という場合には、地域全体で「受益と負担の対応関係」が成立しておればよいから、たとえば保育・福祉・介護サービスの例が想定できる。だが、諸個人それぞれに個別的な「受益と負担の対応関係」が成立するような財・サービスとは、もはや公共財と呼べる代物ではない。なぜなら、各人それぞれに「受益と負担の対応関係」が明確なものは市場で売買される私的財、ないし市場財にほかならないからである。それと同時に、個人単位で受益に見合った負担が要求されるものは、もはや本来の税金とはいえない。なぜなら租税とは、本来、無償で負担されるもの、つまり負担の見返りを要求できるものではないからである。

したがって、個別的な「受益と負担の対応関係」が問題になる財・サービスは、もはや公共財の地位から外されて、私的財ないし市場財に組み入れられることになる。これが所得再分配の水平化が最後に行きつくところである。とすれば、垂直型から水平型への所得再分配の転換は、①負担面では応能負担から一般的応益負担、そして個別的応益負担へ、②資源配分では純公共財から準公共財、そして市場財へ、という力点の移行をともなう、といわなければならない（別図を参照）。じつは、この所得再分配の転換と資源配分の転換との連動関係において、新自由主義派とポスト福祉国家派は手をつなぐことになるのである。その具体的な帰結を簡潔にまとめておくことにしよう。

(5) 福祉国家型財政の分権化の意味するもの

所得再分配の水平化に結びついた資源配分機能の変化が、福祉国家型財政にいかなる影響を及ぼすか、さしあたり、それは以下の三点にまとめられる。

第一は、国・地方間の役割分担の再編成を呼び起こすことである。国（中央政府）には垂直的所得再分配をつうじた純公共財の供給が割りあてられる。グローバル化のなかにあって国民国家は、もはや応能負担型税制に多くを頼ることはできない。よって国は、限られた純公共財に絞って、その役割を果たさなければならない。

純公共財とされる第一の分野は、国防・外交・司法・通貨管理などの権力的機能である。第二は、従来の土建国家機能でいえば、技術立国に向けて「選択と集中」の施策、いわゆるターゲティング・ポリシーに徹することである。第三に、福祉国家的機能でいえば、生活保護や公衆衛生などに限定することである。これらの帰結は、一言でいうと、教育や社会保障分野におけるナショナルミニマムの縮小・限定化となる。

第二は、垂直的所得再分配の相対的縮小、すなわち水平化をはかるために、行財政の分権化を推進することである。地方分権化は、垂直的所得再分配の水平化の切り札とされる。というのは、そもそも自治体の財源は、応益負担型のものにならざるをえないからである。たとえば、社会保障を分権化し、その財源に地方税をあてようとすると、地方税そのものがそもそも応益税制によらざるをえないために、分権化された社会保障は水平的所得再分配に担われたものにならざるをえないのである。

自治体が応益型財源に頼らざるをえなくなる理由は、グローバル化のなかで国民国家が応能負担をあきらめざるをえなくなるのに同じである。一国民国家の内部では、自治体は移動性・可動性の高い課税対象に対して、他の自治体以上に高率の税金をかけることはきわめて困難な位置におかれている。なぜなら、大企業や富裕層にとって、高い税金をきらって他地域に逃げ出すのは、一国内ではグローバル市場内以上にたやすいことだからである。そこで、各自治体は、たとえば住民税と所得税の累進度を高めたり、法人関係税を引き上げたりすることが極度に困難になる。自治体はそのために応益課税に頼らざるをえなくなるわけである。

これを逆にいうと、分権化とは、社会保障財源を応能負担型税源ではなく、応益負担型税源にシフトさせるために進められるものである。新自由主義派とポスト福祉国家派とが合流する分権化路線は、「応能負担から応益負担へ」「垂直的所得再分配から水平的所得再分配へ」という流れに乗ることなのである。これは、手厳しくいうと、福祉国家の分権的解体路線だといわなければならない。*30

ただし、新自由主義派とポスト福祉国家派が分権化において合流する関係にあるとはいえ、分権化の内容またはねらいにおいて両者がまったく同じというわけではない。その違いは、新自由主義派が垂直的所得再分配の絶対的縮小（の徹底）に向かうのに対し、ポスト福祉国家派は、その相対的縮小にとどまり、水平的所得再分配については拡充の路線に立つからである。いいかえると、新自由主義派は国・地方の所得再分配機能の絶対的圧縮をねらうのに対して、ポスト福祉国家派は垂直型から水平型への転換を主張するにとどまる。

ポスト福祉国家派がめざすのは、応益負担型財源による社会保障の拡充の道である。したがって、この路線は社会保障の圧縮ではなく、共助・連帯・協力、あるいは「分かち合い」「ユニバーサリズム」の名で、大衆負担型の社会保障を再構築しようとするものである（この点は、本書序章で指摘した）。その裏返しがナショナルミニマム保障の軽視、または限定化となる。

これに対して新自由主義派は、ポスト福祉国家派以上にナショナルミニマム保障の限定・圧縮の道に向かう。ナショナルミニマム保障を切り下げるぶんだけ、逆に自治体の責任は高まる。つまり、分権化がさらに推し進められる。一例として、佐藤主光の主張を紹介しておくと、彼は「本来、求められるのは地方の自己決定権（権限・裁量）の拡充と合わせて、自ら決めた歳出に対する財政責任を徹底する『質的』な分権化である」と述べている。[*31] この財政責任を明確にするために彼がもちだすのが、「限界的財政責任」である。これは、ナショナルミニマムを超えるような自治体の独自策については、すべて当該自治体が財政責任を負うべきだ、とする概念である。だから、彼は続けて、「原則、国・地方は自らが権限を有する政策にかかわる財源に対して自己責任を持つべきだ」と主張する。[*32]

佐藤は、そもそも所得再分配機能は国が担うべきで、自治体はやるべきではない、自治体の課題は資源配分にある、とする論者である。その彼が、所得再分配を極力排して、「受益と負担の対応関係」の見地から、もっぱら自治体における資源配分の効率化を追求すれば、いったいどういうことが起こるか。それは、自治体レベルの一般的応益負担を個別的な応益負担に置き換え、準公共財を市場財に転化すること以外には、考えられない。つまり、彼の行きつくところは、準公共財を私的財に転化し、社会サービスなどの市場化をはかることである。これが新自由主義派の帰着点であることは、現代日本で「新自由主義の復権」を叫ぶ八代尚宏の主張が示すところである。

社会保障制度改革を論じて八代は、「真の争点は、社会保障制度の内部に、どこまで『給付と負担の均衡』という、市場の基本的な原則を導入できるか、そして『効率的な政府』を実現するかにある。これが新自由主義の考え方に基づく社会保障制度改革である」と述べている。[*33] この八代の主張どおり、新自由主義派は、市場における「受益と負担の対応関係」を至上命題にもちあげ、社会サービスを市場化して、国・地方双方の所得再分配機能の絶対的圧縮をはかろうとするのである。

こうして、グローバル化のもとでの福祉国家型財政の所得再分配機能、資源配分機能双方における変化は、社会保障の規範・理念に即してまとめると、①応能負担の財源にもとづく「公助」の限定化（ナショナルミニマム保障の圧縮）、②応益負担の財源にもとづく「共助」の中心化（分権化）、③私的負担の財源にもとづく「自助」の原則化（自己責任化）、の三点に要約される（前掲、別図参照）。

ここでは、現代日本の支配層が、ほぼこの考え方にそったものであることを示す例を三つあげておく。第一は、「税と社会保障の一体改革」に向けて提出した厚労省の「社会保障制度の方向性と具体策」（二〇一一年一二月）が、「①自ら働き、自らの生活を支え、自らの健康は自ら維持するという『自助』を基本とすること。②生活や健康のリスクを、国民間で分散する『共助』が補完すること。③『自助』や『共助』では対応できない困窮に直面している国民に対しては、一定の受給要件の下で、公的扶助や社会福祉などを『公助』として行う」と説明していることである。これは、厚労省の新自由主義的変節の今日的到達点を示したものといってよい。

第二は、二〇一二年師走総選挙に向けた安倍自民党マニフェストが、堂々と、「自民党が目指す社会保障は、『自助を基本とし、共助・公助が補う社会づくり』です」「私たちの考え方は、まず『自助』が基本です、個々人が国に支えてもらうのではなく、自立した個人が国を構成するという考え方です」と謳ったことである。恐ろしいまでに時代錯誤的な、骨董品ともいうべきマニフェスト（告白）というほかはあるまい。

第三は日本経団連である。さすがというべきか、新自由主義の王道を行く経団連「社会保障改革のあり方に関する提言」（二〇一二年一二月）は、「自助を基本としつつ、自助で賄いきれないリスクは『社会保険』による共助、保険原理を超えたリスクへの対応や世代間扶助は『税』による公助の考え方を徹底させ、社会保険料と税の一体的な見直しを図る必要がある」と述べている。これは、「自助→共助→公助」のいわゆる「補完性の原理」を経団連なりに述べたものである。

ここで経団連が指摘した「社会保険＝共助」観は、「社会保障の分権化＝共助化」にならぶ重要論点であるが、それについては本書第3章の検討にゆだねて、ここでは急いで、福祉国家型財政の第三の機能であった「景気安定化機能」に目を向けておかなければならない。

(6) 福祉国家型財政の安定化機能の破壊

マスグレイブが着目した福祉国家型財政の「安定化機能」とは、二つに分けて考えることができる。一つは「景気安定化」、いま一つは「安定的経済成長」である。

第一の景気安定化機能とは、福祉国家型財政のビルト・イン・スタビライザー（自動安定装置）のことである。福祉国家型財政には、景気が過熱気味になったときには冷却する機能、景気が落ちこもうとするときには底支えする機能がある。それは、ほかならぬ垂直的所得再分配構造のおかげである。なぜなら、まず景気が過熱気味になるや、累進所得税制が投資・消費の過剰化を抑える機能を発揮するからである。それとは逆に、景気が急速に冷えこむときには、垂直的所得再分配が貧困・低所得層の消費を底支えし、景気の急落を防ぐことができる。これが、福祉国家型財政の自動安定機能を意味するものであったが、要するに、垂直的所得再分配は内需を安定化することによって、景気変動のぶれをやわらげる役割を担ったのである。

第二の安定的成長とは、福祉国家型財政の所得再分配と資源配分の両機能が、経済成長の安定性に寄与するという意味である。たとえば、市場財と公共財のバランスをはかる資源配分は産業や地域の不均等発展をある程度是正する役割を担う。国・地方間、地域相互間の財政調整も地域的不均等発展を防ぐ機能を発揮する。環境保全の公共サービスがサステナブルな経済成長に不可欠であることはいうまでもないだろう。福祉国家型財政のもとでの所得再分配や資源配分は、もしそれが適切に運用されるとすれば、国民経済の内部の歪み、不均衡、不均等、景気変動、環境破壊、公害などを抑止し、成長の安定化に寄与するわけである。

だが、グローバル化のもとでの新自由主義的蓄積は、福祉国家型財政がもつこうした「安定化機能」を奪い取る方向に向かう。たとえば、すでに述べてきたように、新自由主義的蓄積による貧困・格差社会化はデフレとバブルの共存・共進関係を呼び起こす。個人、企業、地域、国家のあらゆる面にわたる競争力強化路線は、国民経済の内部の不均等、インバランス、歪みを呼び起こすと同時に、外圧にもろい地域・産業構造をつくりだす。これが二〇〇八年の金融恐慌から今日の安倍政権下までの日本経済の実態であった。

したがって、福祉国家型財政に付与されていた「所得再分配」「資源配分」の機能を回復し、それをつうじて国民経済の安定的成長の方向を探ること、これが、現代日本にとって喫緊の課題だといわなければならない。ここであえて「喫緊の課題」と述べたのは、安定的成長が将来の税収を担保するからである。現代日本の財政危機は、税収面からみれば、「内需不振→国民所得の低迷→税収減」と「新自由主義的税制改革→税制の空洞化→税収減」との二つに起因するものであった。これに対して、福祉国家型財政はまず後者の新自由主義的税制改革を逆転させ、税収の確保をはかると同時に、その財源で垂直的所得再分配を再構築し、福祉国家的公共財の供給を増やしながら、内需にもとづく安定的成長をはかろうとするものである。ここでは、新自由主義的蓄積が呼び起こした税収減の悪循環を断ち切る第一歩に、福祉国家型税制改革が位置づけられる。

本章は、その冒頭において、現代日本の財政改革の焦点は増税・増収策にある、と述べたが、福祉国家型税制改革こそは、福祉国家に宿されていた「所得再分配」「資源配分」「経済の安定化」の機能を再生する第一歩だといわなければならない。そこで、この第一章では、最後に、この第一歩からはじまる福祉国家型財政への転換に必要な課題を要約し、現代日本の現実に根ざした後章の具体的分析にバトンを渡すことにしたい。

6　おわりに――福祉国家型財政への指針

(1) 必要充足・応能負担原則に立った財政改革

新自由主義派とポスト福祉国家派がともに税制改革の出発点においたのは、「消費税の基幹税化」であった。前者はこれを積極的に、後者はこれを消極的に位置づけるという違いはあっても、「消費税の基幹税化」は、その他の論点でも両者のベクトルを同じものにしてしまう磁場を形成するものであった。

だが、福祉国家型財政の基幹税は、あくまでも、応能負担型の所得・資産課税でなければならない。個人・法人双方にまたがる所得・資産課税こそは、福祉国家のいわば背骨にあたる垂直的所得再分配を可能にするものである。新自由主義派は、累進所得税の強化、資本所得重課、金融資産課税は逃げ足の速い資金を海外に逃避させる、と脅す。これは、高額所得に高い税金をかけると所得の隠蔽を誘発する、という論理に基本的に同じである。だが、逃げられては元も子もないから、最初から捕まえるのはよすという理屈は、警察はもとより、税務署にもあてはまらないのである。

したがって、応能負担型の所得・資産課税を強化するには、それなりの措置をとる必要があるだろう。では、グローバル化時代に必要な税務措置とは、どのようなものか。これは、ユーロ危機のさなかで、現在、日本以上にヨーロッパで問題になっている点である。まず、企業の海外逃避を防ぐには、政府の規制と同時に、その内部から労働運動による企業経営への介入が必要である。法人税の強化や富裕層への超過課税には、まず、国内での租税主権の発動、労働組合による監視・牽制、世論の包囲が必要である。「一

%対九九%」の格差社会化のなかの反ウォール街運動は、多国籍企業・銀行に対する課税強化措置、世論の包囲、メディアの変化が可能であることを示した。もちろん、それに比例して、ティーパーティ運動のような歴史的反動の力も高まる。したがって、一%層への課税は、一つの「社会戦争」を呼び起こすことになる。

ただし、グローバル化時代には、所得・資産課税に新たな国際的協力・協定が必要となる。これもいまEUで検討中のものである。たとえば金融取引税の導入、環境税、タックスヘイブン（租税回避地）税制、「減税競争」防止の国際協調などがその例である。ただ、こうした国際的とりくみのためには、まず各国それ自身が税制に対する原則・立場を明確にしておかなければならない。まず隗《かい》よりはじめる、これは税制改革にもあてはまる。

税制改革を起点にした福祉国家型財政には、社会保障・教育・雇用制度等の改革をつらぬく原則が必要となる。それは、一言でいえば、「必要充足・応能負担原則」にまとめられる。[*34]「必要充足」というのは、この場合、社会保障にあてはめると、生存権の保障に必要な諸サービスを充たす、という意味である。社会保障には年金のような現金給付と教育・保育・医療のような現物給付型のものがあるが、「必要充足」はいずれの給付形態をとろうとその原則とされなければならない。[*35] たとえば、生活保護（生活扶助）は生存権のナショナルミニマムを充足する現金給付であり、医療保障は健康な生活に必要な医療サービスを充足することである。

かかる必要充足の原則に立てば、その財源が応能負担型一般財源によらなければならないことは、およそ自明となる。なぜなら、たとえば収支相等の原則が強く働く社会保険の保険料財源では、受給者の必要とするサービスを充足できる保障はないからである。限られた財源の枠があっては、必要充足原則が完全に充たされる保障はない。教育・医療・福祉などの社会サービスが現物給付方式によらなければならないのは、この必要充足が給付原則になるからにほかならない。

応益負担型による財源が、必要充足の原則と衝突するのも、これと同じ理由による。何らかのサービスを受けようとするときに、一定の応益負担が課せられるとなれば、重い負担の制約によって、必要なサービスの確保が困難になる。保育・福祉・介護・医療などの社会サービスを地域単位の受益者負担主義のもとにおこうとする分権化論が、必要充足の原則に抵触することになるのは、これと同じ理由による。

いまここで、必要充足・応能負担原則にこだわったのは、現代日本の社会保障財政の危機が、同時に、この原則の危機をまねいているためである。そこで最後に、この点を補足して章を閉じることにしよう。

(2) 企業社会的社会保障の危機克服に向けて

現代日本の社会保障財政の危機は、従来の「企業社会的社会保障」の構造的危機と言い換えることができる。新自由主義的蓄積のもとで、「企業社会的社会保障」が大きく動揺することになったのである。

ここで「企業社会的社会保障」というのは、これまでの日本の社会保障が半ば企業社会のもとに組みこまれてきたからである。年金・医療・家族手当・住宅などを想定してみればわかるように、これまでの社会保障は、第一に社会保険を中心にしてきたが、その社会保険は大企業優位の分立・階層的構造のもとにおかれてきた。年金・医療の社会保険が企業ごと、業種ごとに分断され、それも大企業を頂点にした階層構造をとってきたことは、よく知られているとおりである。

第二に、企業年金、社宅、家族手当などが示すように、社会保障は企業のフリンジ・ベネフィット（付加給付）と結びつけられ、労務管理の一手段に転用されてきた。つまり、企業社会と社会保障は多くの接点をもって、互いに依存する関係にあったのである。

第三に、社会保障全体が日本的経営と相互補完の機能を発揮してきた。たとえば、大企業正社員の家族賃金を前提にした社会保障のジェンダー・バイアスは、その端的な事例を物語る。社会保険への加入が正社員に限られてきたこと、また世帯単位であったことも、その例である。

第四に、企業社会の枠外におかれた福祉諸制度は、長らく未熟なままにとどまった。それは、福祉諸制度が大企業正社員の片働き家族を前提にした仕組みをとってきたからである。世帯主に家族賃金が保障されると、片働き家族のなかの保育・介護・福祉は主に女性、つまり妻・母・嫁としての女性の肩で担われるものとされる。そこでは、保育・福祉等の社会サービスはなかなか社会保障の対象にはならない。

これらは、日本の社会保障制度が企業社会の構造と不可分の関係をもって形成されたことを物語る。ただし、先に「日本の社会保障が半ば企業社会のもとに組みこまれてきた」と表現したのは、これが日本の社会保障のすべてではなかったからである。戦後日本の社会保障運動は、憲法第二五条の生存権保障条項を生かし、企業社会型とは別のいわば憲法活用型の社会保障制度をそれなりに発展させてきた。この本来的社会保障の面をもちあわせた制度であったことを押さえておかなければならない。

そのうえで、いま確かめておかなければならないことは、新自由主義的蓄積とそれを推進する構造改革が、企業社会的社会保障の構造を壊す役割を果たしたことである。この点は、後章で詳しく検討されるが、ここでの要点は、新自由主義路線が社会保障財政の危機を加速したことである。それは収支両面から確かめることができる。

まず社会保障財政の支出面では、新自由主義的蓄積は格差・貧困社会化のなかで社会保障費の膨張をまねいた。たとえば、貧困・低所得層の増加、失業・半失業者の増大、男女共働き化などは、高齢社会化に並行して、社会保障需要を高め、その費用の増大をまねく。これは、在来型企業社会の破壊の結果、企業社会の内外にわたった、新たな社会保障需要が高まることを意味する。念のため付け加えるが、これらの社会保障ニーズの高まりそのものが、歴史に逆行するものだ、というわけではない。そうではなく、むしろ、高まる社会保障ニーズそれ自体は、たとえば男女共働き化にともなう保育・福祉ニーズに代表例をみるとおり、新たに福祉国家を発展させる原動力にあたる、と評価しなければならない。

問題は社会保障財政の収入面での影響である。格差・貧困社会化は、税収だけではなく、社会保険料の減収を呼び起こす。正社員が減らされ、非正規労働・職種が増大すると、たちまち従来の社会保険料は減収の憂き目にあう。正規労働の賃金抑制も同様の結果をまねく。新自由主義的蓄積は、明らかに、税収だけではなく、社会保険料収入の悪化を呼び起こしたのである。

こうした社会保障財政の収支両面の動向は、新自由主義のもとで、従来の企業社会的社会保障が大きな限界に直面していることを物語るものである。したがって、いま社会保障に問われる課題は、企業社会的社会保障そのものの克服に向けた改革である。だが、ここでも、新自由主義、ポスト福祉国家、新福祉国家のいずれの立場に立つかによって、当面の危機打開策は大きく異なってくる。新自由主義派とポスト福祉国家派が、ここで共有するのは、社会保険分野では、保険原理にそうこと、すなわち保険主義化の道である。なぜ両者が保険主義を共有するかといえば、それは社会保険が、前掲別図にも示したように、一般的応益負担と個別的応益負担の双方に立脚しているためである。ポスト福祉国家派は、このうち、一般的応益負担に足場を求めて社会保険の改革に向かい、新自由主義派は個別的応益負担に足場をおいて社会保険の私保険化を志向する、という違いがあるが、両者は大枠として保険原理を共有する。これに対して、新福祉国家派は、社会保険になお残る保険原理をできるだけ抑えこむ方向を選択する。すなわち、応能負担による公的財源を社会保険に投入して、社会保障のあらゆる分野で問われる必要充足の原則を生かす道を選択する。この三者間の争いのなかに社会保障財政はおかれているのである。

◉注

＊1　二一世紀に入って以降の財政悪化の原因が税収の空洞化にあるという点については、垣内亮『消費税が日本をダメにする』（新日本出版社、二〇一二年）を、本書第2章にあわせて参照。
＊2　ケインズは「供給が需要を生む」とした「セー法則」を否定したが、これが新自由主義のもとで復活する関係については、伊東光晴『現代に生きるケインズ――モラル・サイエンスとしての経済理論』（岩波新書、二〇〇六年）を参照。
＊3　この方向を提言したのが、日本経団連「活力と魅力溢れる日本をめざして」（二〇〇三年）であった。そこでは、たとえば日本列島の「研究所列島化」が主張されていた。
＊4　宮本憲一『社会資本論』（有斐閣、一九六八年）などを参照。
＊5　この関係について、より詳しくは、二宮厚美『新自由主義の破局と決着――格差社会から21世紀恐慌へ』（新日本出版社、二〇〇九年）第二章、同『新自由主義からの脱出――グローバル化のなかの新自由主義vs.新福祉国家』（新日本出版社、二〇一二年）第二章を参照。
＊6　大瀧雅之『平成不況の本質――雇用と金融から考える』（岩波新書、二〇一一年）を参照。
＊7　これらの格差・貧困社会化の構造をどうつかむかについては、二宮厚美『格差社会の克服――さらば新自由主義』（山吹書店、二〇〇七年）、後藤道夫『ワーキングプア原論――大転換と若者』（花伝社、二〇一一年）、後藤道夫・布川日佐史・福祉国家構想研究会編『失業・半失業者が暮らせる制度の構築――雇用崩壊からの脱却』（大月書店、二〇一三年）を参照。
＊8　スーザン・ジョージ著（荒井雅子訳）『これは誰の危機か、未来は誰のものか――なぜ1％にも満たない富裕層が世界を支配するのか』（岩波書店、二〇一一年）九〇頁。
＊9　同前、九六頁。
＊10　醍醐聡は、資本金一億円以上の企業の内部留保（二〇一二年九月期決算で二一七兆円）を本書でいう過剰資金とみなし、内部留保税を課すべきだ、かりに一％の税率でもおよそ二・二兆円の税収を期待できる、と主張している（「朝日新聞」二〇一三年三月二二日付）。

＊11　「税務統計からみた民間給与の実態」でみると、一人当たり民間給与所得額のピークは一九九七年の四六七万円であった。近年の水準は、この水準より六〇万円ばかり下落している。「国民経済計算（ＳＮＡ）」の「雇用者報酬」総額でみると、雇用者報酬のピークは九七年の約二八〇兆円、これが最近（二〇一〇年、一一年）では二五〇兆円を切る水準に落ちこんでいる。

＊12　この点を指摘した最近の例として、服部茂幸「積極的な金融緩和は日本経済を復活させるか」（『世界』二〇一三年四月号）を参照。

＊13　二宮・前掲『新自由主義からの脱出』第二章を参照。

＊14　この点については、二宮厚美「安倍政権にとりついた政治経済のネジレ構造」（『前衛』二〇一三年三月号）を参照。

＊15　よく知られていることだが、このことを一貫して主張してきたのが岩田規久男である。たとえば、金融恐慌後の彼の主張については、岩田規久男『世界同時不況』（ちくま新書、二〇〇九年）を参照。

＊16　一例だけをあげると、たとえば伊東・前掲『現代に生きるケインズ』は、「ケインズに即して考えるならば、貨幣量の変化は、外から与えられるべきものではなく、広い意味での経済活動量の変化から与えられるべきものであり、金融当局による通貨政策も広い意味での経済活動量への影響を媒介項にして、結果としての通貨量の変動となるのである」と指摘している（一八六頁）。また川上則道『マルクスに立ちケインズを知る――国民経済計算の世界と『資本論』』（新日本出版社、二〇〇九年）は、マルクス経済学の立場から同様のことを説明している。

＊17　これらの点は、近年の動向の実証にもとづき、翁邦雄『ポスト・マネタリズムの金融政策』（日本経済新聞出版社、二〇一一年）、湯本雅士『デフレ下の金融・財政・為替政策――中央銀行に出来ることは何か』（岩波書店、二〇一一年）、野口悠紀雄『金融緩和で日本は破綻する』（ダイヤモンド社、二〇一三年）、梅田雅信『超金融緩和のジレンマ』（東洋経済新報社、二〇一三年）などによって明らかにされている。

＊18　少し古くなるが、二〇一〇年末の銀行の預金残高は五六四兆円、これに対して貸出残高は四一六兆円で、両者の差額は一五〇兆円になる。預貸率は七三％の水準に落ちている。これは一九九〇年代後半期に比較すると約四〇ポイント、

二一世紀初頭とくらべても、約二五ポイントの落ちこみとなる（「日本経済新聞」二〇一二年一月一二日付、三月一九日付）。

＊19　二〇一一年度末時点で、無借金経営の企業が上場企業の約半数（四九・七％）に達した。無借金経営とは、借入金ゼロ、または手元資金が社債や借入金を上回る企業をさす。有利子負債に対する手元資金の超過額は二五兆円となった（「日本経済新聞」二〇一二年六月四日付）。上場企業全体の、いますぐに使える手元資金総額は六二兆円、過去最高の水準に達している（「日本経済新聞」二〇一二年五月二四日付）。

＊20　たとえば、服部茂幸『日本の失敗を後追いするアメリカ――「デフレ不況」の危機』（NTT出版、二〇一一年）を参照。

＊21　これと同様の視点に立ったものとして、山家悠紀夫「『アベノミクス』では暮らしはよくならない」（『世界』二〇一三年四月号）を参照。

＊22　日銀による国債のプレミアム付き買い取りについては、松本朗「経済危機下における日本銀行の金融政策」（『日本の科学者』二〇一三年二月号）を参照。

＊23　森信茂樹『抜本的税制改革と消費税――経済成長を支える税制へ』（大蔵財務協会、二〇〇七年）は消費税を説明して、「貯蓄と投資に課税しない税制」だと指摘している（六七頁）。

＊24　たとえば、森信茂樹『日本の税制――何が問題か』（岩波書店、二〇一〇年）、神野直彦『税金　常識のウソ』（文春新書、二〇一三年）を参照。

＊25　たとえば、石弘光『増税時代――われわれは、どう向き合うべきか』（ちくま新書、二〇一二年）は、比例税率による金融所得の一元化を強く主張している。

＊26　土居丈朗編『日本の税をどう見直すか』（日本経済新聞出版社、二〇一〇年）一四頁。

＊27　マスグレイブ著（木下和夫監修、大阪大学財政研究会訳）『マスグレイブ財政学1――理論・制度・政治』（有斐閣、一九八三年）。

＊28　二宮厚美「公共財の経済学的検討」(室井力ほか編『現代国家の公共性分析』日本評論社、一九九〇年)、二宮厚美『自治体の公共性と民間委託――保育・給食労働の公共性と公務労働』(自治体研究社、二〇〇〇年)を参照。
＊29　たとえば、五嶋陽子「租税：理論と制度」(大島通義・神野直彦・金子勝編著『日本が直面する財政問題――財政社会学的アプローチの視点から』八千代出版、一九九九年)を参照。
＊30　この点については、二宮厚美・田中章史『福祉国家型地方自治と公務労働』(大月書店、二〇一一年)、二宮・前掲『新自由主義からの脱出』を参照。
＊31　佐藤主光『地方税改革の経済学』(日本経済新聞出版社、二〇一一年)二四六頁。
＊32　同前、二四七頁。
＊33　八代尚宏『新自由主義の復権――日本経済はなぜ停滞しているのか』(中公新書、二〇一一年)一六二頁。
＊34　福祉国家と基本法研究会・井上英夫・後藤道夫・渡辺治編著『新たな福祉国家を展望する――社会保障基本法・社会保障憲章の提言』(旬報社、二〇一一年)を参照。
＊35　この点をここで強調するのは、ポスト福祉国家派のたとえば井手英策『日本財政　転換の指針』(岩波新書、二〇一三年)、神野直彦・井出英策編『希望の構想――分権・社会保障・財政改革のトータルプラン』(岩波書店、二〇〇六年)が、必要充足概念の誤認に立って、現物給付型社会サービスにのみ適用しようとしているからである。

(二宮厚美)

第2章

財政危機の原因と、打開策としての福祉国家型財政

二〇一二年一二月の衆議院議員総選挙によって、自由民主党と公明党の連立政権が復活した。二〇〇九年九月の民主党への政権移譲以来、三年三か月ぶりの政権再交代である。

発足した安倍内閣は、「これまでとは次元の違う大胆な政策パッケージ」[*1]によってデフレ・円高の泥沼から抜け出すとして、「三本の矢」（大胆な金融政策、機動的な財政政策、民間投資を喚起する成長戦略）からなる〝アベノミクス〟をうちだし、次々と実行に移している。

「これまでとは次元の違う大胆な政策パッケージ」といっても、民主党政権から受け継いでいるものもある。それは、菅内閣が二〇一〇年六月に策定した「財政運営戦略」の財政健全化目標と、民自公三党合意によって二〇一二年八月に成立した「社会保障・税一体改革」（以下、一体改革と略）である。

財政健全化目標は、二〇一五年度までに国・地方の基礎的財政収支（プライマリー・バランス）[*2]の赤字の

対ＧＤＰ比を二〇一〇年度から半減し、二〇二〇年度までに黒字化することを掲げたもので、安倍内閣も「財政健全化目標を実現する必要がある」[*3]として継承した。その財政健全化目標達成のための「第一歩」が一体改革であり、消費税率を二〇一四年四月から八％、二〇一五年一〇月から一〇％に引き上げることなどが盛りこまれたものだが、社会保障制度改革を実施するために野田内閣下の二〇一二年一一月に発足した社会保障制度改革国民会議を委員の交代なしで引き継ぎ、安倍首相は「三党合意に基づき、一体改革をしっかりと進める」[*4]ことを表明している。

このように、安倍内閣の経済・財政政策と民主党政権のそれとは断絶したところもあるが、財政健全化の基本方針では連続している。しかし、そこに通底するものは日本財政に対する誤った診断と処方箋であり、多くの国民を犠牲にする道である。

本章は、日本の財政危機の構造を解き明かし、一体改革やアベノミクスとは異なる経済・財政再生の道を探ろうとするものである。以下、主に国家財政を対象として、第1節で財政危機の現状を調べ、第2節で財政赤字拡大の要因を分析する。第3節で財政赤字拡大の背景として日本経済の状況をまとめ、第4節で財政赤字拡大の様相を整理する。第5節でアベノミクスを検討し、最後に第6節で、経済・財政危機からの脱出策として、新しい福祉国家を実現するための福祉国家型財政、すなわち「新福祉国家財政」への転換を提案する。

1 日本財政の現状をどうみるか

一体改革の成立過程において、野田内閣は「欧州政府債務問題を契機に、世界全体で、財政リスクへの市場の懸念が高まっており、財政健全化は、現在の社会保障の機能を維持していくためにも、直ちに取り組んでいかなければならない課題となっている」[*5]と述べ、日本が「第二のギリシャ」になるかのように脅迫して、国民を財政健全化路線に追いたててきた。

たしかに、日本の財政状態はよくないが、ソブリン危機（政府債務の不履行）が起こったり、そのリスクが著しく高まっているわけではない。むしろ性急な財政健全化は日本経済と財政を破綻に追いやる危険がある。まずは日本財政の現状を正確に診断することからはじめよう。

(1) 巨額の財政赤字と膨大な債務残高

二〇〇八年九月、アメリカの投資銀行リーマン・ブラザーズの倒産と、それを契機にした金融危機（いわゆる「リーマン・ショック」）が世界を襲った。日本経済はそれ以前からデフレに陥り、財政も悪化していたが、リーマン・ショックによって財政赤字はいちだんと拡大し、今日に至っている。

表1　国の一般会計予算の概要

（単位：兆円，％）

区分	2008年度	2009年度	2010年度	2011年度	2012年度	2013年度	構成比
歳入合計	83.1	88.5	92.3	92.4	90.3	92.6	100.0
租税及び印紙収入	53.6	46.1	37.4	40.9	42.3	43.1	46.5
その他収入	4.2	9.2	10.6	7.2	3.7	4.1	4.4
公債金	25.3	33.3	44.3	44.3	44.2	42.9	46.3
４条公債（建設公債）	5.2	7.6	6.4	6.1	5.9	5.8	6.2
特例公債（赤字公債）	20.1	25.7	38.0	38.2	38.3	37.1	40.0
年金特例公債金						2.6	2.8
歳出合計	83.1	88.5	92.3	92.4	90.3	92.6	100.0
国債費	20.2	20.2	20.6	21.5	21.9	22.2	24.0
基礎的財政収支対象経費	62.9	68.3	70.9	70.9	68.4	70.4	76.0
うち社会保障関係費	21.8	24.8	27.3	28.7	26.4	29.1	31.4
うち文教及び科学振興費	5.3	5.3	5.6	5.5	5.4	5.4	5.8
うち地方交付税交付金	15.1	16.1	17.1	16.4	16.6	16.3	17.6
うち防衛関係費	4.8	4.8	4.8	4.8	4.7	4.8	5.1
うち公共事業関係費	6.7	7.1	5.8	5.0	4.5	5.3	5.7
公債残高（年度末）	545.9	594.0	636.3	669.9	712.7	749.6	
対 GDP 比	111.5	125.3	132.5	141.5	150.1	153.7	

注）1．2008～12年度は当初予算，2013年度は政府案。「その他収入」には前年度剰余金受入を含む。

2．「公債残高」（普通国債残高）は各年度３月末現在高，2012年度は実績見込み，2013年度は政府案にもとづく見込みで，復興債を含む（2011年度末10.7兆円，2012年度末11.2兆円，2013年度末12.2兆円）。

3．GDP は2011年度まで実績値，2012年度は実績見込み，2013年度は政府見通し。

4．四捨五入のため，合計の数値と一致しない場合がある。

出典）財務省主計局・理財局『予算と財政投融資計画の説明』各年度，および財務省主計局「我が国の財政事情（平成25年度政府予算案）」2013年１月，より作成。

表2　財政事情の国際比較（対 GDP 比、2013暦年）

（単位：%）

項　目	日本	アメリカ	イギリス	ドイツ	フランス	イタリア	カナダ
①財政収支	▲9.0	▲7.5	▲6.9	▲0.4	▲3.4	▲2.9	▲3.0
②債務残高	224.3	113.0	110.4	86.2	108.2	129.6	85.5
③純債務残高	144.3	90.1	78.0	49.7	68.8	100.8	36.8
④金融資産（＝②－③）	80.0	22.9	32.4	36.5	39.4	28.8	48.7

注）1．一般政府（中央政府，地方政府，社会保障基金をあわせたもの）ベース。
2．財政収支については，日本とアメリカは社会保障基金を除いた値。日本は単年度限りの特殊要因を除いた数値。

出典）財務省主計局「我が国の財政事情」2013年1月，11～13頁より作成（原資料は，OECD, *Economic Outlook*, No.92, Dec.2012.）。日本の2013年度政府予算案の内容を反映するものではない。

国の一般会計予算をみれば、二〇一〇年度以降、公債金（国債発行額）は四〇兆円を突破し、公債依存度は五〇%近くにのぼり、二〇一二年度には（二〇一三年度も年金特例公債金を含めれば）租税及び印紙収入をも上回っている（表1）。公債金の内容も悪く、赤字公債が九割近くを占めている。

国債は新規発行額から償還額を差し引いた分だけ年々堆積する。公債残高（復興債などを含む普通国債残高）は二〇一三年度末には七四九・六兆円、対GDP比一五三・七%に達する見込みである。

明治以来の日本財政の歴史をみても、国債残高がGDPの一・五倍近い状態はアジア・太平洋戦争中しかない（一九四四年度一四四・五%）。[*6] 財政からみれば、日本の経済社会は戦争に匹敵するほど危機的状態にあるということだ。

他の主要国と比較するために一般政府ベース（中央政府、地方政府、社会保障基金の合計）でみると、日本は年々の財政赤字（フロー）でも債務残高（ストック）でも最悪であり、とくに後者は突出して大きい（表2の①②）。

近代国家は「租税国家」と呼ばれ、基本的に租税収入によって成り立つ。財政危機に陥る直前の一九九一年度当初予算では、租税及び印紙収入が歳入全体の九割近くを占めていた。それからみれば、日本財政の現状は「租税国家」の崩壊した姿であり、「債務国家」と呼ぶほうがふさわしい。

(2) 政府は債務とともに資産も保有する

ところで、政府は債務と同時に資産も保有するので、財政赤字や債務残高という「粗債務」だけを強調するのは一面的である。とくに二〇〇一年度の財政投融資改革まで、世界最大の郵便貯金制度をもち、公的年金で積立方式を採用し、その郵便貯金や年金積立金などを原資として財政投融資を大規模に展開し、政府資産を巨額に形成してきたことは戦後日本財政の特徴でもある。

日本の一般政府の金融資産残高は対GDP比で八〇・〇%と、他の主要国の一・六〜三・六倍もある。そのため、債務残高から金融資産残高を差し引いた純債務残高では、日本は一四四・三%となって粗債務残高の七割程度に縮小し、イタリアの四割増し程度になる(表2の③④)。

国有財産の現在高は二〇一〇年度末で、独立行政法人等への出資財産六四・三兆円、公用財産二〇・〇兆円など、合計一〇一・二兆円にのぼる。[*7] また、近年では「霞が関埋蔵金」(特別会計や独立行政法人などの積立金など)が注目をあびてきた。取り崩され一般会計に繰り入れられた「埋蔵金」は二〇〇八〜一二年度の五年間で計三三・三兆円に達する。

このような資産と負債を両建てで把握したものが「貸借対照表」（バランスシート、BS）である。国のBSは内閣府と財務省から発表されている。

内閣府経済社会総合研究所「国民経済計算」におけるBS（一般政府の部門別資産・負債残高）では、二〇一一年末で非金融資産五八一・〇兆円、金融資産四九六・一兆円、資産合計一〇七七・一兆円に対し、負債一〇九五・八兆円で、差し引き一八・七兆円の負債超過となっている。[*8] 他方、財務省「国の財務書類」のBSでは、二〇一一年度末で一般会計・特別会計合計の資産は六二八・九兆円、負債は一〇八八・二兆円、差し引き四五九・三兆円の負債超過となっている。[*9] 地方政府を含まないのに、負債の規模は「国民経済計算」とほぼ同じだが、資産の規模が六割程度しかなく、負債超過を強調するかたちになっている。

このような国の資産は日本財政の〝懐の深さ〟をあらわし、それを有効に活用すれば国民の負担を軽減することができる。もっとも、それによって収支ギャップの原因そのものが解決するわけではない。

(3) 国債金利は財政危機のバロメータ

ところで、市場経済は量と価格の世界であり、グロス（粗）であれ、ネット（純）であれ、債務を量だけで把握するのは片手落ちである。そこで、国債の価格、それと逆方向に動く国債金利（または利回り）をみてみよう。[*10]

日本では一九七〇年代後半まで、人為的低金利政策を維持するため、国債は市場から隔離する政策がと

図1　10年物国債の利回り

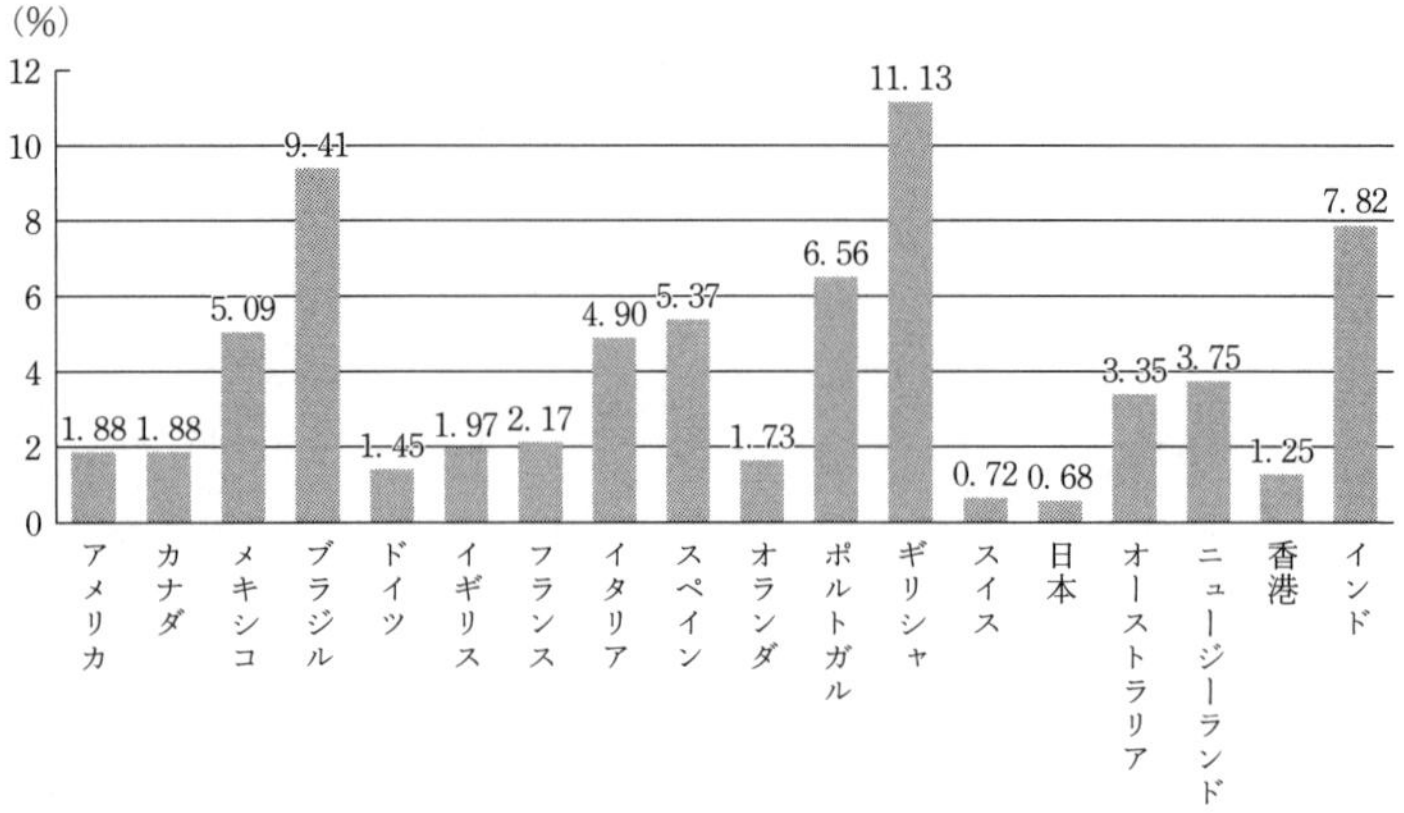

出典）Bloomberg 社のホームページより作成（アクセス2013年２月27日10：00）。
http://www.bloomberg.com/markets/rates-bonds/

図2　国債流通利回りの推移

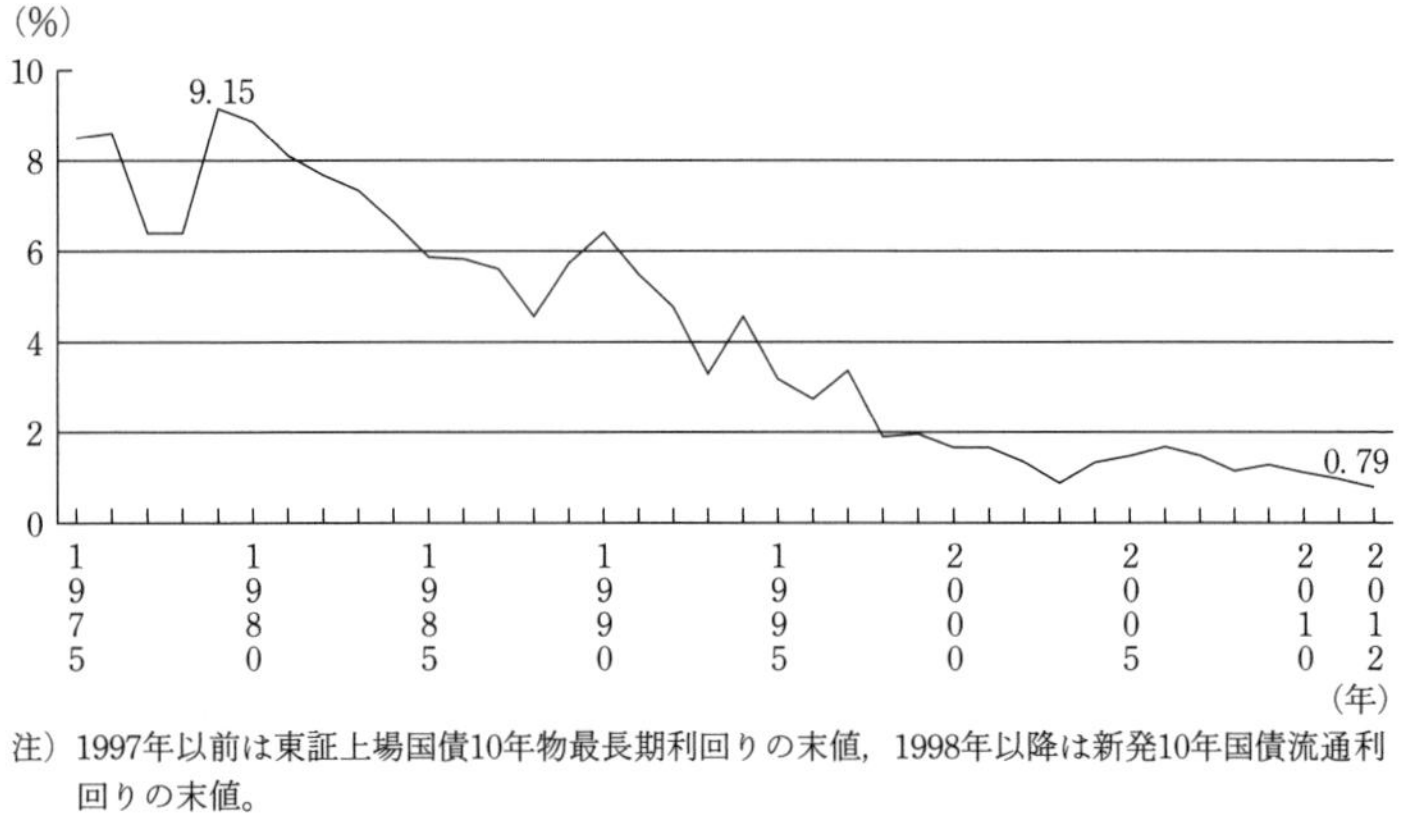

注）1997年以前は東証上場国債10年物最長期利回りの末値，1998年以降は新発10年国債流通利回りの末値。

出典）内閣府『経済財政白書（平成24年度版）』2012年，415頁より作成。

られ、国債金利は市場実勢と切り離されて決定されてきた。しかし、第一次石油ショックを契機に高度経済成長が終わり、七〇年代後半に国債大量発行時代に入ると、国債の市場隔離政策は維持できず、八〇年代には国債の市中消化と流動化が進められ、国債金利は市場実勢にあわせて決められるようになった。

いまや、国債金利は市場での需要と供給によって決まる。国債への需要量が供給量を上回り、好調に売れているときは国債価格は上昇（国債金利は低下）し、逆に需要量が供給量を下回り、売れないときは国債価格は低下（国債金利は上昇）する。それゆえ、財政危機が深刻化し、国債への信認が低下すれば、国債は売れず、国債金利は高騰する。ギリシャ国債の金利は二〇一一年末から二〇一二年初頭にかけて四〇％近くにまで上昇した。国債金利は財政危機のバロメータ（体温計）である。

日本財政は、債務の大きさだけをみれば世界で最悪であるので、国債金利は高いように思えるが、実際には世界で最低であり、欧州最良といわれるドイツ国債の半分以下である（図1）。

しかも、一時的に低いのではない。一〇年物国債の流通利回りは、一九七九年末の九・一五％をピークに二〇〇二年末〇・九〇％まで低下して以降、一％前後を推移しており、歴史的ともいえる超低水準にある（図2）。

このように、金利面からみれば、日本は財政〝危機〟と呼ぶ状態にはない。財政赤字と債務残高の大きさは世界最大、国債金利は世界最低――ここに日本の財政危機の〝不思議〟がある。なぜこのようなことが起こるのか。

(4) 国債の九割以上を国内で消化

国債金利が低いのは、国債が市場で順調に売れているからにほかならない。すなわち、市場は日本財政の現状を信認しているということだ。

誰が日本国債を買っているのかといえば、銀行等四一・四%、生損保等二二・四%、公的年金九・二%、日本銀行九・〇%、海外六・七%、年金基金三・八%、家計三・八%、一般政府（公的年金を除く）〇・二%、財政融資資金〇・一%、その他三・四%で、[*11] 金融機関が六～七割を占め、海外依存は七%程度と少ない。

これに対し、欧米諸国では海外保有比率が高く、イギリス三二%、フランス三九%、アメリカ四五%、ドイツ五六%となっている。[*12] 海外依存が高いと、一九九八年のロシア、二〇〇一～〇二年のアルゼンチンのように、資本が突然引き揚げられ、政府はデフォルト（債務不履行）を余儀なくされる。しかし、日本のように、国債のほとんどが国内で消化されていれば、資金が国内で循環するだけなので、財政破綻は基本的に起こらない。[*13] もっとも、日本の特例公債法案をめぐる与野党の対立、アメリカの「財政の崖」（減税の期限切れと歳出の強制削減のためにアメリカの景気が急落すること）をめぐるホワイトハウスと議会の対立にみられるように、政治的に財政破綻は起こりうる。

(5) 法人企業のカネ余りが国債消化の源泉

では、日本国内のどこに大量の国債を消化する資金があるのだろうか。

資金循環構造をみると、一九九〇年代末頃まで、資金余剰部門である家計の資金が金融機関をつうじて、資金不足部門である非金融法人企業や一般政府にまわっていた。ところが、九〇年代後半頃から家計の資金余剰規模が縮小する一方、資金不足部門であった非金融法人企業が一九九八年度から資金余剰部門に転じ、一般政府の資金不足を補ってきたのである。すなわち、法人企業のカネ余りが家計に代わって国債消化を支えてきたわけである（図3）。

法人企業の借入需要が減少したため、金融機関は企業への貸出を減らして、資金を国債保有にまわしてきた。そのさい、一九八八年の銀行等に対する自己資本比率規制の導入、一九九六年の生損保会社に対するソルベンシー・マージン（保険金等の支払余力）規制の導入、二〇〇〇年の時価会計の導入などが、銀行等や生損保会社の国債保有を促進してきたことも見逃せない。[*14]

金融機関の資産残高をみると、貸出残高は一九九七年度末一六一八・三兆円をピークに二〇一一年度末一一七二・四兆円へ四四五・九兆円減少する一方、国債等の保有高は四〇五・五兆円から八一四・四兆円へ四〇八・九兆円増加している（図4）。

このように、法人企業のカネ余りが国債消化の源泉となり、国債金利を低く抑えてきたのである。その

図3　資金過不足の推移（対 GDP 比，年度）

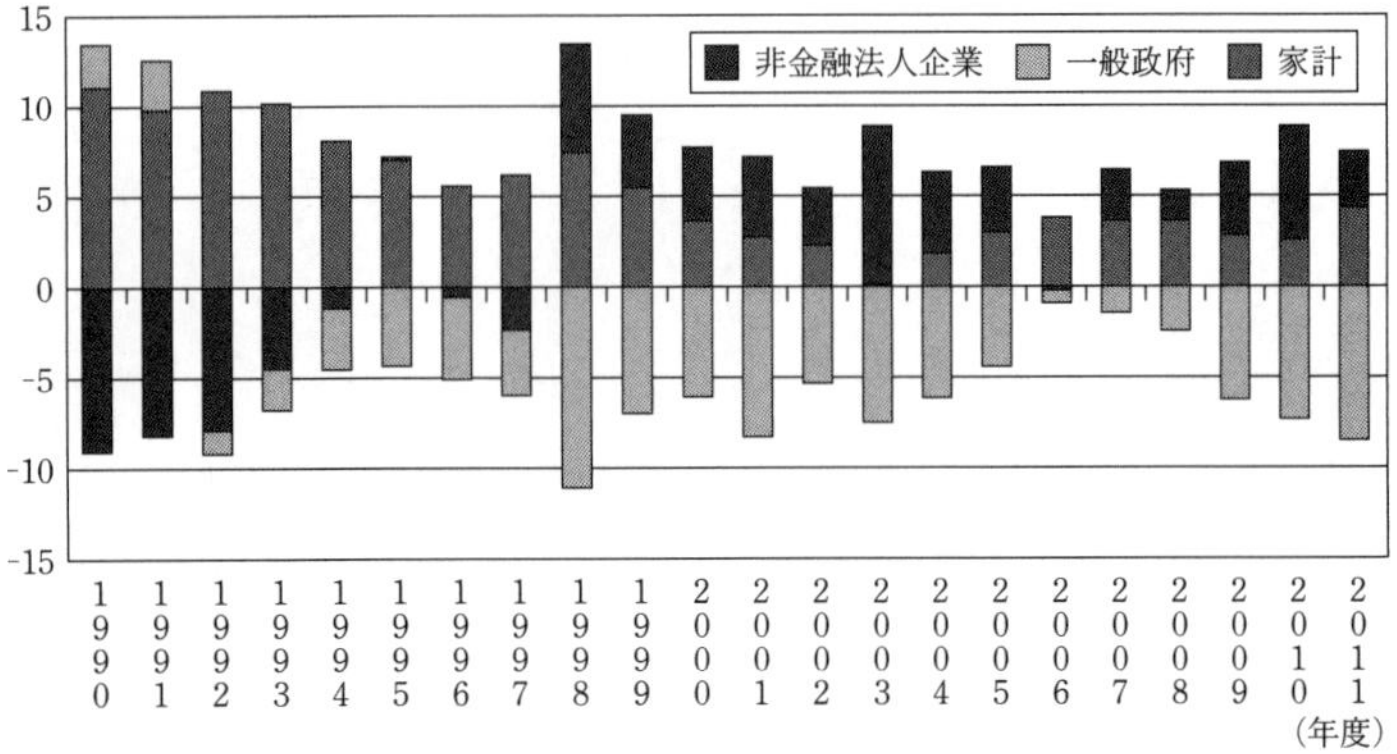

注）簡単化のため，金融機関，対家計民間非営利団体，海外部門を省略している。
出典）1990〜99年度は内閣府社会経済総合研究所『2009年度国民経済計算確報（2000年基準・93SNA)』2011年，2000〜11年度は同『2011年度国民経済計算確報（2005年基準・93 SNA)』2013年，より作成。

図4　金融機関の貸出残高と国債等保有残高の推移

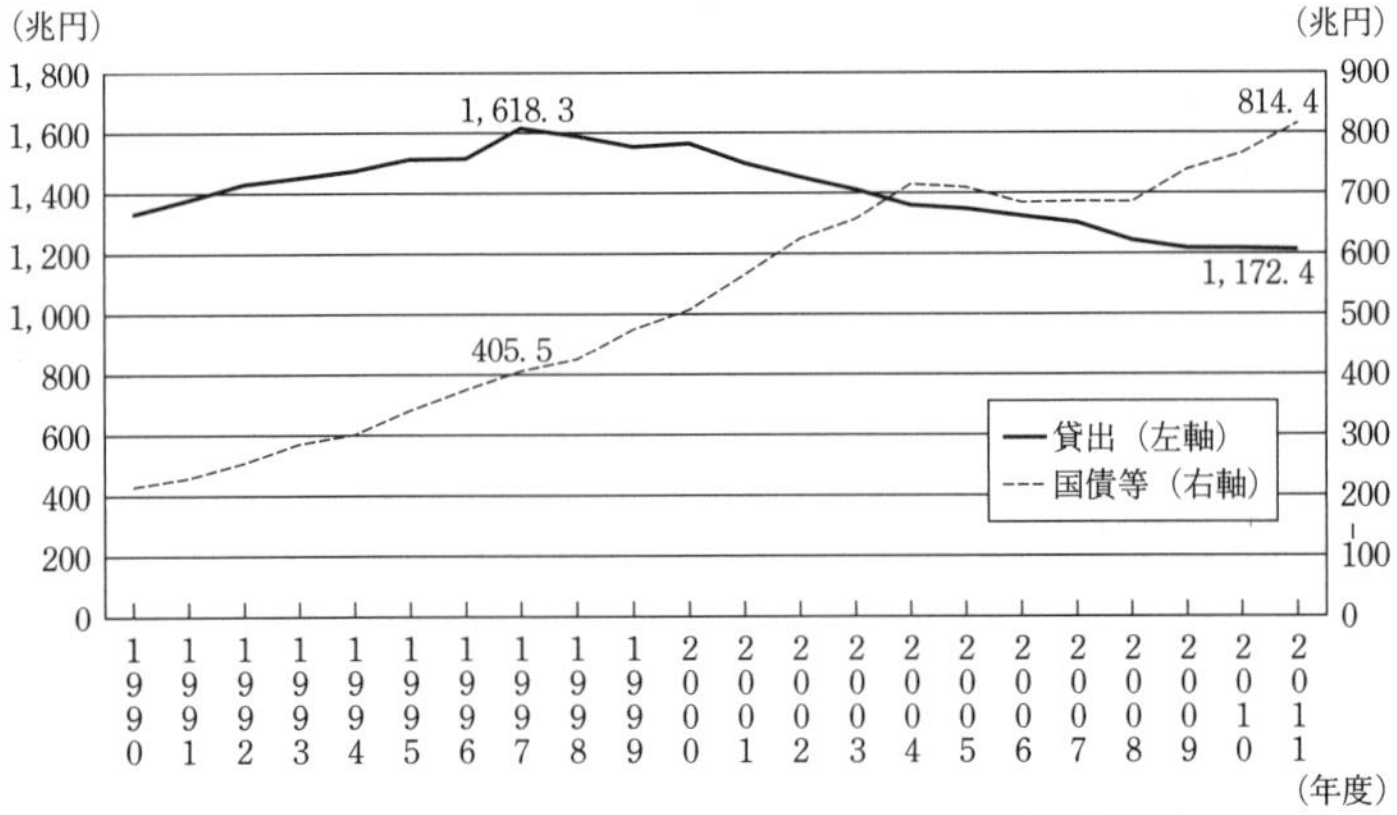

注）「国債等」は，国庫短期証券，国債・財投債，地方債，政府関係機関債の合計。
出典）日本銀行『資金循環統計』（時系列データ検索サイト）より作成。

背景には、後述する「総人件費の抑制」などによる大企業における内部留保の増大がある。すなわち、家計にまわるはずの所得が企業に吸いあげられ、金融機関のポートフォリオ（資産選択）を変化させて国債の順調な消化を助けてきたわけだ。

(6)「国債暴落」論の検討

国債の消化構造がこのように特異なことから、最近の「国債暴落」論では、それがいつまで持続できるかに関心を集中させている。たとえば、野口悠紀雄は、住宅貸付を除く民間金融機関（預金取扱機関）の貸出残高（二〇〇八年度で五七〇兆円）を今後の国債消化資金の限界とみなし、国債に「地方債や公的金融機関が発行する債券も合わせると、年間六〇兆円程度の水準が今後続く可能性がある」として、五七〇兆円÷六〇兆円＝九・五、「あと九年程度」で「Doomsday（世界終焉の日）」が到来すると述べている。[*15]

しかし、国債等の新規発行額のすべてを民間金融機関に押しつけるのは無茶である。銀行等は最大の国債所有者だが、全体の四割程度であり、保険・年金基金、日本銀行、公的年金なども有力な保有者である。しかも、国債等は償還もされており、償還資金の多くは国債に環流している。国債の大量発行と消化構造に問題があるのは確かだが、危機をあおることは正当でない。[*16]

一九九六～九八年の橋本内閣による財政構造改革は、こうした「国債暴落」論に乗って財政再建を急いだため、大不況と金融システム危機をまねいたあげく、その対応のために膨大な国債を発行せざるをえなかった。「国債暴落」論に惑わされず、財政再建は経済状況に配慮しながら着実にとりくんでいけばよい。

(7) 日本の財政危機は欧州ソブリン危機と本質的に異なる

「国債暴落」論は、二〇〇九年末のギリシャ・ショック以来、「日本は第二のギリシャになる」と国民を脅迫し、財政健全化に追いたてるようになった。しかし、日本の財政危機と欧州ソブリン危機は本質的に異なるものである。

たしかに、GIIPS諸国（ギリシャ、イタリア、アイルランド、ポルトガル、スペイン）は巨額の財政赤字と対外債務を抱え、欧州ソブリン危機の発火点となって世界経済を震撼させている。しかし、欧州ソブリン危機はたんなる財政危機ではなく、EU内での経済的不均衡の拡大を土台とし、ユーロという通貨制度の構造的矛盾が各国の特殊事情と相俟って爆発し、国際的投機資本によって増幅された経済危機である。

一九九九年の統一通貨ユーロの導入により、ドイツ、オランダなどは輸出競争力を強め、統一市場のメリットを得て貿易黒字を拡大する一方、ギリシャ、ポルトガル、スペインなどは輸出競争力を弱めて貿易赤字をふくらませた。後者の国々では、加盟当初は金利低下などの恩恵を受けて消費を活発化させたが（住宅バブルも発生）、国内産業は不振を続け、それを財政で補おうとして財政赤字を拡大した。その国債を黒字国が購入した。こうしたEU内での経済的不均衡の拡大が欧州ソブリン危機の土台にある。

もし各国が独自の通貨を発行していれば、経済的不均衡は為替レートの変動をつうじて調整されるのだが、単一通貨のもとでは国ごとの調整メカニズムがはたらかない。ユーロは「通貨は一つだが財政はバラバラ」[*17]という、本質的で制度的な矛盾を抱えている。本来、その間を仲介するのが、マーストリヒト条約に定めるユーロ加盟の四条件（物価安定、低い長期金利、為替相場の安定、財政赤字の対GDP比三%以内・債務残高七〇%以内）なのだが、加盟国拡大優先路線のもとで、ギリシャのように条件を満たさない国でも加盟を承認してきた。加盟条件は形骸化し、経済的不均衡は調整されずに拡大した。

そこにGIIPS諸国の個別事情が重なり、経済的不均衡が爆発した。ギリシャについていえば、(a)七割以上を海外に依存した国債消化、(b)GDP比七%を超える財政赤字と一〇〇%を超える債務残高、(c)歴代政府による財政赤字の粉飾、(d)一八三〇年の独立以来、その半分以上の期間でデフォルトないしリスケジュール（返済繰り延べ）を起こしたという歴史、(e)地下経済がGDPの三割に達するという経済・税制に対する信頼の欠如、(f)GDPの一〇%を超す経常収支赤字などの事情がある。[*18]とりわけ二〇〇九年一〇月の政権交代時に財政赤字見通しが大幅上方修正されたことを契機に、政府への不信が表面化し、国債の格付けが大幅に引き下げられ、ギリシャ・ショックが引き起こされた。

それをソブリンCDS（クレジット・デフォルト・スワップ）を介した国際的投機資本が増幅した。CDSとは、信用リスクに対する保証を売買するデリバティブ取引であり、売り手に対しプレミアム（保証料）を支払うことによって、取引対象となる債務者がデフォルトとなった場合に損失相当分を売り手から受けとることができるという保険類似商品だ。ソブリンCDSは、政府や政府機関の発行するソブリン債を対象としたCDSである。本来はカントリー・リスクをヘッジ（回避）するためのものだが、市場が未発達で規模が小さいので値動きが激しく、投機目的に利用されやすい。GIIPS諸国のソブリン債に対してCDSを契約しておけば、これらの国がデフォルトするか、財政危機が深化すれば、プレミアムが値上がりして金儲けができるので、ヘッジファンドなど国際的投機資本の対象となった。プレミアムの上昇は国債金利の上昇をまねき、財政危機をいっそう悪化させた。

欧州ソブリン危機はこれらの結果として起こったものであり、円という通貨を発行し、対外債権大国であり、国債のほとんどを国内で消化している日本の財政危機を同列にみることは根本的に間違っている。

(8) 財政赤字の何が問題か

だからといって、日本財政の状況を放置してよいわけではない。財政赤字には多くの問題がある。

第一は、国債の大量発行によって金利が上昇したり、それを回避するために通貨を増発してインフレーションを引き起こしたりする圧力を強めることである。もっとも、現状では、長期金利は超低水準にあり、インフレではなくデフレが起こっている。

第二は、国債の元利償還費（国債費）が増大して政策的経費を圧迫し、財政構造を硬直させることである。国債金利は低いが、国債費は歳出の四分の一近くを占めている（前掲表1）。

第三は、所得の逆再分配が起こることである。国債を直接購入したり、国債を保有する金融機関などの株式を所有したりする者は、資産家や高所得層が多い。その人たちが保有する国債の元利償還は、低所得層を含む国民一般から集めた税金で行なわれるので、国債費を介して低所得層から高所得層への所得の逆再分配が起こり、財政の基本機能の一つである所得再分配機能が損なわれる。

第四は、世代間で負担に不公平が生じることである。とくに外国債の場合、発行時には国外から資金が流入して国内の資源量が増加するのに対し、償還時には国外に資金が流出して国内の資源量が減少するので、発行時と償還時で負担に不公平が生じる。

第五は、一九九八年秋の資金運用部ショック（資金運用部資金による国債引受停止の報道にともなう長期金利の急上昇）のような突発的出来事が起こることである。日本国債は国内で九割以上消化されているとはいえ、リーマン・ショック以降、外国人保有が徐々に増加しており、リスクが高まっている。

それゆえ、国債への依存を減らし、財政を健全化することは必要である。そのさい、一九九六〜九八年の橋本内閣の「財政構造改革」の失敗を繰り返さないよう、経済状況に柔軟に対応するとともに、財政赤字拡大の原因に即し、財政本来の機能を犠牲にすることなくとりくむことが求められる。

2　何が財政赤字を拡大したか

(1) 財政危機の三つの局面

今回の財政危機は一九九二年度からはじまる。八〇年代後半のバブル経済は、一九九〇年から株価が、一九九一年から地価が下落を開始して崩壊した。景気後退のため、一九九二年八月の総合経済対策から建設公債が増発され、一九九四年度当初予算から赤字公債の発行が再開されるようになった。

以降の時期は、公債依存の深まりによって、三つの局面に分けることができる。第一局面は、バブルの破綻や公共事業を中心とした経済対策により、公債依存度が「一〇％越え」「二〇％越え」した、一九九二年度補正予算から一九九八年度当初予算までの時期である。第二局面は、橋本内閣の経済失政により、公債依存度が「三〇％越え」「四〇％越え」した、一九九八年度補正予算から二〇〇八年度当初予算までの時期である。そして第三局面は、二〇〇八年度補正予算から現在に至る時期で、リーマン・ショックや政権交代、東日本大震災により、公債依存度はついに「五〇％越え」する（図5）。

このように、一九九二年度以降、財政は局面をへるごとに公債依存を深めてきた。何が財政赤字を拡大

図5　公債発行の推移

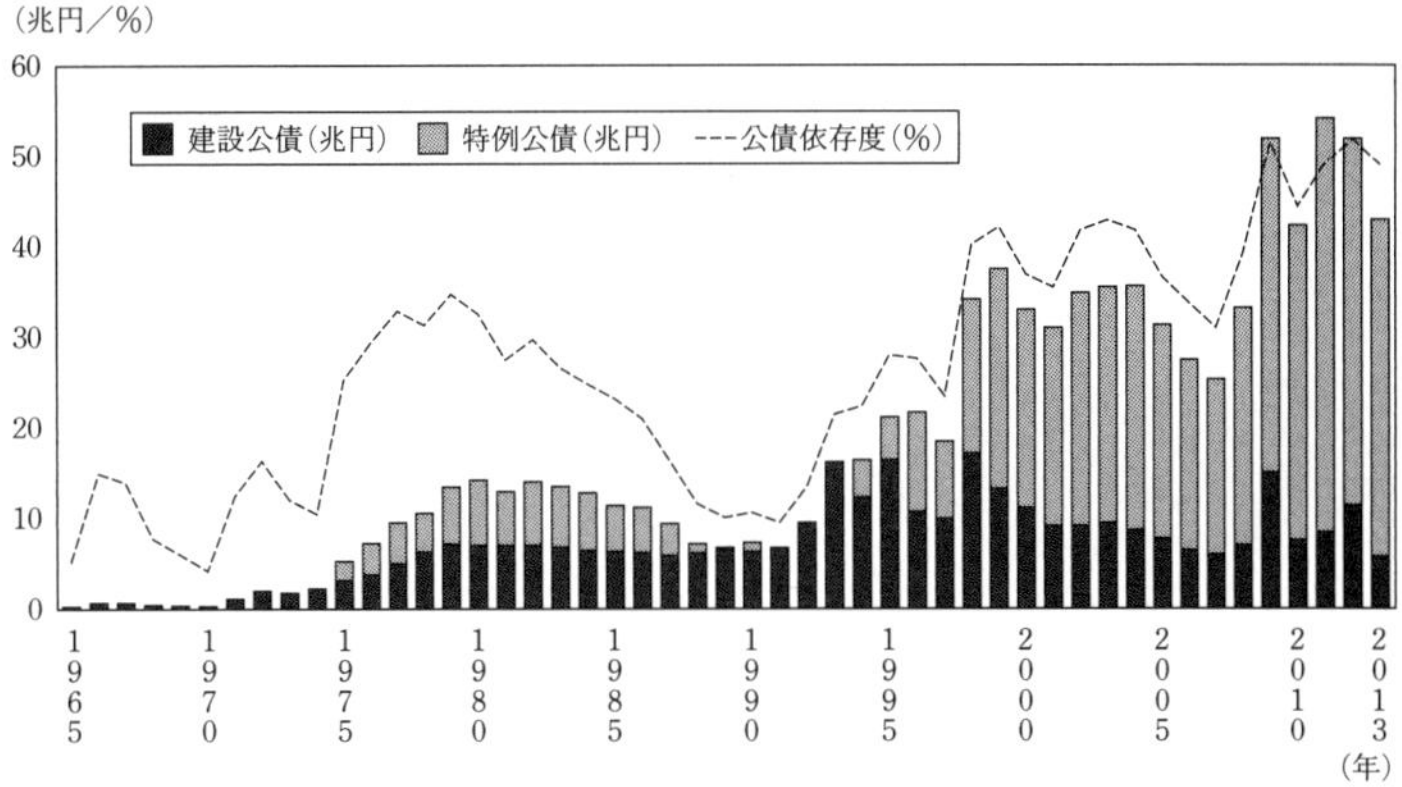

注）1．2011年度まで決算，2012年度は補正後，2013年度は政府案。
　　2．2012，13年度の特例公債には年金特例公債を含む。
出典）財務省『日本の財政関係資料』2012年9月，同『平成23年度決算の説明』2012年，同『平成24年度補正予算（第1号，特第1号及び機第1号）等の説明』2013年，同『25年度予算のポイント』2013年，より作成。

したか。

(2) 財政赤字を拡大した五つの要因

表3は、財政危機に陥る直前の一九九一年度決算額を基準として、それ以降の各年度の歳入（公債金、前年度剰余金受入、決算調整資金受入を除く）と歳出（決算不足補てん繰戻を除く）の各費目の増減額を累計することによって、三つの局面における財政赤字の規模と要因を分析したものである。[*19] なお、決算数値を用いるため、局面区分が年度単位になる（二〇一一年度まで決算額、一二年度は補正後、一三年度は政府案）。

一九九二〜二〇一三年度の二二年間に増加した財政赤字（収支差額）の規模は五五四・四兆円で、これはこの期間に増加した公債金累計五五九・〇兆円とほぼ等しい（差異は決算額と補正後、当初予算額の

表3　財政赤字拡大の要因分析

区　分	歳入側の主な要因				歳出側の主な要因				財政赤字（収支差額）		（参考）公債金
	所得税	法人税	消費税	その他とも歳入計	社会保障関係費	公共事業関係費	国債費	その他とも歳出計		構成比	
金額（兆円）											
第１局面（92～97年度）	▲35.5	▲19.7	7.8	▲38.6	11.8	28.2	▲6.6	27.1	▲65.7	11.8	63.3
第２局面（98～07年度）	▲109.3	▲47.7	51.2	▲114.3	72.0	24.6	24.6	140.3	▲254.6	45.9	257.1
第３局面（08～13年度）	▲78.6	▲47.2	31.1	▲83.2	95.0	▲5.2	27.4	150.8	▲234.1	42.2	238.6
合　計	▲223.5	▲114.6	90.0	▲236.2	178.8	47.6	45.3	318.2	▲554.4	100.0	559.0
構成比（%）											
第１局面（92～97年度）	54.0	29.9	▲11.8	58.8	▲17.9	▲43.0	10.1	▲41.2	100.0		
第２局面（98～07年度）	42.9	18.7	▲20.1	44.9	▲28.3	▲9.7	▲9.7	▲55.1	100.0		
第３局面（08～13年度）	33.6	20.2	▲13.3	35.6	▲40.6	2.2	▲11.7	▲64.4	100.0		
合　計	40.3	20.7	▲16.2	42.6	▲32.3	▲8.6	▲8.2	▲57.4	100.0		

注）１．2011年度まで決算，2012年度は補正後，2013年度は政府案概算。
２．2012，13年度の特例公債には年金特例公債を含む。
３．「歳入計」は，公債金，前年度剰余金受入，決算調整資金受入を除く歳入合計。
４．「歳出計」は，一昨年度決算不足補てん繰戻を除く歳出合計。

出典）2010年度まで財務省『財政統計』2012年，2011年度は同『平成23年度決算の説明』2012年，2012年度は同『平成24年度補正予算（第１号，特第１号及び機第１号）等の説明』2013年，2013年度は同『25年度予算のポイント』2013年，より作成。

ズレおよび除外項目による)。したがって、上記の方法で財政赤字の規模と要因を分析できると考える。

五五四・四兆円の財政赤字は、歳入の減少で二三六・二兆円(四二・六%)、歳出の増加で三一八・二兆円(五七・四%)生じている。歳入の減少では、租税及び印紙収入の減少がほとんどを説明し、租税及び印紙収入では所得税と法人税の減収が大きく、消費税の増収がその一部を打ち消すよう作用するが、法人税の減収を埋めあわすこともできていない。歳出の増加では、社会保障関係費、公共事業関係費、国債費の三項目で八五・四％を占める。煩雑になるので、以下ではこれら主要な項目だけを対象とする。

整理すると、財政赤字は、①所得税の減収二三・五兆円（四〇・三％）、②社会保障関係費の増加一七・八兆円（三二・三％）、③法人税の減収一一・六兆円（二〇・七％）、④公共事業関係費の増加四七・六兆円（八・六％）、⑤国債費の増加四五・三兆円（八・二％）によって生じたことになる。これらを合計すると一〇〇％を超えるのは、消費税の増加九・〇兆円（一六・二％）などの黒字要因によって超過分が相殺されるからである。

なお、留意点を二つ述べておく。一つは、⑤の国債費の増加を建設公債分と赤字公債分に分け、建設公債分を④の公共事業関係費に組みこめば、④は増大することである。もっとも、⑤の全額を④に加えても、③の法人税の減収にはおよばない。もう一つは、個々の経費や税についての政策的価値判断をここでは含んでいないことである。たとえば、防衛関係費は八・二兆円、二・六％の赤字要因であるが、そもそも憲法九条に適合しない経費であり、もっと低額であるべきだろう。その低額を基準にすれば、より大きな財政赤字要因となりうるが、そのような政策的価値判断はここでは含めていない。

(3) 一九九八年度以降、財政赤字の規模と要因は変化する

局面ごとにみると、第一局面（一九九二〜九七年度）で増加した財政赤字は六五・七兆円で、全体の

一一・八%を占める。主な要因は、①所得税の減収三五・五兆円（五四・〇%）、②公共事業関係費の増加二八・二兆円（四三・〇%）、③法人税の減収一九・七兆円（二九・九%）、④社会保障関係費の増加一一・八兆円（一七・九%）である。公共事業関係費が景気対策や内需拡大策などに使われて、その増加が財政赤字の大きな要因となっている。

第二局面（一九九八〜二〇〇七年度）で増加した財政赤字は二五四・六兆円で、全体の四五・九%と、半分近くを占める。主な要因は、①所得税の減収一〇九・三兆円（四二・九%）、②社会保障関係費の増加七二・〇兆円（二八・三%）、③法人税の減収四七・七兆円（一八・七%）、④公共事業関係費の増加二四・六兆円（九・七%）、⑤国債費の増加二四・六兆円（九・七%）である。財政赤字累計額の規模が第一局面の四倍近くにふくれあがり（年平均でも二倍ある）、所得税の減収が大きな要因になるとともに、社会保障関係費の増加も比重を増している。

第三局面（二〇〇八〜一三年度）で増加した財政赤字は二三四・一兆円で、全体の四二・二%を占める。主な要因は、①社会保障関係費の増加九五・〇兆円（四〇・六%）、②所得税の減収七八・六兆円（三三・六%）、③法人税の減収四七・二兆円（二〇・二%）、④国債費の増加二七・四兆円（一一・七%）である。単年度の財政赤字の規模がさらに拡大するとともに、要因では社会保障関係費がトップになり、公共事業関係費は黒字要因に転じている（二〇〇七年度以降一九九一年度を下回るため）。なお、所得税の減少については、二〇〇七年（度）分から個人住民税へ三兆円の移譲が行なわれたことの影響が大きい（ただし歳出側で地方交付税交付金の減少が赤字拡大を縮小している)。

以上のように、財政赤字の規模も、要因も、一九九八年度以前の第一局面とそれ以降の二つの局面とでは違いがある。規模では、一九九八年度以降に生じたものが全体の八八・二%を占め、あとの局面になるほど規模が拡大する。要因では、一九九七年度までは公共事業関係費が大きかったが、一九九八年度以降は所得税・法人税の減収と社会保障関係費の増加が主因となり、近年になるほど社会保障関係費の増加が比重を増している。

なぜ一九九七/九八年度を境として財政赤字は量的・質的に変化したのか。その背景となる日本経済の状況を調べてみよう。

3 財政赤字はなぜ拡大したか

(1) デフレに陥った日本経済

一九九七/九八年度を境とする日本経済の構造変化を象徴するのは名目GDP(国内総生産)の減少である(図6)。

図6　名目 GDP の推移

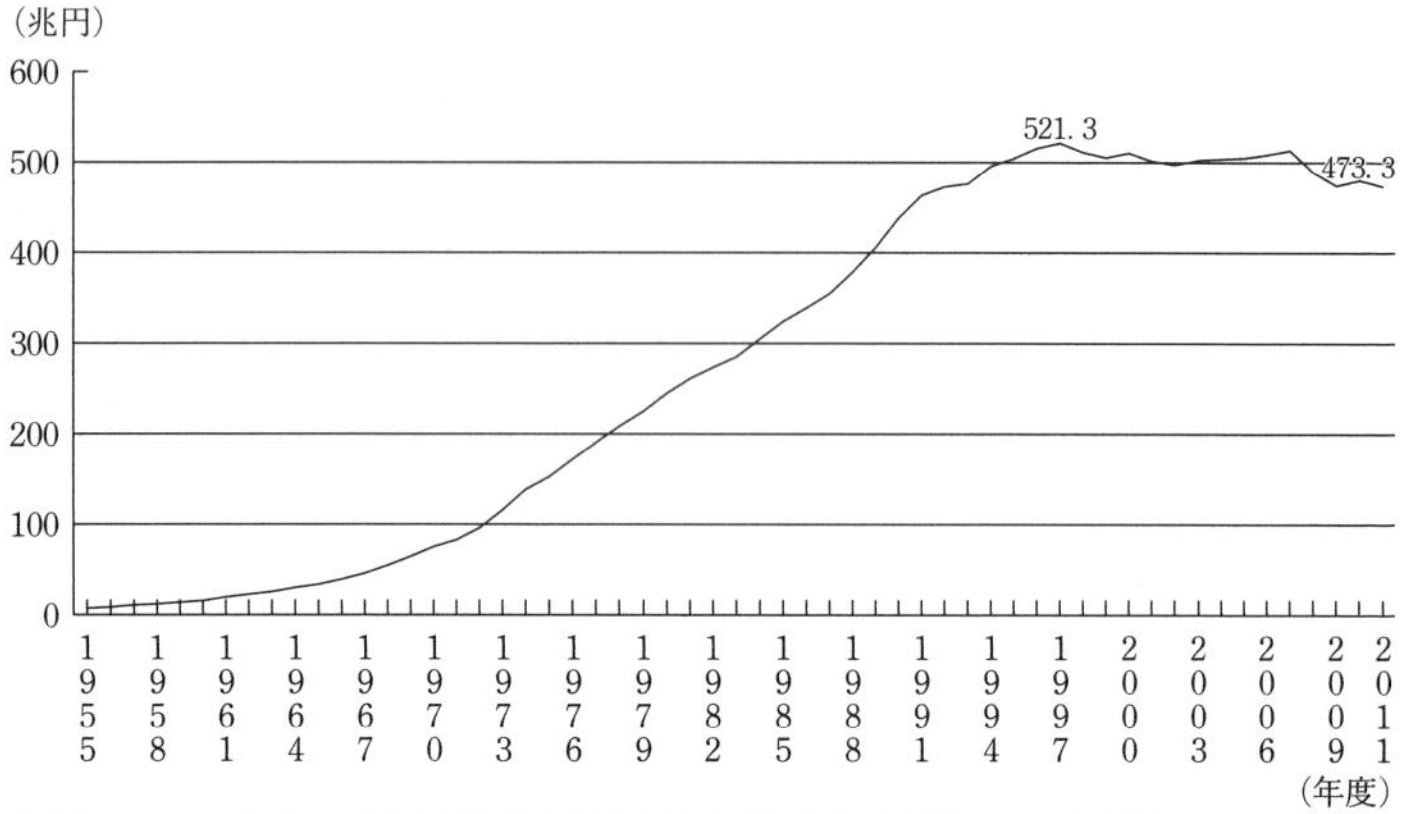

出典）1955～79年度は内閣府経済社会総合研究所『国民経済計算』1998年度版（平成2年基準 68SNA），1980～94年度は同2011年度版（平成12年基準 93SNA），1995～2011年度は同2013年度版（平成17年基準 93SNA）より作成。

図7　OECD 諸国の名目 GDP（1997年を基準とした2011年の増減率）

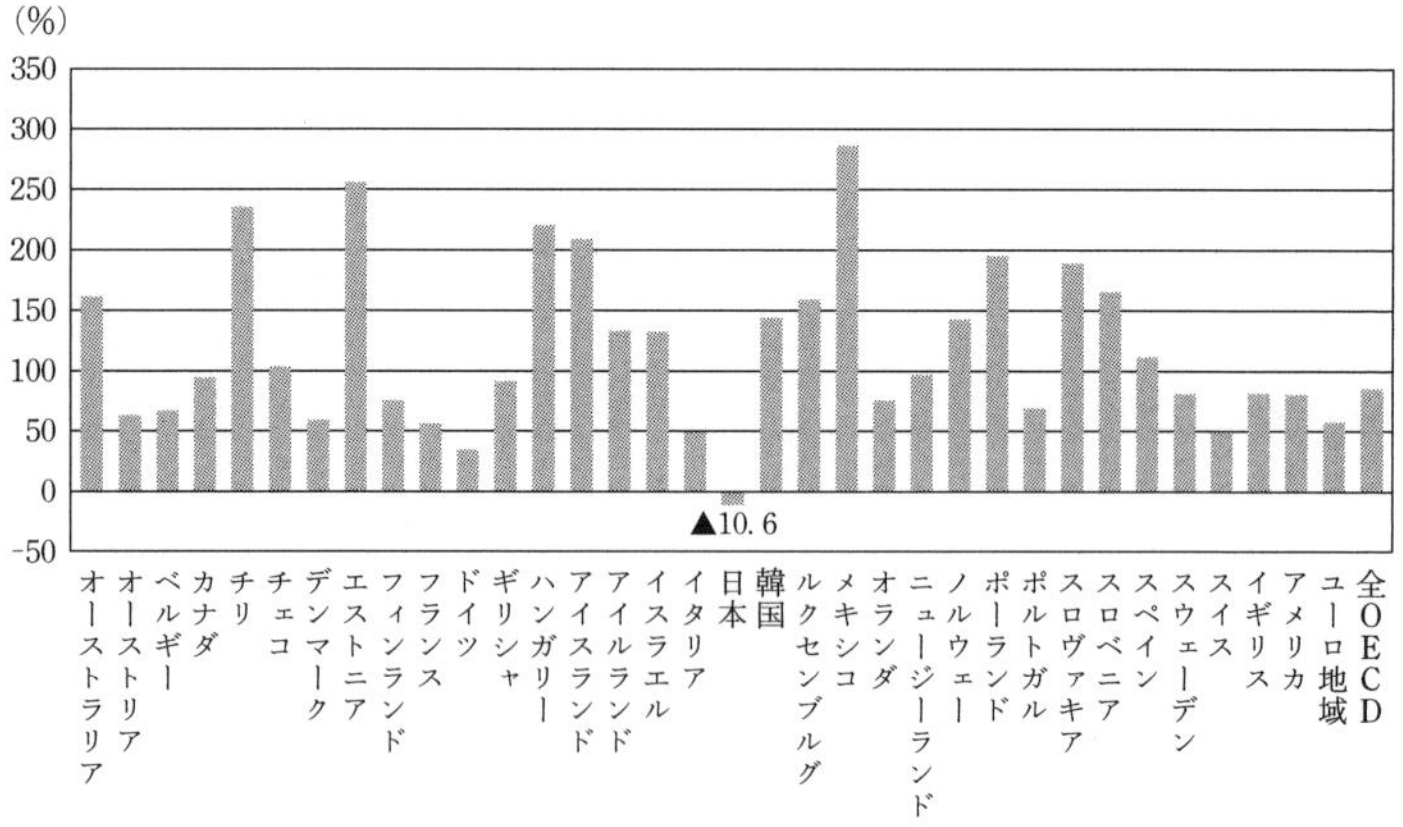

注）トルコ（3248. 8%増）は突出しているので省略した。
出典）OECD, ***Economic Outlook***, No.91, Dec.2011 and No.92, Dec.2012 より作成。

戦後日本では、バブル経済の破綻で「複合不況」に陥った一九九三年度を例外として、名目GDPはつねに前年度より増えてきた。一九五五〜七五年度には五年ごとに倍増する高度成長を続け、一九七三年の第一次石油ショックを契機に成長スピードは落ちるものの、一九七五〜九〇年度でも五年ごとに五〇％前後増やし、「長期停滞」下の一九九〇〜九七年度間でも一五・四％増大した。

ところが、一九九七年度五二一・三兆円をピークに減少に転じ、二〇〇二〜〇七年度の「戦後最長の景気拡大」によってもピークを上回ることはできず、二〇〇八年九月のリーマン・ショックによってさらに激減し、二〇一一年度にはピーク時より四八兆円も少ない四七三・三兆円にまで減少した。

日本は一九九七／九八年度を境として名目GDPを増やせない経済に変質してしまった。一九九七年を基準としてみると、OECD（経済協力開発機構）加盟三四か国のなかで日本だけが名目GDPを減らしている（図7）。

名目GDPは「実質GDP×GDPデフレーター（物価指数）」であらわされる。実質GDPは景気循環の波を描きながらリーマン・ショックまで趨勢的に増加しているので、名目GDPの減少はGDPデフレーターの低下に起因するといえる（図8）。GDPデフレーターは一九九三年度頃から低下傾向がみられるが、消費税が増税された一九九七年度をピークに連続的に低下している。

物価の持続的下落を「デフレーション」（以下、デフレと略）というが、日本は一九九七／九八年度を境としてデフレを定着・深化させてきたのである。OECD諸国のなかでGDPデフレーターが二年連続低

図8　名目GDP，実質GDP，GDPデフレーターの推移

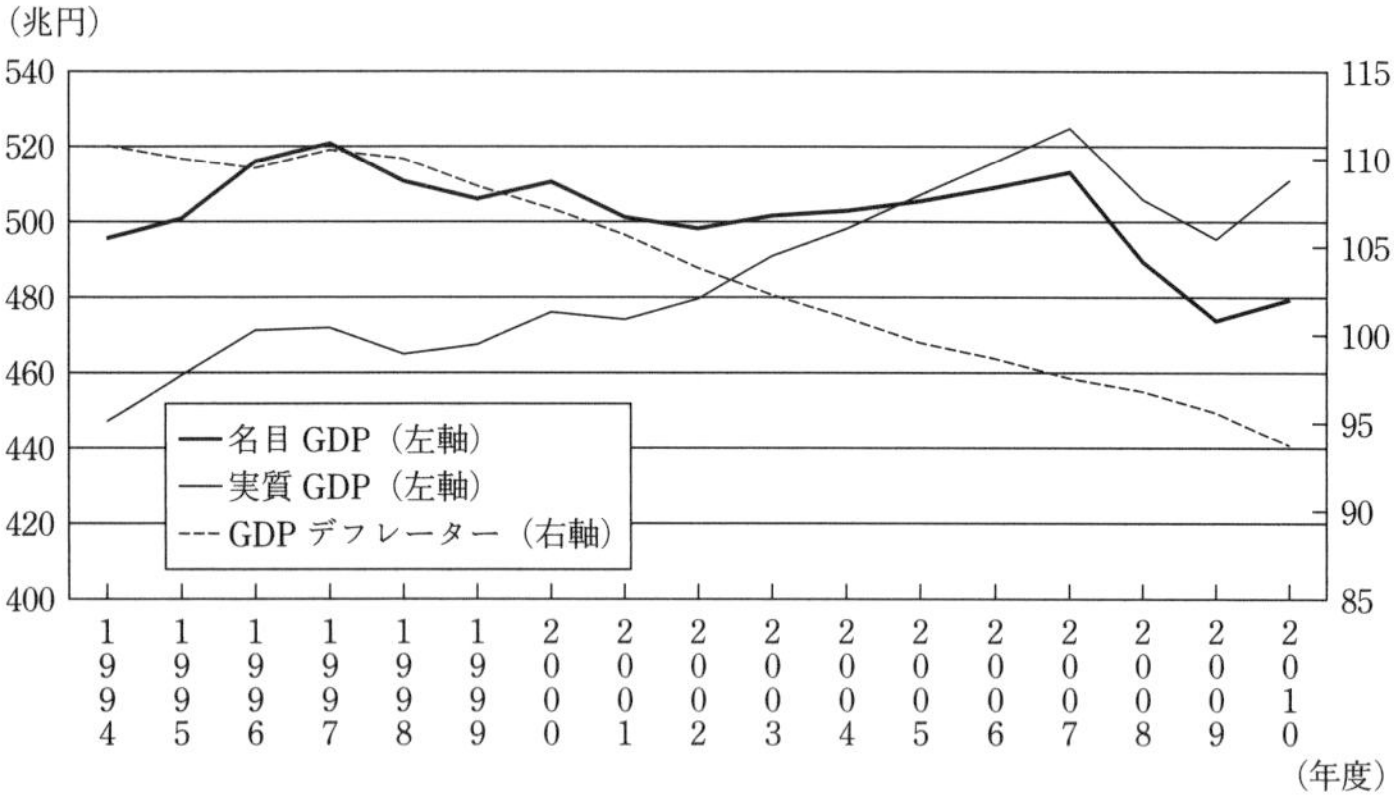

出典）内閣府経済社会総合研究所『国民経済計算（2010年度確報）』より作成。

図9　OECD諸国のGDPデフレーター（1997年を基準とした2011年の増減率）

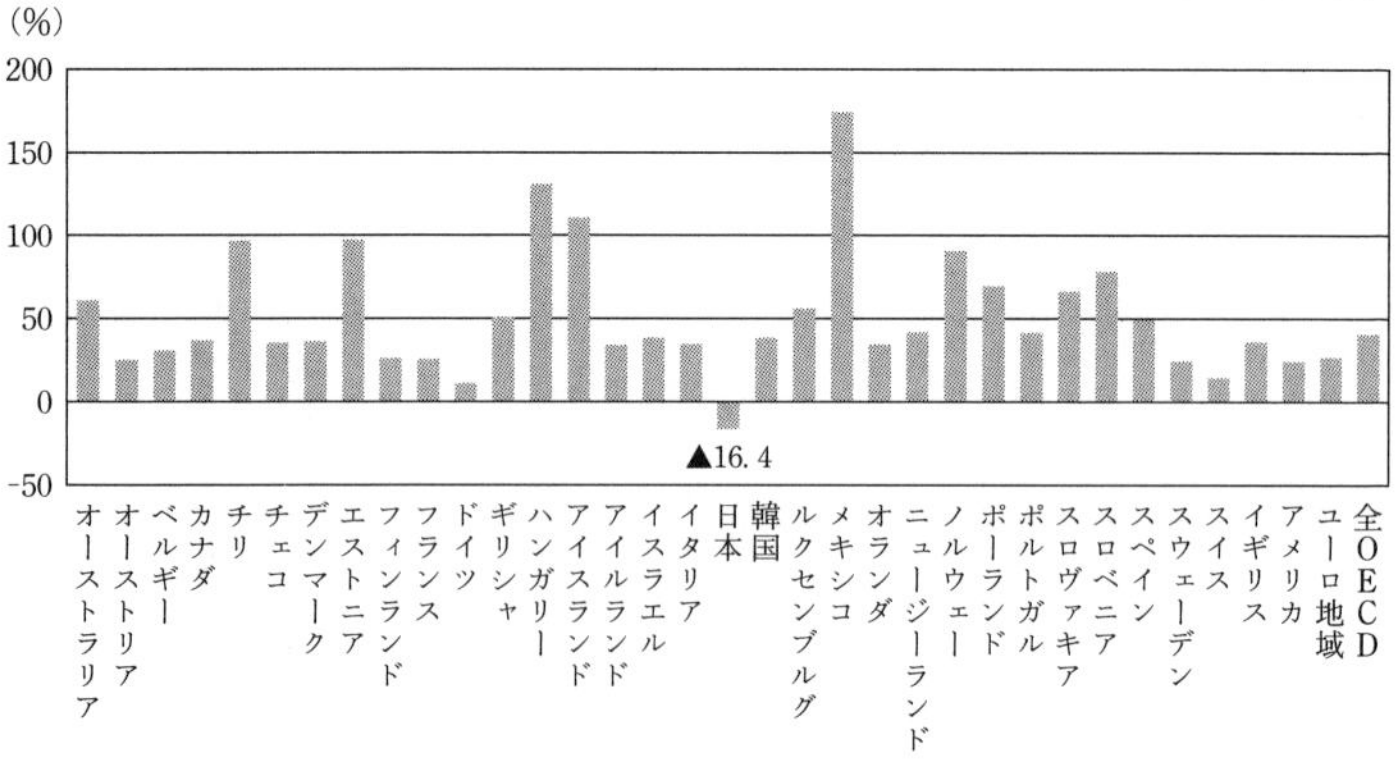

注）トルコ（1884.9％増）は突出しているので省略した。
出典）図7と同じ。

図10　日米の消費者物価指数と円ドルレートの推移

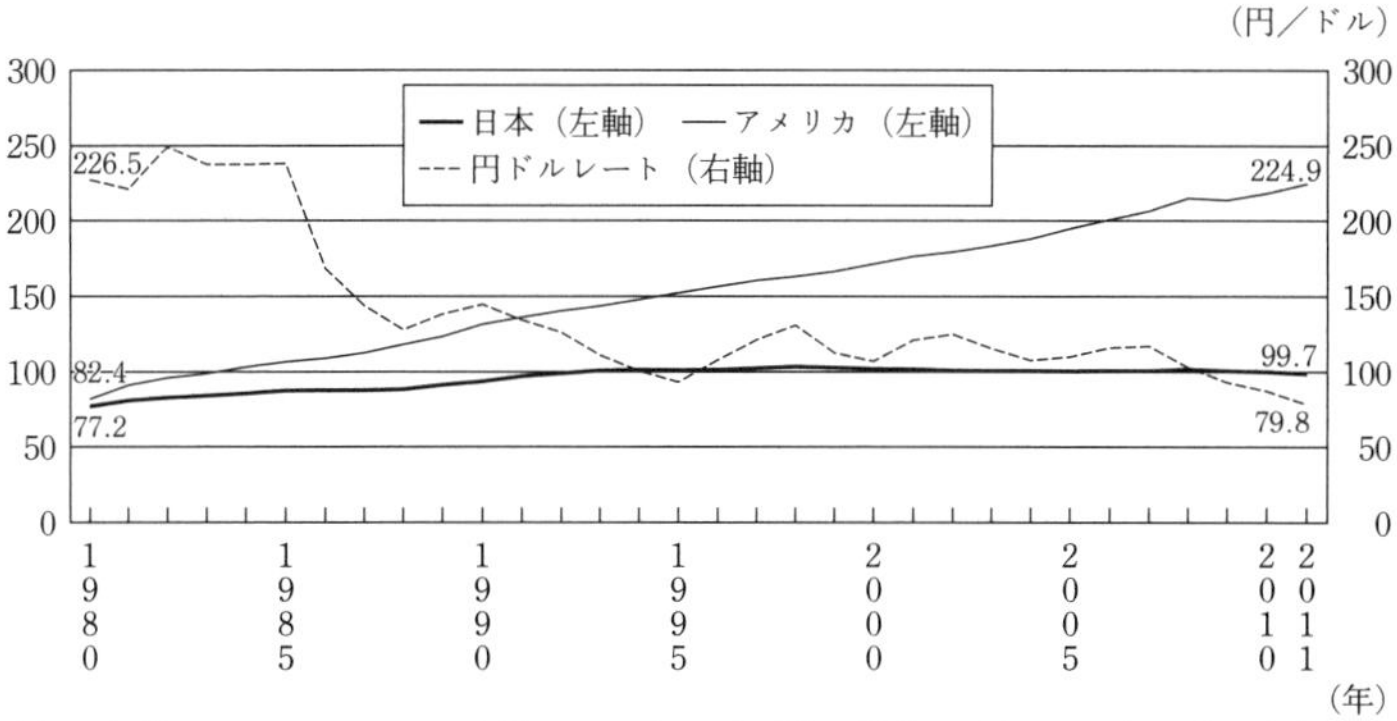

注）円相場は，インターバンク直物レート（2002年以前は営業日平均，2003年以降は月次係数の単純平均)。

出典）消費者物価指数は，IMF，*World Economic Outlook Database*，Oct.2012，円相場は内閣府政策統括官室『日本経済2012〜2013』2012年12月，巻末「長期経済統計」より作成。

下した国はほとんどなく、日本だけが大幅に落ち込ませている（図9）。

(2) デフレ・円高・不況の悪循環

為替レートは、景気の動向、金利差、経常収支の動向、政治的安定性などさまざまな要因によって変動するが（日々の為替取引の約九割は為替差益で利益を得ることを目的とした投機活動のもの）、長期的には両国間のインフレ率の差によって決まる。それゆえ、デフレが続けば円高が進行する（図10）。

デフレや円高は、消費者にとってはこれまでより安い値段で物やサービスを購入できるメリットを味わえる。しかし、消費者のほとんどは、所得を稼がねば消費することができない。そして所得を稼得する側に立つと、一部の企業や人々を除いて、デフレや円高はデメリットのほうが多くなる。

デフレ・円高下では、企業（とくに輸出企業）は売り上げが減り、海外からの安価な輸入品との競争が激しくなるため、収益が減少する。それに対応するため、人件費の削減（賃金カット、雇用削減、正規雇用の非正規雇用への置き換えなど）や下請企業へのコストダウン、生産拠点の海外への移転などが進むので、倒産・廃業・事業転換や失業者が増え、地域経済も落ちこむ。

資産の価格も低下する。また、所得や収益の減少は借入金の返済を困難にするので、新規借入需要が減少し、金融仲介機能が低下する。財政では、所得や収益の減少により税収が減少し、財政赤字が拡大する。

こうしてデフレ・円高は不況をもたらし、不況はデフレを、デフレは円高を進め、デフレ・円高・不況の悪循環のなかで名目GDPが減少していく。

(3) デフレの原因はなにか

デフレの原因については、実物面では、①中国などからの安価な輸入品の増大、流通革新（いわゆる中抜き）やIT技術革新による生産性向上・コストダウンなどの供給要因、②人口構造の変化などによる需要要因、③銀行の金融仲介機能低下（いわゆる貸し渋り）による金融要因などがあげられる。[*20] ただ、①は欧米諸国などにもあてはまるが、デフレは起きていない。②については、「デフレの正体」を「生産年齢人口の減少」に求める見解もあるが、[*21] それでは一九九七／九八年度の画期性を証明することができない。③については、銀行が貸出態度を軟化させてもデフレは進んでいる。

通貨の面では、「デフレは貨幣的現象である」というマネタリズム（貨幣数量説）の立場から、日銀のマネタリーベース（現金通貨と日銀当座預金の合計）の供給不足をデフレの原因とみなして、インフレ目標を設定してマネタリーベースを大幅に増やすことをデフレ対策として主張する見解がある。[*22] それに対して、二〇一二年までの日銀は、量的緩和を行なっても銀行は一般企業や家計への貸出を増やさず、日銀当座預金残高を増やすだけで、デフレを止められないと反論してきた。実際、日銀は二〇〇一年三月から二〇〇六年三月まで量的緩和政策を採用してマネタリーベースを増やしたが、マネーストック（金融機関以外の民間部門が保有する現預金の残高）はそれに応じて増えなかった。この点は、のちにアベノミクスを検討するさいにとりあげる。

本章では、実体経済と金融経済を結ぶ媒介環として賃金を重視する。多くのデフレ原因論では、賃金はサービス価格の下落要因としてしか扱われていない。[*23] しかし、賃金は労働者の所得として消費と貯蓄の元本を形成する。賃金の下落や不安定雇用は安上がりの生活スタイルを必要とし、安価な輸入品などへの需要を生みだす。家計の消費や住宅投資は総需要の六割を占め、その動向を左右する。消費や住宅投資の高まりがなければ、企業は設備投資も資金需要も増やさない。家計や企業の資金需要が高まらなければ、マネーストックは増えず、物価は上昇しない。そして貯蓄が低迷すれば、金融仲介機能も低下する。このように、賃金の動向は供給・需要・金融の各面に大きな影響を与える。そして賃金は一九九七年をピークに減少している。

図11　1人当たり給与所得額の推移

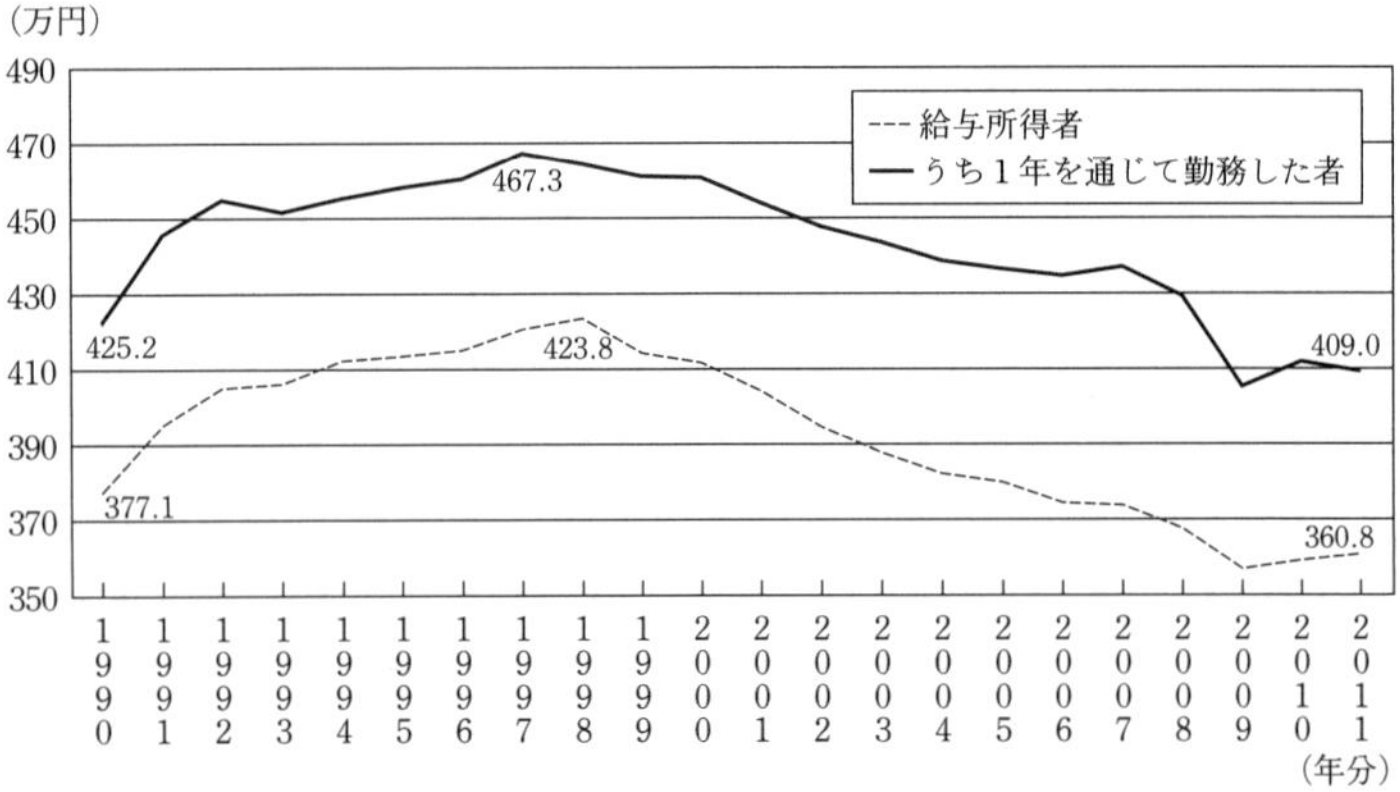

出典）国税庁『税務統計から見た民間給与の実態』各年度版より作成。

図12　OECD 諸国における1人当たり雇用者報酬（1997年を基準にした2009年の増減率）

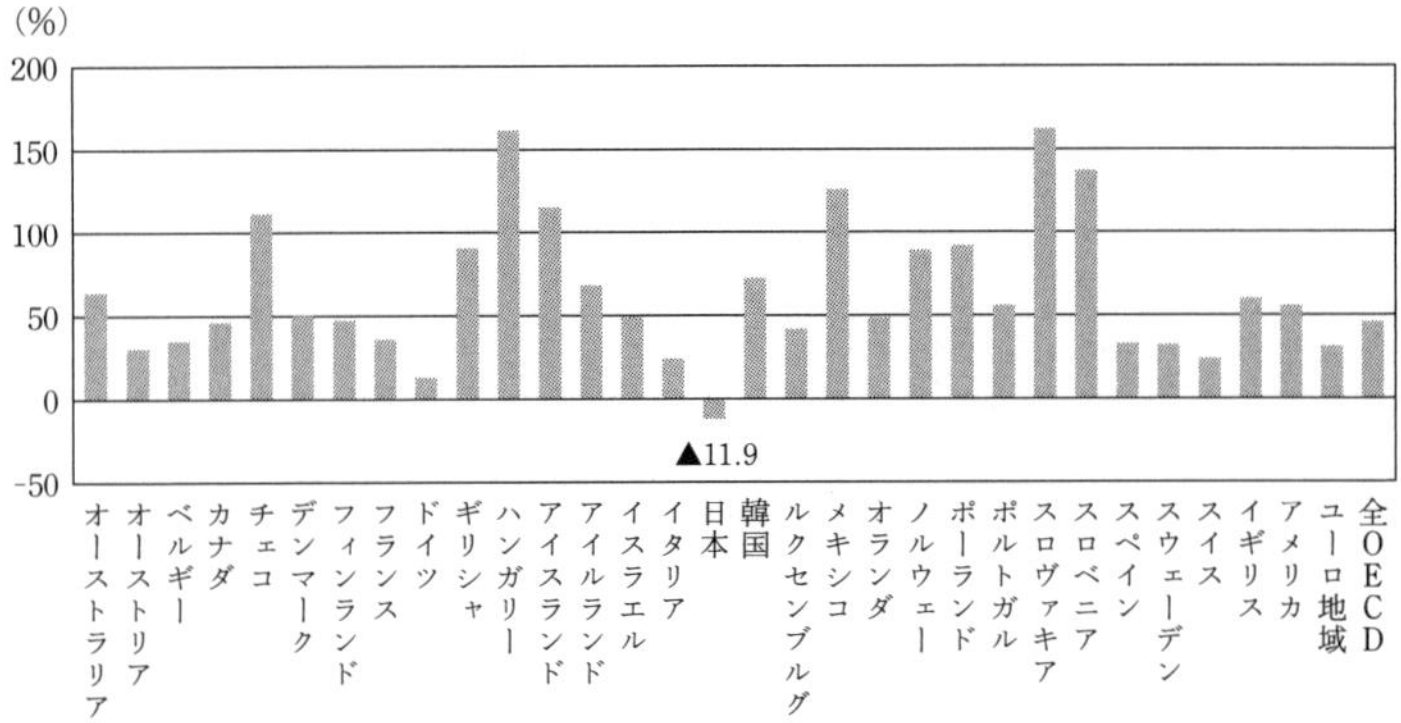

出典）OECD, *Economic Outlook*, No.88, Dec.2011 より作成。

勤労者（常用労働者）に支払われる一人当たり平均月間現金給与総額は一九九七年四二・一万円をピークに減少し、リーマン・ショック後の二〇〇九年には三五・五万円、九七年比マイナス一五・七％にまで下がった（二〇一一年三六・二万円）。税務統計をみても、一年をつうじて勤務した給与所得者（二〇一一年四五六六万人）の一人当たり給与額は一九九七年分四六七・三万円をピークに二〇〇九年分四〇五・九万円（九七年比マイナス一三・一％）へ減少した（二〇一一年分四〇九・〇万円）。一年未満を含む給与所得者全体（二〇一一年五四二七万人）では、ピークの一九九八年分四二三・八万円から二〇〇九年分三五七・二万円へ一五・七％も低下している（二〇一一年分三六〇・八万円。以上、図11）。

ＯＥＣＤ諸国のなかで一人当たり雇用者報酬が二年連続低下した国が少ないのに、日本だけが一九九八、九九、二〇〇一〜〇四、〇七〜〇九年とマイナスを続け、二〇〇九年には一九九七年とくらべて一一・九％も減らしている（図12）。

(4) 非正規雇用の増大と賃金の二極化

重要なことは、このような賃金の下落が雇用構造の変化をともなって起こっていることだ。九〇年代後半、労働者派遣法の改正など雇用改革が行なわれ、正規雇用から非正規雇用への置き換えが大規模に進められた。

正規労働者は一九九七年三八一二万人をピークに、二〇一一年には三三〇〇万人へ、一三・四％も減る

図13　給与所得者数の変化（1997年分と比較した2011年分の増減数）

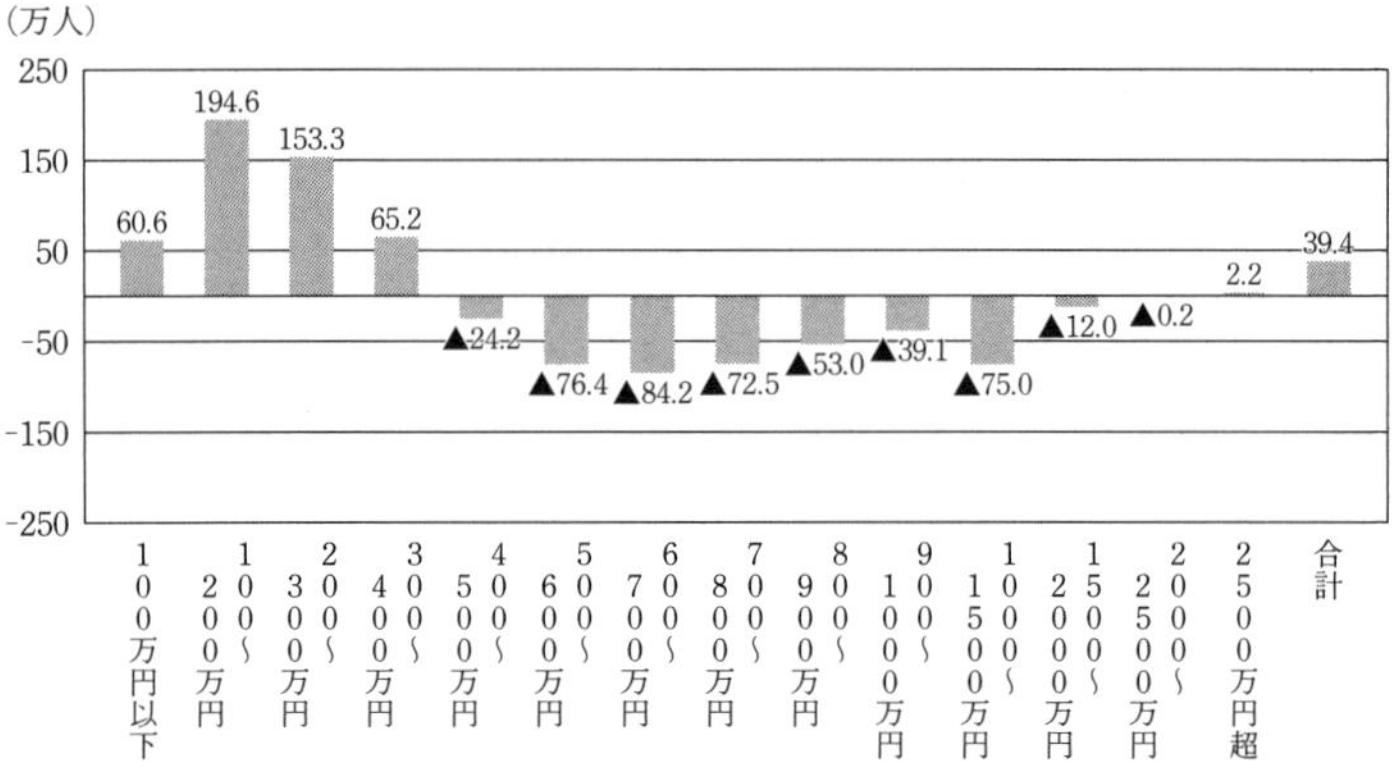

出典）国税庁『税務統計から見た民間給与の実態』各年度版より作成。

一方、非正規労働者（契約・嘱託・出向社員、派遣労働者、臨時的雇用者、パートタイム労働者など）は増加し、二〇一一年では雇用者数五一三〇万人に対し非正規労働者は一八三四万人、三五・八％を占めるに至っている。

非正規労働者は、雇用が不安定で、現在の会社での継続就業期間をみると、正規労働者では一〇年以上が五三・七％を占めるのに対し、非正規労働者では四九・六％が三年未満である。賃金水準も低く、所定内給与・月給ベースでは、正規労働者の三一万二八〇〇円に対して、非正規労働者は一九万五九〇〇円と六割程度にすぎず、年功制もなく賃金カーブはほぼ横ばいである。[*24]

このような雇用と賃金構造の変化は、成果主義賃金の普及などと相俟って、多数の低賃金労働者を生みだす一方、高所得労働者も少ないながら増やし、賃金構造を二極化して格差を拡大した。

給与所得者の数は、給与所得総額がピークに達した一九九七年分四五二六万三千人から、二〇一一年分四五六五万七千人へ三九万四千人（〇・九％）増加したが、その内訳を給与階級別にみると、同期間中に四〇〇万円以下層で四七三万七千人、二五〇〇万円超層で二万二千人増える一方、その間をなす四〇〇万円超二五〇〇万円以下の層は大幅に減少している（図13）。なかでも一〇〇万円超二〇〇万円以下で一九四万六千人、二〇〇万円超三〇〇万円以下で一五三万三千人も増えている。このように、給与所得者は多数の下層と少数の上層とに分解しつつある。

低賃金労働者、とりわけ生活保護水準に満たない「ワーキングプア」（働く貧困層）の増大は、一九九八年以降四％台を超えた完全失業者の増大とともに、国民の間に貧困を広めることとなった。

以上のような格差・貧困の拡大をともなう賃金の下落は、家計の消費支出や住宅投資を低迷させる。企業はそれに対応すべく値下げに走り（低賃金諸国への生産拠点の移動を含む）、物価を下落させる。値下げ競争は企業経営を圧迫し、人件費や下請コストの引き上げ圧力となり、さらに賃金の下落と雇用の不安定を生みだす。日本経済はこのような賃金の下落と物価の下落の悪循環に陥ってきた。賃金の下落はデフレの原因であり、結果でもある。

(5) デフレ経済を助長した新自由主義的構造改革

賃金の下落や雇用構造の変化の土台にあるのは、日本企業の多国籍企業化と日本経済の外需依存型成長である。

一九八〇年代の日米経済摩擦の激化や一九八五年九月のG5（先進五か国蔵相・中央銀行総裁会議）プラザ合意以降の円高急進を契機に、日本企業は欧米などへの進出を展開したが、バブル破綻後の国内経済の停滞のもとで、九〇年代半ば頃からはアジアへの海外投資や輸出拡大に活路を見出していった。

日本企業の特徴は、多国籍企業化を進めながら、主要な生産部門を国内に残して、輸出企業としての地位を保持しようとしてきたことだ。そのため、財界からはグローバル経済下の「大競争時代」に生き残るための国際競争力の強化、とりわけ「高コスト構造の是正」が強く要望されることとなった（日本経営者団体連盟「新時代の『日本的経営』」一九九五年など）。

「高コスト構造の是正」の要望は、企業内部では、正規労働者の採用抑制、非正規労働者の活用増大、成果主義の導入、企業内福利厚生の削減などによる「総額人件費」の引き下げや、系列企業の再編、下請コストの削減などを進めさせた。また、企業外部の経済社会に対しては、企業の税・税外負担を軽減し、企業の活動を制約する経済的・社会的規制を撤廃・改変し、企業に新たな市場を提供するための諸改革が求められた。それに応えるべく、橋本内閣の「六大改革」（行政改革・財政構造改革・社会保障構造改革・経済構造改革・金融システム改革・教育改革）、小渕・森両内閣における経済戦略会議の「日本経済再生の戦略」、小泉内閣における経済財政諮問会議を司令塔にした毎年度の「骨太の方針」による構造改革などがとりくまれていった。

そうした諸改革を支えるイデオロギーとして、「市場での自由競争こそが経済厚生を最大にする」と信じて企業や個人の経済活動の自由を最大限尊重し、国家の介入をできるだけ排除する新自由主義思想がとられた。

元来が反インフレ政策で反福祉国家政策である新自由主義的構造改革は、デフレを進行させ、内需を停滞させて、いっそう外需依存に向かわせるとともに、格差・貧困を蔓延させることとなった。

(6) デフレ・トリガーとしての一九九七年消費税増税

このような日本経済の構造変化のターニング・ポイントとなったのが、一九九七年の消費税増税を中心とした橋本財政構造改革であり、それによって引き起こされた一九九七〜九八年大不況であった。

一九九五年、財政制度審議会は、「八八・九%という我が国の公的債務残高は、このようにEU諸国で考えられている財政赤字の限界をはるかに超え、しかも構造的に増加しつづけているのである。その弊害が国内の過剰貯蓄によるファイナンスによって顕在化していないとしても、やがてその顕在化が避けられないとすれば、現状は、例えて言うならば、近い将来において破裂することが予想される大きな時限爆弾を抱えた状態であり、かつ、その時限爆弾を毎年大きくしていると言わなければならない」と書いて[*25]、財政破綻の不安を煽った。

橋本首相は、一方で経済が自律的に成長していると思いこみ、他方で財政審などの意見にもとづいて財政再建を急ぎ、二〇〇三年度までに国・地方の財政赤字を対GDP比で三%以内、赤字国債発行をゼロにすることを目標に掲げ、一九九七年四月から消費税の増税（三→五％）、特別減税の廃止、医療費負担の増加、公共事業の削減などを順次、行なった。しかし、その結果は、リーマン・ショック以前では戦後最大の不況（一九九八年度の実質成長率はマイナス一・五％）であった。しかも、一九九七年には三洋証券、北海道拓殖銀行、山一證券、一九九八年には日本長期信用銀行、日本債券信用銀行という大手金融機関が倒産し、そのうえ三洋証券の倒産の際には、戦後はじめて無担保コール市場（一年未満の資金貸借を行なう銀行間取引市場）でデフォルト（債務不履行）が発生し、北海道拓殖銀行が資金繰りに行きづまって倒産するなど、昭和恐慌以来の金融システム危機、流動性危機をともなったのである。

これを契機に、金融機関は不良債権処理を大規模に進め、貸出に慎重になり（貸し渋り・貸しはがし）、企業は「三つの過剰」（過剰債務・過剰設備・過剰雇用）の処理にとりくみ、日本経済は構造的に変質してデフレ経済に陥った。名目GDPの減少、法人企業の資金余剰部門への変化、完全失業率の四％超え、自殺者数三万人超過などは一九九八年度を起点にしている。

一九九七〜九八年不況と金融システム危機は、前年度の住専問題の処理のまずさと金融機関の不良債権問題の深化、タイ・フィリピン・マレーシア・インドネシア・韓国を巻きこんだアジア通貨危機の勃発とも絡むので、すべてを財政構造改革に帰することはできないにしても、そういう状況を鑑みずに財政構造改革を急いだことが事態を悪化させたことは否めない。その意味で、一九九七年の消費税増税がデフレ定着の引き金となったといえる。

4 財政赤字はどのように拡大したか

デフレは名目所得を減らすので、租税収入は減少し、財政を赤字にする。だが、日本の財政赤字の拡大はそれだけでなく、日本経済の構造変化と新自由主義的構造改革が相乗し、いっそう増幅して起こっている。財政赤字拡大の主因である社会保障関係費、所得税、法人税を中心にみていこう。

(1) 社会保障関係費の増加と雇用・賃金の構造変化

歳出面では、社会保障関係費の増加が一九九八年度以降の財政赤字拡大の主因であり、局面をへるごとにその比重を増している。社会保障関係費は一九九一年度一二・一兆円（決算）から二〇一三年度二九・一兆円（政府案）へ二・四倍に増加している。

このような社会保障関係費の増加は、人口高齢化にともなう「自然増」に帰されることが多い。社会保障関係費の「自然増」とは、年金・医療・介護などは国庫負担の割合が決まっているので、高齢化の進展による年金受給者や介護サービス受給者などの増加にともない、国庫負担が増加することをいう。六五歳以上人口は一九九〇年一四八九万人（一二・〇％）から二〇一二年三〇八三万人（二四・二％）へ一五九四万人（年平均七二万人）増加しており、社会保障関係費が年々増加することは確実である。しかし、社会保障関係費の増加を「自然増」だけに帰することはできるのか。

国の一般会計の社会保障関係費は社会保障にかかる費用の一部をあらわすにすぎない。そこで、国立社会保障・人口問題研究所『社会保障費用統計』（旧『社会保障給付費』）によって、社会保障の収入と支出を総体的に把握することにしよう。これによれば、社会保障関係費は社会保障財源の一部（公費負担のなかの国庫負担）を構成し、社会保障給付費と社会保険料収入のギャップを補うものとみることができる。[*26]

ここで注目されるのは、社会保障給付費が一貫して増大しているのに対し、社会保険料収入が一九九八年度以降横ばい、ときには減少に転じたため、両者のギャップが開き、それが国庫負担（社会保障関係費）の増大をまねいていることである（図14）。つまり、社会保障関係費の増加で問題にすべきは社会保障給付費と社会保険料収入のギャップの拡大である。

社会保障給付費と社会保険料収入のギャップ拡大の第一の原因は、生活保護や社会福祉（障害者福祉・児童福祉など）のように、社会保険料をともなわない社会保障給付が増大してきたことである。社会保障給付費の部門別内訳をみると、二〇〇〇〜一〇年度間に、医療一・二倍、年金一・三倍、介護対策二・三倍に増えたのに対し、介護対策を除く福祉その他の増加幅は一・五倍と、医療・年金より大きい（図15）。

生活保護費の増大は国民の間に貧困層が拡大してきた結果にほかならない。もともと捕捉率が低いうえ、生活保護を申請させない「水際作戦」や受給者に辞退を強要する「硫黄島作戦」などが行なわれてきたが、

図14 社会保障給付費，社会保険料収入，公費負担の推移

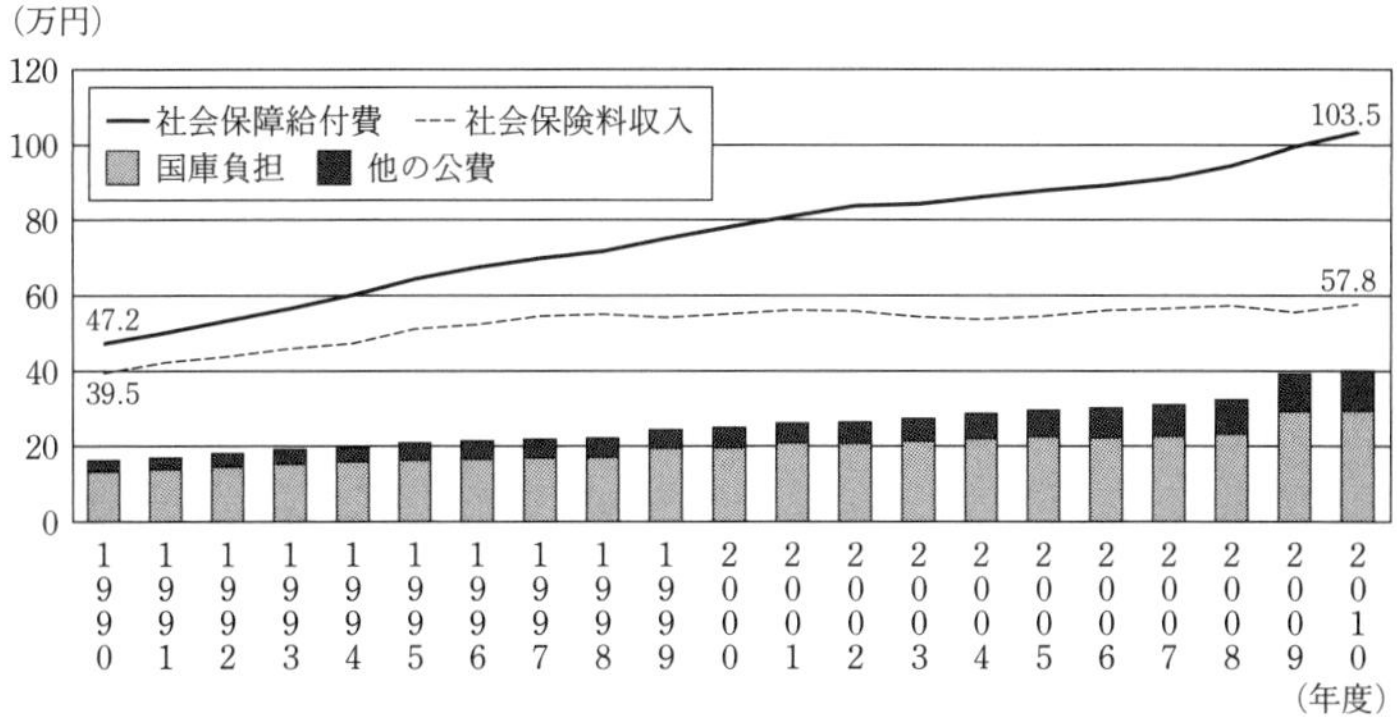

出典）国立社会保障・人口問題研究所『平成22年度社会保障費用統計』2012年10月，より作成。

図15 社会保障給付費の部門別推移

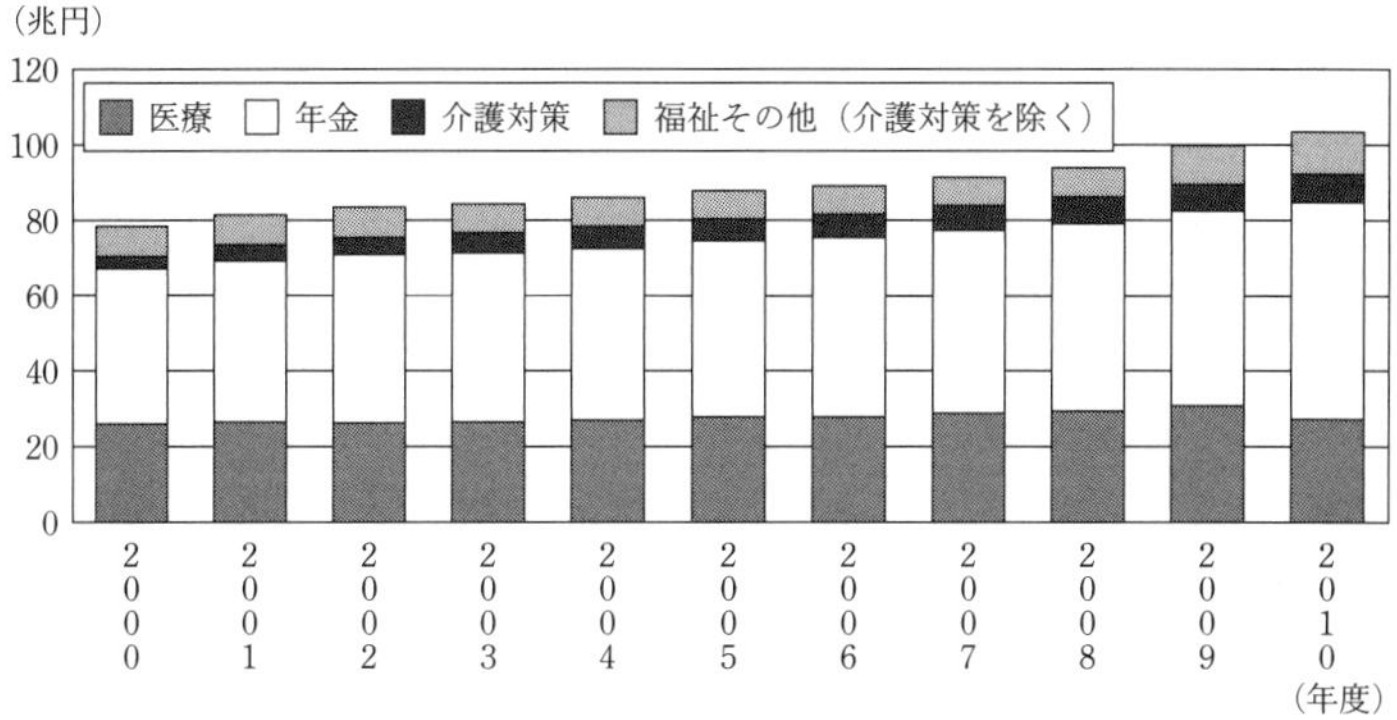

出典）国立社会保障・人口問題研究所『社会保障給付費（平成12～21年度版）』2002～11年，
同『平成22年度社会保障費用統計』2012年10月，より作成。

図16　社会保険料収入の内訳推移

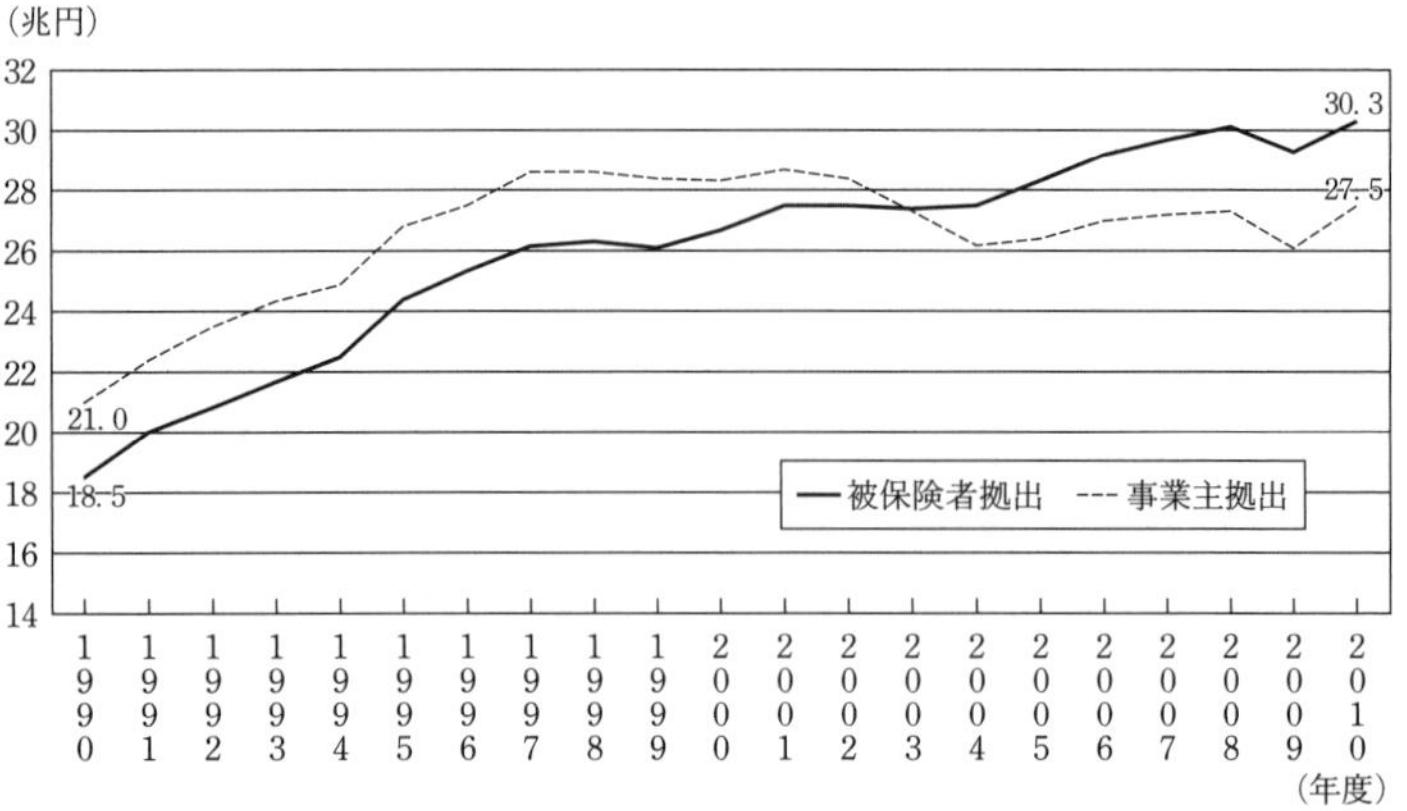

出典）国立社会保障・人口問題研究所『平成22年度社会保障費用統計』2012年10月，より作成。

それでも生活保護の受給者が増えてきたところに一九九〇年代末以降の貧困の広がりと深刻さがあらわれている。

ギャップ拡大の第二の、そして主要な原因は、社会保険料収入の低迷である。社会保険料収入は被保険者拠出と事業主拠出に分かれる（図16）。被保険者拠出はリーマン・ショックまで一貫して増大しているのに対し、事業主拠出は一九九七年度以降横ばいに転じ、二〇〇一〜〇四年度には減少している。その結果、従来、事業主拠出のほうが被保険者拠出より大きかったのだが、二〇〇三年度からは被保険者拠出のほうが多くなっている。すなわち、社会保険料収入の低迷または減少は主に事業主拠出の低迷または減少に起因する。

事業主拠出の減少は前述の「総額人件費」の削減を反映したものである。一つは企業年金制度の縮減である。とくに厚生年金基金では、大企業（あるいは連合組織）が国に代わって厚生年金を支給するとともに、独自の上乗せを行なってきたが、バブル破綻後の資産運用実績の悪化にともなう事業主負担の増加のため、代行部分を国に返上し、二〇〇二年制定の確定給付企業年金への移行が進められ、事業主拠出を大幅に減らしてきた。

二つは賃金下落の影響である。被保険者拠出と事業主拠出については、事業主拠出のない被保険者拠出だけのもの（国民健康保険、後期高齢者医療制度、介護保険、国民年金）があれば、逆に事業主拠出だけのもの（労働者災害補償保険、児童手当）もあるが、それらを除けば両者は基本的にほぼパラレルな動きを示して、賃金の動きを反映する。それゆえ、社会保険料収入の低迷または減少は基本的に賃金下落の裏返しにほかならない。しかも、社会保険料率が高められてきたことを考慮すると、[*27]賃金の下落は保険料率の上昇以上に大きかった。それが一九九八年度頃から社会保障給付とのギャップを拡大し、社会保障関係費を増大させたのである。

三つは非正規労働者の増加である。社会保険の適用率をみれば、正規労働者は一〇〇％近いのに対し、非正規労働者は雇用保険で六五・二％、健康保険で五二・八％、厚生年金で五一・〇％にすぎない。[*28]そのため、非正規労働者は事業主負担のない国民年金や国民健康保険に加入せざるをえず、それが退職高齢者の増加などと相俟って被保険者拠出を増加させてきた。

そして低賃金や貧困の拡大は、生活苦による社会保険料未納者を増やしてもいる。国民健康保険や国民年金などの納付率は低下し、社会保険料収入を減少させてきた。

このようにみると、社会保障関係費の増加は人口高齢化にともなう「自然増」だけでなく、九〇年代末以降の賃金・雇用の構造変化により、一方では貧困など社会保障需要が増大し、他方では社会保障の財源基盤が掘り崩されてきた結果でもある。換言すれば、企業が「総額人件費」の削減によって社会保障負担を国民と国家に転嫁してきたことが社会保障関係費を増加させ、財政赤字を拡大してきたのである。

(2) 所得税収の減少と日本経済の構造変化

歳入面では、所得税の減収が財政赤字拡大の最大項目である。ただし、二〇〇七年一月に所得税の一部が地方（個人住民税）に三兆円規模で税源移譲されたことの影響も大きい。

デフレは名目所得を減らすので、所得税収は減少する。それだけでなく、賃金の二極化や新自由主義的税制改革（最高税率の引き下げなど税率のフラット化、金融所得の優遇など）が所得税収をいっそう減らしてきた。

所得税収の減少を源泉所得税と申告所得税に分けると、一九九二～二〇一三年度の累計二三三・五兆円のうち、源泉所得税の減収が一三二・八兆円（五九・四％）、申告所得税の減収が九〇・七兆円（四〇・六％）となる。

源泉所得税（源泉徴収税額）は、ピーク時の一九九一年分二一・〇兆円から二〇一一年分一二・八兆円へ三九・〇％減った。一九九二～二〇一一年度の減少累計一〇七・八兆円を所得種類別にみると、減少要因は利子所得七四・六兆円（六九・二％）、給与所得四二・五兆円（三九・四％）、上場株式等の譲渡所得等

図17　源泉所得税の主な内訳

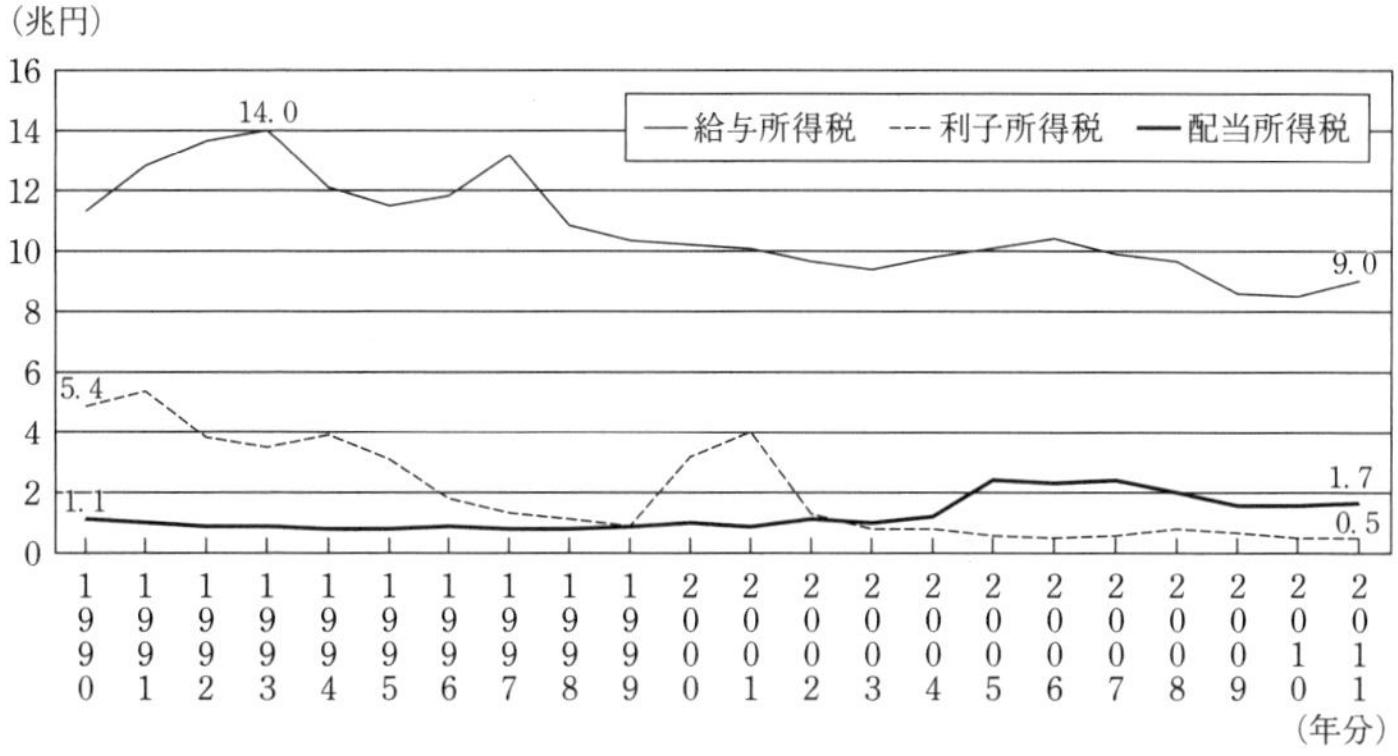

出典）国税庁『国税庁統計年報書』各年版より作成。

一・九兆円（一・八％）で、それを増加要因である配当所得六・六兆円（六・一％）、非居住者等所得一・九兆円（一・八％）、退職所得一・四兆円（一・三％）、報酬・料金等所得一・二兆円（一・一％）が押し戻している。

最大の減少項目は利子所得にかかる所得税収で、ピーク時の一九九一年分五・四兆円から二〇一一年分四六七九億円へ九一・三％も激減した（図17）。名目金利は「実質金利＋インフレ率」であらわされるので、デフレは名目金利を低下させ、家計の利子所得を減らす。家計の利子所得の減少はいわば金融機関への大規模な所得移転にほかならない。長期金利に影響を与える国債金利の低下は、国債費を抑制する反面、利子所得にかかる税収を減らして国債増発をまねいていることもみるべきだろう。なお、二〇〇〇〜〇一年度の増加は定額貯金の満期集中による。

給与所得にかかる所得税収は、ピーク時の一九九三年度一四・〇兆円からボトム時の二〇一〇年度八・五兆円へ、

図18　申告所得階級別の所得税負担率（2008〜10年分平均）

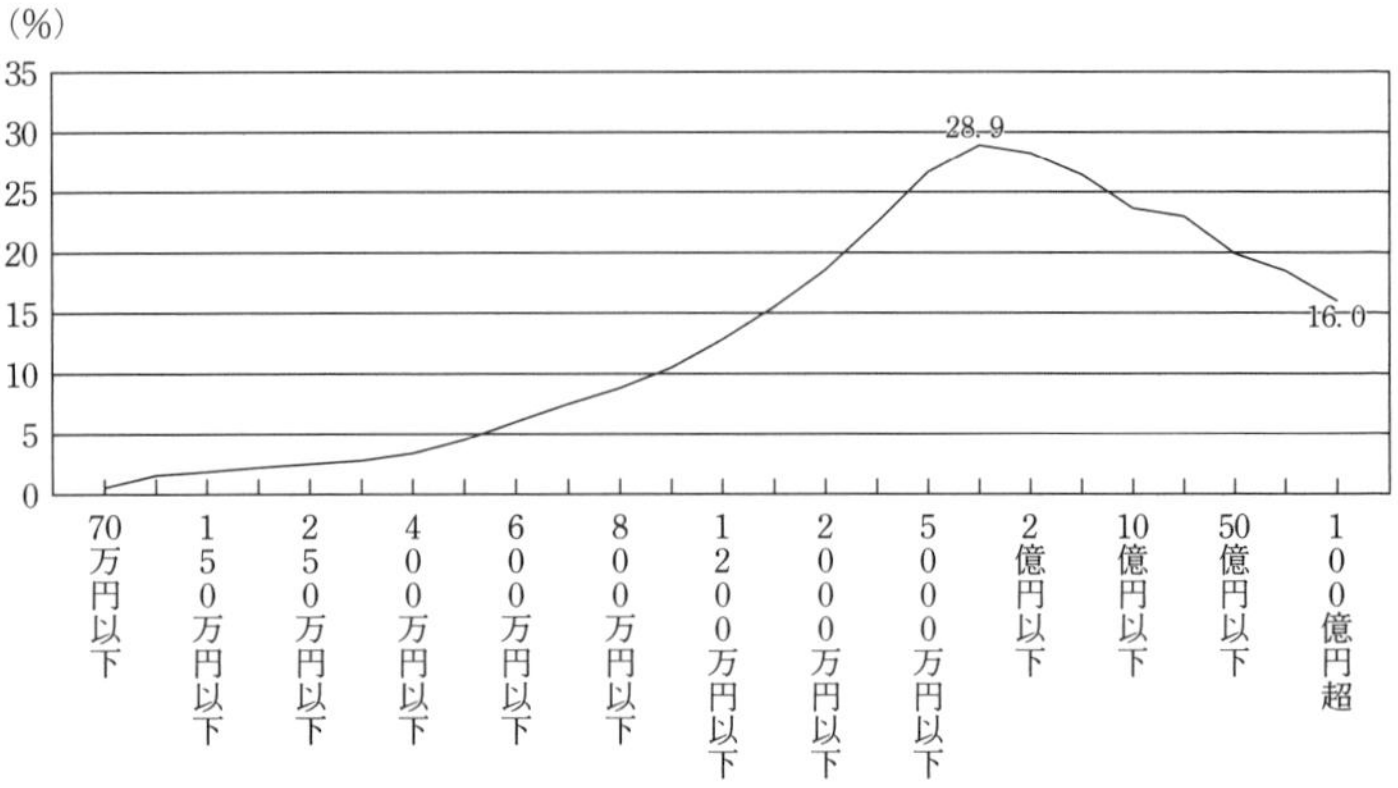

注）2008〜10年分の３か年の平均値。
出典）国税庁『税務統計から見た申告所得税の実態』2010〜12年，より作成。

三九・三％も落ちこんだ。給与総額そのものは二〇三・二兆円から一九四・三兆円へ四・四％の減少にすぎないので、それを超える大幅な税収の減少は、税源移譲のほか、給与所得者内での低所得層の増加、課税最低限の引き上げ、税率の改定（とくに最高税率の引き下げ）によるものである。最高税率は一九九五年の課税所得三〇〇〇万円超五〇％から一九九九年の一八〇〇万円超三七％へ、税源移譲にともなう二〇〇七年以降の一八〇〇万円超四〇％（個人住民税の一〇％比例税率化にともなう累進部分の上乗せ）へと引き下げられた。

　他方、配当所得にかかる所得税収は増加してきた。「総額人件費」の削減によってふくれた利益をもとに、日本企業は株主軽視批判に対応するため配当を増やしてきた。一九九七年消費増税決定以降、株価は下落してきたが、二〇〇五〜〇七年にはミニバブル現象も起こり、株式譲渡益が一時的に増えたこともある。それらによってもっと大幅な増収が期待できたのだが、配当所得や株式譲渡益に対する分離課税・軽減税率の適用は増収幅を縮めてしまった。

申告所得税の減収については、源泉所得税と同様のことが指摘できるが、ここでは事業所得者・事業所得金額の減少が所得税収の減少に影響している。

所得階級別の所得税負担は、高所得層ほど金融所得が多くて分離課税の恩恵を受けるので、合計所得が一億円を超えるほど負担率が低くなっている（図18）。

(3) 法人税収の減少と大企業の資本蓄積

法人税収は一九九二〜二〇一三年度間で一一四・六兆円、うち一九九八〜二〇一三年度間で九四・九兆円の赤字拡大要因となっている。

法人企業の所得自体は景気による波があり、二〇〇五〜〇七年分にはバブル時代と変わらぬほどの所得があったので、法人税収の減少を景気の悪さにのみ還元することはできない。利益計上法人についてみると、申告所得金額に対する法人税額の「負担率」[*29]は、一九九〇年分では三五%あったが、二〇〇〇年分以降低下し、最近では二五%前後になっている（図19）。

こうした法人税負担の軽減は、グローバル化への対応、国際競争力の強化の観点から新自由主義的法人税制改革が進められた結果である。すなわち、法人税の基本税率は一九八九年度まで四〇%だったのが、

図19　利益計上法人の所得金額，法人税額，負担率の推移

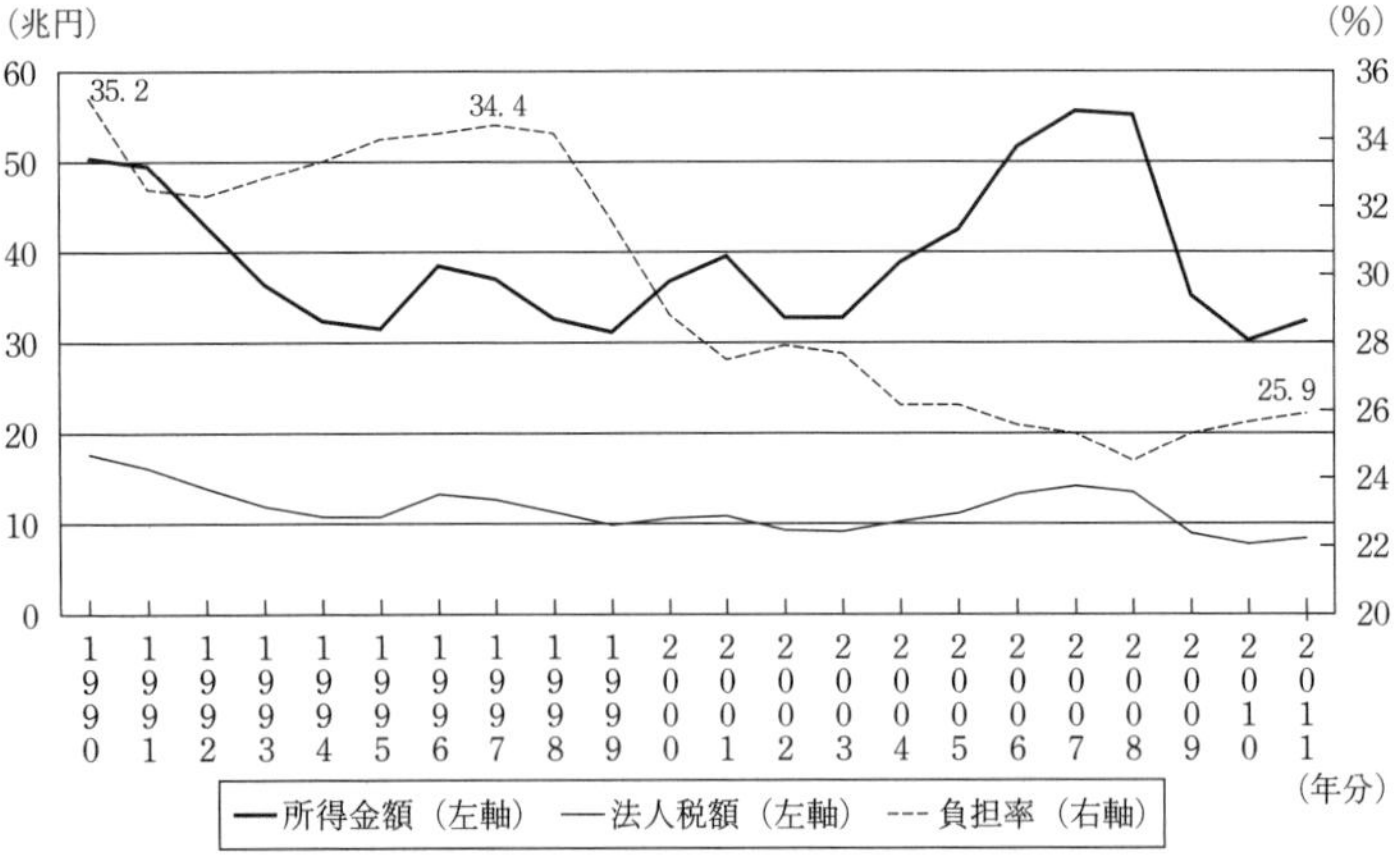

出典）国税庁『税務統計からみた法人企業の実態』各年度版より作成。

図20　大企業の内部留保

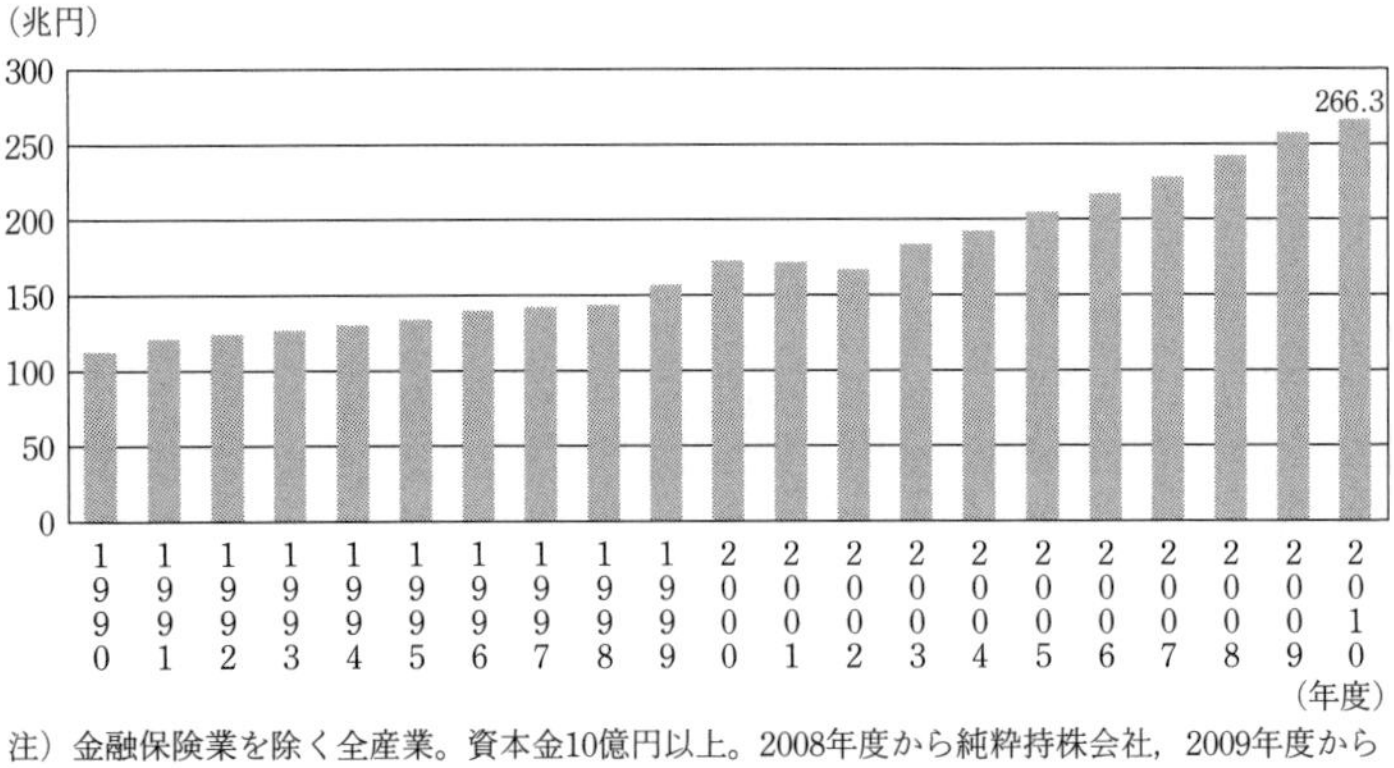

注）金融保険業を除く全産業。資本金10億円以上。2008年度から純粋持株会社，2009年度から郵政３会社を含む。

出典）財務省『財政金融統計月報』各年度「法人企業統計特集」より作成。

九〇年度から三七・五％、九八年度から三四・五％、九九年度から三〇％、二〇一二年度から二五・五％に引き下げられた。さらに研究開発投資減税の拡充（二〇〇三年度）による負担率の引き下げのほか、組織再編税制の創設・改定（〇一、〇七年度）、連結納税制度の創設（〇二年度）、欠損金繰越期間の延長（〇四年度、〇一年分から遡及適用）、減価償却制度の抜本見直し（〇七、〇八年度）、外国子会社配当の益金不算入（〇九年度）などによる課税ベースの縮小が影響している。

要するに、法人所得が増加しても、法人税負担が増えないようにされてきたのである。一九九八年度は課税ベースの見直しとあわせて税率引き下げが行なわれたが（それでも負担率は二・六ポイント低下）、九九年度は課税ベースの拡大なしに税率が引き下げられた。もし九八年度程度の負担率が維持できていれば、九九年度以降の法人税収の減少は四〇兆円程度少なくなっていたであろう。

「総額人件費」の引き下げや法人税の減少は、支払配当を増やしても、企業の内部留保を増大する（図20）。資本金一〇億円以上の大企業（金融・保険業を除く）の内部留保は、一九九七年一四二・四兆円から二〇一〇年二六六・三兆円へ八七・〇％も大幅に増えている。[*30]

以上をまとめると、企業は「総額人件費」を切り下げて社会保険料収入や所得税収を減らす一方、法人税を軽減されて内部留保を増やしてきたということである。ここに現代日本の財政危機の本質がある。すなわち、大企業がみずからの負担を国民と国家に転嫁してきたことが財政赤字拡大の真因なのである。

5 アベノミクスの経済財政運営の問題点

(1) アベノミクスの「三本の矢」

以上のように日本財政の症状やその要因・背景を診断すると、「社会保障・税一体改革」や「アベノミクス」が筋違いの政策であることがわかる。

一体改革では、社会保障の「充実」に用いられるのは消費税率の引き上げ幅五%のうちの一%にすぎない。それも「重点化・効率化」の名による社会保障の削減と引き換えであり、しかもマクロ経済スライドを理由にした年金減額などが実施されればすべて帳消しになってしまう。[*31] また、消費支出への課税強化はデフレを深化・長期化させ、逆進的税負担の増大は経済格差と貧困を拡大する（一体改革については本書第4章の川上論文を参照されたい）。

安倍首相は内閣発足後すぐに「日本経済再生本部」を設置し、「三本の矢」、すなわち、①大胆な金融政策、②機動的な財政政策、③民間投資を喚起する成長戦略からなる「アベノミクス」をうちだし、矢継ぎ早に推し進めている。

①の大胆な金融政策については、政府との政策連携（政策屈服といってよい）のもとで、日銀は二％の「物価安定の目標」と「期限を定めない資産買入れ方式」を導入し、思い切った金融緩和を行なうこととなった。

②の機動的な財政政策については、「日本経済再生に向けた緊急経済対策」を決定し、「一五か月予算」の考え方のもとで、二〇一二年度補正予算と二〇一三年度予算が編成された。

③の成長戦略については、『縮小均衡の分配政策』から『成長と富の創出の好循環』へと転換し、『世界で一番企業が活動しやすい国』、『個人の可能性が最大限発揮された雇用と所得が拡大する国』を目指すと同時に、海外投資収益の国内還元を日本の成長に結びつける国際戦略を進め、『貿易立国』と『産業投資立国』の双発のエンジンが互いに相乗効果を発揮する『ハイブリッド経済立国』を目指す[*32]」として、安倍首相を議長とする「産業競争力会議」を設置して検討を進めている。

政治的にみれば、アベノミクスは、当面する二〇一三年七月の参議院議員選挙での勝利――「ねじれ国会」の解消と改憲・新自由主義的構造改革・対米追随軍事大国化の円滑な推進体制の構築――をめざすとともに、消費税増税に向けた経済環境づくりをねらったものである。[*33]それだけに「即効性や需要創造効果の高い施策を優先」し、「政策実現の『スピード感』と『実行力[*34]』」が重視されている。まさに短期決戦型の政策であり、問題も多い。

(2) アベノミクスの問題点

大胆な金融緩和については、二%の物価安定目標のもとで、国債購入などによってマネタリーベースを増やし、マネーストックを増加して、消費者物価上昇率を引き上げることが期待されている。

ここでの最大の問題は、マネタリーベースの増加がマネーストックの増加に結びつくには、銀行が貸出を増やすという信用創造のプロセスが介在することである。しかし、銀行がいくら貸出を増やそうと思っても、企業や家計に借入需要がなければ、貸出を増やすことはできない。実際、二〇〇一年三月から〇六年三月まで日銀は「量的緩和政策」によってマネタリーベースを増やしたが、マネーストックは対応するようには増えなかった(図21)。

そこで、アベノミクスは三つのルートで実需を起こそうとする。一つは円安誘導による輸出促進、二つは「一五か月予算」による公共事業の増大、そして三つは「成長戦略」による民間投資の拡大である。

円安はすでに衆議院解散決定前後からはじまっている。その背景には欧州ソブリン危機の安定と日本の貿易赤字の拡大がある。円安は輸出高を増やす。しかし、やりすぎれば「近隣窮乏化策」として他国から批判をまねく。また、エネルギー・食糧・部品など輸入価格を引き上げるので、輸出入差引での純輸出は短期的には縮小する。そして何よりも、為替レートは長期的には物価上昇率の差によるので、物価上昇が現実化しないと予想インフレ率は高まらず、円安は長続きしない。ヨーロッパの状況も不安定だ。

図21　マネタリーベースとマネーストックの推移

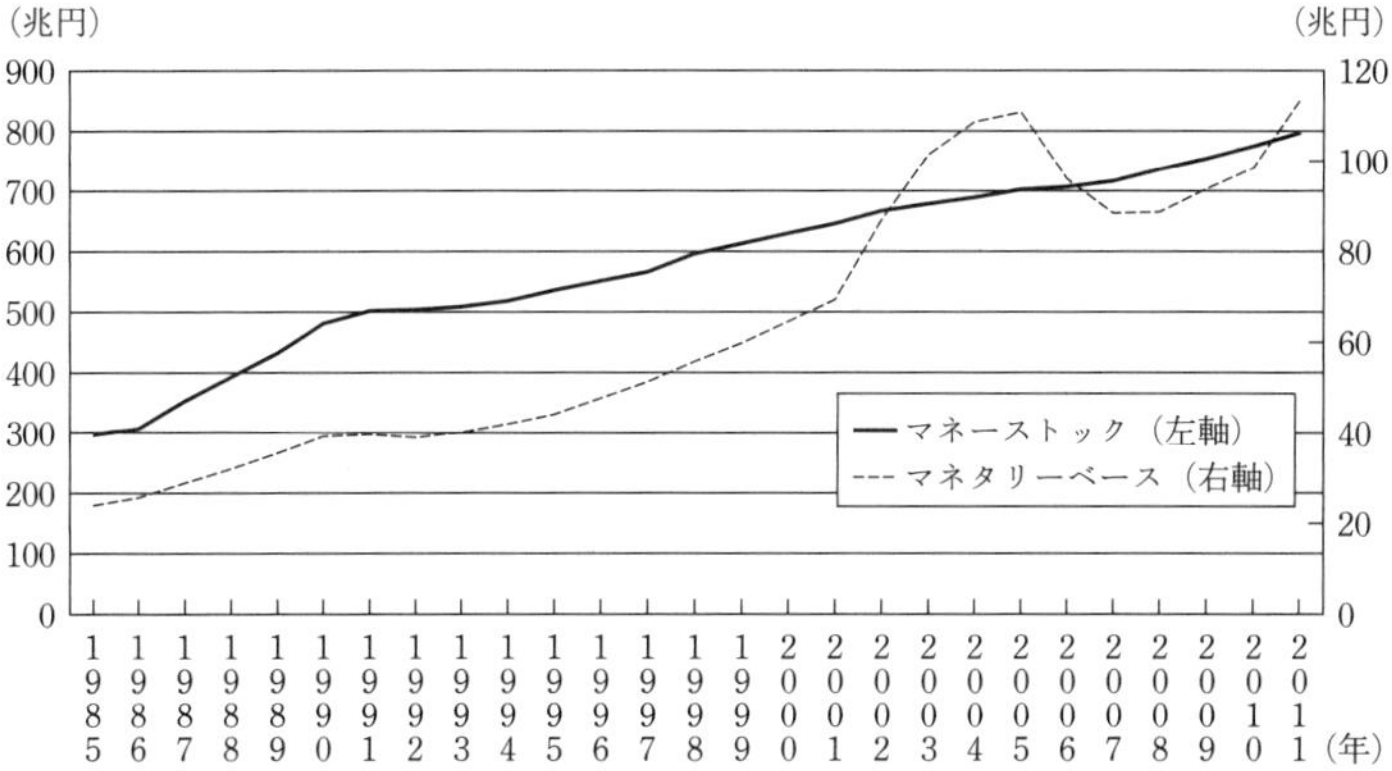

出典）日本銀行『日本銀行統計』より作成。

公共事業は二〇一二年度補正予算と二〇一三年度予算で大幅に増やされた。補正予算では、公共事業関係費が二・四兆円（当初予算比五三・四％増）追加され、地方自治体の公共事業拡大を誘導するため「地域の元気臨時交付金（地域経済活性化・雇用創出臨時交付金）」一・四兆円も創設された。一三年度予算では、公共事業関係費は前年度当初予算比一五・六％増の五・三兆円が計上された。

民間投資の拡大については、一二年度補正予算でも、一三年度予算案でも、「成長による富の創出」が予算の重点化の柱の一つとされ、投資喚起のためのさまざまな措置が講じられている。

このような外需拡大・公共事業の増加・民間投資の喚起は、まさに自公政権が小泉構造改革など二〇〇九年の政権交代（公共事業の増大は一九九六年の橋本財政構造改革）までに行なっていた経済政策であり、それらが短期集中されているところにアベノミクスの特徴がある。問題は、それらがデフレの原因である賃金の下落を逆転させ、国民の所得を増大させるかであるが、じつに従来型路線こそ賃金・雇用の悪化をまねいて、日本をデフレ経済に陥らせたのであり、それに回帰してもデフレ脱却は期待できないであろう。公共事業の増加も、財政状況を鑑みれば持続できない。

そこで安倍首相は財界に賃上げ協力を求め、税制改正でも給与増加分の一〇%税額控除を盛りこむが、一三年春闘での大企業の賃上げは慎重で規模も小さくバラつきもあり、とりわけ非正規労働者や中小企業では決め手を欠く。しかも、一三年度予算をみれば、生活扶助基準を引き下げ、国家公務員給与を七・八%削減し、公務員定員も減らし、地方にも地方公務員給与の減額を求めるなど、賃上げやデフレ脱却とは逆のことをしている。成長戦略を検討する産業競争力会議では、解雇規制の緩和や有期雇用規制の撤廃などが重点課題とされている。

こうして勤労者の所得が増えなければ、消費税増税や円安による輸入価格の上昇は実質所得を減らし、国民生活は苦しくなる。他方、増えたマネーは財・サービス市場よりも資産市場に流れこみ、〝ミニバブル〟を引き起こし、見せかけの一時的な好景気が生み出される。

そうなれば、二%の物価安定目標（消費税五%引き上げと合わせて七%）を達成できても、景気は著しく不安定になる。その結果、日銀が「無期限」に国債購入を続け、財政ファイナンスを行なっていけば、日本国債と日銀への信認は揺らぎ、国債金利は上昇（国債価格は下落）する。保有国債の価値の減少で金融機関などは巨額の損失をこうむり、金融危機が起こる可能性が高まる。

アベノミクスはいわば「あとは野となれ山となれ」型の経済財政政策である。そうなる前に、経済財政政策は正しい方向に転換されなければならない。

では、どのようにすれば経済・財政危機は脱却できるのか。答えは第1～4節の経済・財政危機分析のなかに用意されている。以下、五つの柱を提示する。

6　新福祉国家財政への転換こそ経済・財政危機から抜け出す道

(1)　雇用・賃金の改善を基礎としたデフレ経済からの脱出

第2、3節において、一九九八年度以降、歳出面では社会保障関係費の増加、歳入面では所得税と法人税の減収を主因として財政赤字が急拡大し、その背景には、一九九七／九八年度を境としてデフレの進展により名目GDPが減少してきたこと、それが非正規雇用の増大などをともなう賃金の下落によること、その土台には日本企業の多国籍企業化と外需依存型成長があり、輸出競争力強化のための「高コスト構造の是正」「総額人件費の削減」方針があることを示した。

それをふまえれば、経済・財政危機からの脱却策の第一の柱は、雇用・賃金の改善を基礎としてデフレ経済から脱出し、内需主導の経済構造を構築する経済改革でなければならない。

経済成長のメカニズムは「需要増→供給増→所得増→需要増……」というサイクルを描くことだが、小泉内閣の『経済成長戦略大綱』以来の成長戦略では、需要増ではなく大企業の供給増が優先されたうえ、「総額人件費の削減」方針により「企業収益増→賃金増」のプロセスが切断されたため、「供給増→所得増→需要増」のプロセスもはたらかないものだった。[*35] そのため需給ギャップが拡大し、デフレが定着・深化してきたのである。そのうえ賃金を増やさずとも収益を増大できれば、企業は事業転換・業界再編、研究開発、生産性向上のとりくみなどもゆるくなり、長期的成長基盤も弱体化した。

通常、デフレ・ギャップに対して民間の需要創出が期待できないときは、財政発動が必要で有効とされる。だが、現在の分配構造をそのままにしておいては、財政発動で「需要増→供給増」ができても、「供給増→所得増」にはならず、「所得増→需要増」に至らない。実際、こうした状況が続き、財政赤字だけが拡大した。

したがって、現代日本のデフレ脱出の基本的かつ最優先の政策は、雇用と賃金を改善すること、雇用を全体として増やしながら、非正規雇用の比率を引き下げ、賃金を全体として底上げすることである。そのために、労働者派遣法など労働法を抜本的に改正し、派遣や契約などを限定し、正規・非正規労働者の差別・格差をなくすことが必要である。

しかし、安倍内閣は「世界で一番企業が活動しやすい国」を掲げ、経済財政諮問会議・産業競争力会議・規制改革会議では一斉に解雇規制・有期雇用規制の撤廃などを含む労働規制改革に向けた検討作業が進められており、[*36] 雇用・賃金の改善は期待できない。

最低賃金を引き上げ、非正規雇用の活用を限定すれば、競争力を弱めて、結果的に失業を増やし、賃下げをもたらし、中小企業をつぶすという意見があるが、欧米諸国では一人当たり雇用者報酬は増え、生産性も高まっている。日本だけが一〇年以上も賃金を下げつづけ、名目GDPを減らしつづけている。企業は正規労働者を増やし、賃金を上げ、ためこんだ収益を社会に還元して社会的責任を果たすべきであり、それがデフレ脱却につながり、企業の営業基盤を拡大することにもなる。

企業は「総額人件費の抑制」という真綿でみずからの首を絞めている。ミクロ的には合理的な行動のようにみえても、それが合わさると最悪の結果をもたらすという「合成の誤謬」そのものである。そういうときこそ、政府がイニシアティブをとって雇用と賃金の改善に向けた行動を行なうべきなのだ。

一社当たり五〇〇億円以上の内部留保を抱えた大企業（七〇一社）がそのわずか一％を取り崩すだけでも、七三〇万人に月一万円、二二三万人に五千円以上、一三四万人に五千円未満の賃上げが可能である。[*37]

マネタリーベースの拡大も、こうした国内需要の増大があってこそ信用創造プロセスが動き、貨幣乗数を高めてマネーストックを増やし、物価安定目標を達成することができる。

(2) 所得税・法人税・資産課税の再生による財政危機からの脱出

本章第4節では、大企業と高所得者がみずからの負担を国民と国家に転嫁してきたことが財政危機の真因であると結論した。

第一の柱に掲げた雇用・賃金の改善を基礎とするデフレ経済からの脱出により、税収・社会保険料収入は増大するが、それだけでは財政赤字を削減するのに十分でない。

税制は資金調達機能、所得再分配機能、景気安定化機能をもつが、一九八九年の消費税導入と一九九七年の税率引き上げ以降、税制の三機能は低下した。それは、消費税がその逆進的負担構造のために所得再分配機能を低め、その低い所得弾力性のために景気安定化機能と景気回復時の資金調達機能を低下させたからである。内需主導型経済構造を構築するうえでは、応能負担原則を強化する必要がある。

それゆえ経済・財政危機からの脱出策の第二の柱は、消費税の増税によらず、所得税・法人税・資産課税を再生する税制改革を基本とした財政改革になる。

所得税では、総合・累進課税を追求し、税率については、後退させられてきた累進性を少なくとも一九九八年水準には回復する必要がある。二〇一三年度税制改正大綱では、所得税の最高税率について、現行一八〇〇万円超四〇%を二〇一五年度から四〇〇〇万円超四五%に引き上げたが、「所得再分配機能の回復」と呼ぶには不十分である。とりわけ配当所得・株式譲渡益に対する時限的軽減税率（二〇一三年末まで一〇%）の適用をただちにやめて本則二〇%に戻し、高額の配当・譲渡益に対してはさらに高い税率を適用するべきである。二〇一三年度税制改正大綱では、金融所得課税の一体化が進められたが、総合・累進課税の抜け道を拡大するものである。

そして利子・配当・株式等譲渡益・土地等譲渡益に対する分離課税の適用は、勤労所得や事業所得などとくらべて不公平であり、それを補うためには「富裕税」を導入する必要がある。所得税の補完税である相続税・贈与税についても、最高税率の引き上げなど課税を強化すべきである。社会保険料でも報酬比例部分の上限をなくす必要がある。

欧米では、「九九%運動」の広がりと強さもあって、金融危機のさなかに、著名な投資家のW・バフェットのようなスーパーリッチが「自分の秘書の税負担率より自分の負担率のほうが低い」と申告し、みずから「富裕層へ課税を」との声が起こったが、日本では富裕層からそのような声はあがってこない。

法人税では、二〇一五年度からの税率引き下げ（三〇→二五・五%）を中止し、研究開発減税、連結納税制度などの大企業優遇措置をやめることが必要である。そして独立課税主義に立脚して、法人の規模・負担能力・受益の度合いにもとづき適正な税負担を求める法人税制を確立すべきである（段階税率の導入や受取配当益金不算入制度の廃止など）。移転価格やタックスヘイブン（軽課税国）などを利用した国際的租税回避は徹底的に防止しなければならない。

さらに、税収を世界の貧困対策に用いる国際連帯税、為替投機を規制する為替取引税、地球温暖化防止のための環境税（炭素税）など、新しい税も導入される必要がある。

(3) 歳出の見直しと政府資産の有効活用

第三の柱は、歳出や政府資産について見直しを行なうことである。

第一の柱である雇用・賃金を改善するうえでは、雇用の七割を支える中小企業の振興、農林水産業など地域産業の振興、そして被災地の復興が欠かせない。さらに労働者や勤労者が安心して働けるよう、社会保障、教育、住宅や生活関連インフラの整備にとりくむことが必要である。

こうした国内需要に主導された経済活動を持続可能なものにするため、防災・減災、公害防止・環境保全、原子力発電に依らない新しいエネルギーの拡大、食料安全保障の確保などが求められる。

こうした歳出の見直しにおいては、公共サービスに対する国民ニーズへの適合性を高めることが重要である。国民ニーズの評価基準の最高規範は日本国憲法であり、憲法基準により経費・資産を総点検する必要がある。

防衛関係費や在日米軍施設提供国有財産については第九条の平和主義、政党助成金については第二一条の結社の自由に照らして、削減されるべきである。社会保障関係費については第二五条の生存権と第二七条の労働権、文教及び科学振興費については第二六条の教育権、公共事業関係費については第二二条の居住権や交通権、地方交付税交付金や国庫支出金などについては第九二条の「地方自治の本旨」、その他

「憲法を暮らしのなかに生かす」よう相応の内容に組み替え、充実する必要がある。そして個々の経費や政府資産については、〝最小の経費で最大の効果〟を高めることが必要である。

とりわけ国と地方の関係については、これまでの地方分権改革や地域主権改革が地方自治体を「構造改革の先兵」とすることによって、景気を抑制し、デフレを助長する役割を果たしてきたことを指摘しておきたい。

一般政府の公的支出は、小泉改革のはじまる二〇〇一年度一二三・三兆円から二〇一〇年度一一七・一兆円へ六・二兆円減少しているが、とくに地方政府は六六・二兆円から五六・一兆円へ一〇・二兆円も減少しており、大きなデフレ要因となっている。[*38] 一九三〇年代アメリカのニューディール政策では、連邦政府が財政支出を増やしても、州・地方政府が財政緊縮策をとったため、景気回復に失敗した。[*39]「ニューディールの悲劇」と呼ばれるが、[*40] 地方分権改革や地域主権改革によって、日本でも同様の事態が起こっており、地域経済や住民生活を困難に陥れている。

くわえていえば、国・地方をつうじる歳出純計額は九五・八兆円から九三・九兆円へ二兆円減少し、総額中の地方の占める割合は六二・六％から五八・七％へ下がり、[*41] 財政支出の地方分散度は低下し、中央政府への集中が進んでいる。

知事や市長が独裁者のようにふるまう改革ではなく、住民を主人公とする地方自治を発展させ、地域経済と住民生活を豊かにする改革が必要である。

(4) 適切な債務の管理

第1節では、日本では大企業のカネ余りのもとで国債のほとんどが国内で消化され、欧州ソブリン危機とは異なることを明らかにした。それをふまえれば、経済・財政危機からの脱出策の第四の柱は、適切な債務管理を行なうことである。

第一～三の柱によって、法人企業の資金余剰は減少し、家計の資金余剰が増えて、資金循環は本来のありように戻っていくが、そのプロセスにおいて公債市場が混乱しないよう、政府は日銀と連携して安定性を確保する必要がある。そして政府債務については、無理なく着実に減らしていけばよい。

(5) 国民主権を実質化する予算制度と自主・対等・国際連帯の立場

第五の柱は、以上の改革を具体的に計画し実行するにあたって、国民すべての実質ある参加のもとで行なうことである。

議会による財政審議権の保障、予算制度改革、予算執行・会計決算制度改革などをつうじて、財政に対する国民主権が発揮できるようにすることが必要である。その前提として、民意が国政に反映されるよう、国会議員の削減は行なうべきでなく、衆議院の小選挙区制度を廃止して、国民の多様な意見をくみ入れられるようにすべきである。

そして改革を行なううえでの対外姿勢として、財政自主権をつらぬく自主・対等の立場と国際連帯の立場で行なうことである。独立国といいながら、日米安保条約のもとで外交・軍事・通貨・通商などではアメリカへの追随・従属が経済財政運営を拘束している。安保条約を廃棄して自主・対等・連帯の立場に立ち、世界の平和と経済発展、多国籍企業や国際金融資本に対する規制、世界的な経済格差・貧困の撲滅に向けたイニシアティブをとることが必要である。そうすることによって、日本は国際社会において「名誉ある地位」（日本国憲法前文）を占め、「われらの安全と生存」（同）を保持することができる。領土問題もそうした立場を鮮明にしてこそ解決しうる。

(6) 所要経費と財源の試算について

以上の改革を行なうにはどの程度の財政支出が必要となり、どのように財源を手当てするかについては、さまざまに試算しうる。

たとえば、垣内亮は「消費税増税なしで社会保障は良くなる」という視点から、社会保障の二段階改革プランを提示し、第一段階を「社会保障再生」、第二段階を「先進水準の社会保障」へ向けた抜本的拡充の段階として、所要経費の見積もりと財源計画を出している（表4）。さらに、それによる内需主導の経済成長軌道に乗った場合の経済見通しとプライマリー・バランスも試算されている。*42

この試算は社会保障に限定したものだが、教育分野だけでも、教育条件の整備と「公教育の無償化」の

表4　垣内亮の財源試算

（単位：兆円）

改革の段階	所要経費 項目	金額	財源計画 項目	金額
第１段階：社会保障の再生	年金（マクロ経済スライド廃止、低年金の底上げ）	1.2	歳出のムダの一掃	3.5程度
	医療（窓口負担軽減、国保料引き上げ、診療報酬引き上げ）	2.5	大型公共事業	1.0程度
	介護（特養待機者解消、利用料引き下げ、保険料減免）	1.5	軍事費	1.0程度
	保育所（待機児童解消）	0.6	原発促進予算	0.3程度
	高齢化などによる社会保障予算の自然増分	3.2	政党助成金	0.03程度
			その他・予備費等	1.3程度
			富裕層に負担を求める	2.2～3.9程度
			証券優遇税制の廃止・高額証券所得への課税強化	0.6～1.7程度
			所得税・住民税の最高税率の引き上げ	0.7～0.8程度
			相続税最高税率の引き上げ	0.4～0.7程度
			富裕税の創設	0.5～0.7程度
			大企業の減税を見直す	2.7～4.0程度
			新たな法人税減税（税率引き下げ）の中止	1.4～2.4程度
			研究開発減税の廃止、連結納税制度の見直しなど	1.3～1.6程度
			社会保険料の逆進性を改める	2.2程度
			為替取引税の創設	0.6程度
			環境税の創設	0.7程度
	小計	9.0	小計	12～15程度
第２段階：社会保障の抜本的拡充	最低保障年金の創設	5.0	所得税の改革（1.5～15%税率上乗せ）	6.0
	医療の無料化	3.0	法人税率引き上げ	
	介護の無料化			
	小計	8.0	小計	6.0
合計		17.0	合計	18～21程度

注）「介護の無料化」と「法人税率引き上げ」については，具体的な金額は掲げられていない。

出典）垣内亮『消費税が日本をダメにする』（新日本出版社，2012年）111～154頁。

郵 便 は が き

料金受取人払郵便

本郷局承認

5998

差出有効期間
2014年12月31日
まで

(切手を貼らずに
お出しください)

113-8790

473

(受取人)

東京都文京区本郷 2-11-9

大月書店 行

注文書

裏面に住所・氏名・電話番号を記入の上、このハガキを小社刊行物の注文に利用ください。指定の書店にすぐにお送りします。指定がない場合はブックサービスで直送いたします。その場合は書籍代税込1000円未満は300円、税込1000円以上は200円の送料を書籍代とともに宅配時にお支払いください。

書 名	ご注文冊数
	冊
	冊
	冊
	冊
	冊

指定書店名 (地名・支店名などもご記入下さい)	

ご購読ありがとうございました。今後の出版企画の参考にさせていただきますので、下記アンケートへのご協力をお願いします。

▼※下の欄の太線で囲まれた部分は必ずご記入くださるようお願いします。

●購入された本のタイトル		
フリガナ お名前	年齢	男・女
電話番号（　　　）　　－	ご職業	
ご住所 〒		

●どちらで購入されましたか。

市町
村区　　　　　書 店

●ご購入になられたきっかけ、この本をお読みになった感想、また大月書店の出版物に対するご意見・ご要望などをお聞かせください。

●どのようなジャンルやテーマに興味をお持ちですか。

●よくお読みになる雑誌・新聞などをお教えください。

●今後、ご希望の方には、小社の図書目録および随時に新刊案内をお送りします。ご希望の方は、下の□に✓をご記入ください。

□大月書店からの出版案内を受け取ることを希望します。

●メールマガジン配信希望の方は、大月書店ホームページより登録ください。（登録・配信は無料です）

ご記入いただいた事項を他の目的で使用することはございません。

なお、このハガキは当社が責任を持って廃棄いたします。ご協力ありがとうございました。

実現のためには四・六兆円程度の公費支出の増加が必要との提案もあり、所要財源はもっとふくらむであろう。[*43] また、必要となる財政支出や税・社会保険料は、経済状況によって金額も変化する。本章では、改革に必要な経費と財源の試算については今後の課題として残している。

いずれにせよ、改革を一挙に実現することは不可能であり、優先順位を決めながら、時間をかけて計画的に進めることが必要である。

(7) 新福祉国家財政への転換

本書が掲げる「新福祉国家」とは、①従来の福祉国家と共通して雇用や社会保障を再建すること、②冷戦体制下で反共軍事同盟の一翼となった福祉国家ではなく、安保条約を廃棄し、憲法九条を具体化する平和国家であること、③旧い福祉国家以上に大企業への規制が必要なこと、④旧い福祉国家のように産業別労働組合と社会民主主義政党を担い手とするのでなく、企業主義に侵されていない労働組合のほか、新自由主義的構造改革によって打撃を受けている高齢者・自営業者・農業者・中小企業家や、共産党など反新自由主義を掲げる政党が担い手となることを特徴としている。

つけくわえれば、とくに税制については、旧い福祉国家やそれをモデルとした社会構想のように付加価値税（消費税）に安易に依存するのでなく、大企業と高所得者・大資産家に適正な負担を求めるところに「新福祉国家」の〝新しさ〟がある。

上記五つの柱の改革はこのような「新福祉国家」の建設に向けた経済・財政改革である。言い換えれば、新福祉国家財政への転換こそ、経済・財政危機から脱出しうる正当で有効かつ唯一残された道である。

◉注

＊1 「第一八三回国会における安倍内閣総理大臣の所信表明演説」（二〇一三年一月二八日）より。

＊2 基礎的財政収支（プライマリー・バランス、PB）とは、「その時点で必要とされる政策的経費を、その時点の税収等でどれだけ賄えているかを示す指標」（財務省『財政関係資料』二〇一二年九月、二七頁）である。いま、歳入が租税収入と税外収入と公債金（国債発行額）、歳出が国債費と国債費以外の歳出（普通歳出）で構成されるとすると、PBは以下の式で表される。二〇一三年度予算案では、PBは二三・二兆円の赤字である（表1参照）。

PB＝（租税収入＋税外収入－普通歳出）＝国債費－公債金

＊3 閣議了解「平成二五年度の経済見通しと経済財政運営の基本的態度」（二〇一三年一月二八日）五頁。

＊4 第三回社会保障制度改革国民会議（二〇一三年一月二一日）における安倍首相のあいさつ（議事録、三頁）。

＊5 閣議決定「社会保障・税一体改革大綱」（二〇一二年二月一七日）二頁。

＊6 一九四五年度はGDPの推計値がないので不明。もし一九四四年度の数値を一九四五年度にもあてはめれば、対GDP比は一八九・〇％となる。ただし、戦争による人的・物的被害は時間がたつにつれて拡大するので、一九四五年のGDPは一九四四年より少ないと推測される。一九四四年度七四五億円と一九四六年度四七四億円の中間の数値を使うと、対GDP比は二三一％になる（梅原英治「プライマリー・バランス論の検討」愛知大学『経済論集』第一九〇号、二〇一三年、一八七頁を参照）。

＊7 財務省理財局「国有財産レポート」（二〇一二年六月）七〜八頁。

＊8 内閣府経済社会総合研究所「二〇一一年度国民経済計算（二〇〇五年基準・93SNA）」（二〇一三年一月）より。

＊9　財務省「平成二三年度国の財務書類の説明」（二〇一三年一月）より。

＊10　国債金利（表面利率、クーポンレート）は一年分の利子の大きさをあらわし、たとえば額面金額一〇〇万円につき一年間に二万円（半年ごとに一万円ずつ）の利子が支払われる場合、金利は二%となる。これに対し、利回りは一年当たりの運用益をあらわすもので、一年分の利子収入と、償還額面（または売却価格）と購入価格の差額（一年当たりに換算）で構成される。国債は額面より低い価格（アンダーパー）や高い価格（オーバーパー）で発行される場合がある。利回りの計算式は以下のとおりで、発行時の利回り（応募者利回り）ではAは額面、Bは発行価格、Cは償還年数、最終利回りではAは売却価格、Bは購入価格、Cは償還までの残存年数となる。

$$\text{利回り}(\%) = \frac{\text{表面利率} + (A - B)/C}{B} \times 100$$

＊11　二〇一一年一二月速報値。国債は財投債を含み、国庫短期証券（TB）を含まない。「銀行等」には、ゆうちょ銀行、証券投資信託、証券会社を含む。「生損保等」には、かんぽ生命を含む（財務省『債務管理リポート』二〇一二年、二七頁）。

＊12　二〇一一年一二月末。アメリカは政府勘定向け非市場性国債を含まず、ドイツとフランスは地方債等を含む（同前、一九頁）。

＊13　なお、カーメン・M・ラインハートとケネス・S・ロゴフによれば、世界では一八〇〇年以降、公的国内債務のデフォルトは七〇件以上（対外債務のデフォルトは二五〇件）あるという（『国家は破綻する——金融危機の八〇〇年』日経BP社、二〇一一年、一九〇頁）。ただし、アメリカなどの州・地方政府のデフォルトもカウントされているうえ、「表面利率の低い債券への強制的な転換から、一方的な元本の減額（通貨の転換と組み合わされるケースもある）、さらには返済の一時停止まで、ありとあらゆる手法」（同上）が含まれており、デフォルトの定義が広くとられていることに留意が必要である。

＊14　内閣府『経済財政白書（平成二四年度版）』はこれを「国内資金の制度的な封じ込め」と呼んでいる（二七五頁）。

＊15　野口悠紀雄『大震災後の日本経済』（ダイヤモンド社、二〇一一年）一六五頁。
＊16　百歩譲って、預金取扱機関だけをとりあげても、リーマン・ショックや東日本大震災のために公債が大増発された二〇〇九〜一一年度における預金取扱機関の国債等保有残高の平均増加額は二五・五兆円である。野口と同様の計算をすれば、二〇一一年度末の住宅貸付を除く貸出残高五二七・七兆円÷二五・五兆円＝二〇・七年となり、Doomsdayは二倍以上も先に延びる。最終的には、日本銀行が国債の買いオペを増やせば国債消化資金は供給される。
＊17　田中素香『ユーロ——危機の中の統一通貨』（岩波書店、二〇一〇年）一一〇頁。
＊18　みずほ総合研究所『ソブリン・クライシス——欧州発金融危機を読む』（日本経済新聞出版社、二〇一〇年）、白井さゆり『ユーロ・リスク』（日本経済新聞出版社、二〇一一年）を参照。
＊19　財政赤字の要因分析の方法については、梅原英治「90年代以降における日本における財政危機の要因と背景」（立命館大学『立命館経済学』第五九巻第六号、二〇一一年三月）を参照されたい。
＊20　内閣府『経済財政白書（平成一三年版）』二〇〇一年、など。
＊21　藻谷浩介『デフレの正体——経済は「人口の波」で動く』（角川書店、二〇一〇年）。
＊22　岩田規久男『デフレの経済学』（東洋経済新報社、二〇〇一年）、同『デフレと超円高』（講談社、二〇一一年）など。
＊23　内閣府『経済財政白書（平成二二年度版）』二〇一〇年、六〇〜六一頁。
＊24　厚生労働省職業安定局「非正規雇用のビジョンに関する懇談会」報告書『望ましい働き方ビジョン』二〇一二年三月、八頁、原資料は厚生労働省『賃金構造基本統計調査』二〇一〇年。
＊25　財政制度審議会「財政の基本問題に関する報告」一九九五年一二月一二日（石弘光監修『財政構造改革白書』東洋経済新報社、一九九六年、四三七頁）。
＊26　そのため、社会保険主義者たちは、社会保障給付は社会保険料でまかない、生活保護費と社会福祉費以外の社会保障関係費を削除せよと主張している（鈴木亘『財政危機と社会保障』講談社、二〇一〇年、二二五頁）。
＊27　厚生年金は、総報酬制に変わった二〇〇三年度一三五・八〇‰から、二〇一一年九月一六四・一二‰へ、二八・三二

‰ポイント上昇した。

＊28　厚生労働省職業安定局「非正規雇用のビジョンに関する懇談会」報告書『望ましい働き方ビジョン』前掲、八ページ。

＊29　大企業が実際に負担する法人税額の割合（「真実実効税率」）については、富岡幸雄（「税金を払っていない大企業リスト」『文藝春秋』二〇一二年五月号）や垣内亮（「消費税増税の一方で下げられる大企業の法人税」『前衛』二〇一二年七月号）によって計算されているが、ここでの「負担率」は国税庁『税務統計から見た法人企業の実態』における「所得金額」をそのまま使用しているため、「真実」所得より縮小されるので、「真実実効税率」より高く表示される。

＊30　内部留保は、引当金、特別法上の準備金に、二〇〇三年度までは資本準備金、利益準備金、その他の剰余金を、二〇〇四年度以降は資本剰余金、利益剰余金を加えたもの（小栗崇資・谷江武士編『内部留保の経営分析——過剰蓄積の実態と活用』学習の友社、二〇一〇年、参照）。

＊31　垣内亮『消費税が日本をダメにする』（新日本出版社、二〇一二年）六五〜六六頁。

＊32　閣議決定「日本経済再生に向けた緊急経済対策」（二〇一三年一月一一日）一〜二頁。

＊33　消費税率の引き上げは「経済状況を好転させることを条件」とする（「社会保障の安定財源の確保等を図る税制の抜本的な改革を行うための消費税法等の一部を改正する等の法律」附則第一九条）。

＊34　第一回産業競争力会議（二〇一三年一月二三日）での安倍首相のあいさつ。

＊35　山田久ほか「日本再生に向けて成長戦略に求められる視点」（日本総研『政策観測』第四二号、二〇一二年六月二七日。ただし、ここでは「需要増→供給増」ではTPPなどによる海外需要の取りこみ、「供給増→所得増」では非正規労働者の賃金引き上げを追求すると同時に、正社員の流動化を高めること、「所得増→需要増」では生活不安解消のため現役世代向けの社会保障機能強化と社会保障サービスの給付主体を民間事業者にゆだねることを提案しており、目的と手段が一致していない。

＊36　たとえば、第一回産業競争力会議における榊原・竹中・橋本委員らの提出ペーパー。第四回経済財政諮問会議（二〇一三年二月五日）における民間議員からの提案「雇用と所得の増大に向けて」など。第二回規制改革会議では重点分野

として「雇用」を掲げている。

＊37 垣内亮「アベノミクスで日本はどうなる?」(『学習の友』二〇一三年三月号)九〜一〇頁。

＊38 総務省『地方財政白書(平成二四年版)』二〇一二年、四ページ。

＊39 林健久『ニュー・ディールと州・地方財政』(御茶の水書房、一九六九年)。

＊40 神野直彦『地方自治体壊滅』(NTT出版、一九九九年)九六頁。

＊41 総務省『地方財政白書(平成一五年版)』二〇〇三年、資料八一ページ、同二四年版、前掲、資料四七ページ。

＊42 垣内亮、前掲『消費税が日本をダメにする』第三章。

＊43 世取山洋介・福祉国家構想研究会編『公教育の無償性を実現する――教育財政法の再構築』(大月書店、二〇一二年)では、公立小中学校における三〇人以下学級の実現に約一兆二六〇〇億円、授業料・学修費の完全無償化のために約二兆一一〇〇億円、新たに組み替えられた私学助成制度の実施のために約一兆二〇〇〇億円の公費支出の増加が必要であるとしている(四八五〜四九二頁)。

(梅原英治)

第3章 福祉国家における社会保険制度

一九六一年の国民皆保険・皆年金の達成から半世紀が経過したいま、社会保険が果たしてきた意義と役割をあらためて確認し、改善すべき課題を整理しておくことは、新しい福祉国家を構想するうえで不可欠である。

本章では、第1節において社会保険の現状を概観しつつ、社会保険の意義と民間保険との違い、事業主負担と公費投入の動向について論じる。続く第2節では、公的医療保険制度に限定して、各制度の内容と公費投入の動向に注目しつつ、制度の改善点をいくつか指摘する。最後に第3節では、今後の社会保険制度改革の方向性と基本的な原則について、「社会保障と税の一体改革」の内容にもふれながら、考察を進めたい。

1 社会保険制度の現状

(1) 社会保険とは

社会保険とは、経済的な観点からは、保険の仕組みを活用しつつ、社会保障の給付と財源調達を支える財政制度である。社会保険の財政的な意義に関して、日本の社会保障制度の出発点である「一九五〇年勧告」では、「社会保障の中心をなすものは自らをしてそれに必要な経費を醵出《きょしゅつ》せしめるところの社会保険制度でなければならない」と述べている。[*1] 自ら必要な経費を負担するということは、社会保険をつうじた社会保障給付が、社会保険料等の拠出を条件とすることを意味する。

拠出と給付が何らかの程度で結合していることは、社会保険において排除原理が存在することを含意する。保険料を拠出できない者は、社会保障の給付から排除されてしまうからである。同時に、保険料を負担した者に対しては、社会保障に対する消費者的な意識を強めることになる。行政や保険者が、社会保険の制度運営において拠出と給付の関連を強調し、社会保険料の徴収を厳しく追及する現象は、保険主義の強化と呼ばれる。[*2]

社会保障の財政制度としては、いま一つ、租税にもとづく方式がある。公的扶助や社会福祉、公衆衛生は、基本的に租税で運営される。海外に目を向ければ、医療分野についても、国営医療制度（ナショナル・ヘルス・サービス）と呼ばれる租税方式をとる国も少なくない。租税方式では、社会保障の負担と給付の関係が直接には絶たれており、社会保険方式と比較して、社会保障給付の権利性が強くなる。反面、租税方式の場合、社会保障財政が国と自治体の予算編成に直結するぶんだけ、政治的な影響を受けやすくなるデメリットもある。

社会保険方式と租税方式の利点と欠点とに関連して、じつは一九五〇年勧告は、社会保険の意義に続けて、「しかし、わが国社会の実情とくに戦後の特殊事情の下においては、保険制度のみをもってしては救済し得ない困窮者は不幸にして決して少なくない」と述べ、そうした困窮者に対しては国家が直接扶助し、その最低限度の生活を保障しなければならないと指摘している。公費投入によって社会保険における排除性を緩和すべきとの主張である。今日では、国民医療費の三割、介護・高齢者医療では五割に相当する公費投入がなされている。日本の社会保障財政は、社会保険方式と租税方式を折衷することで両者の弱点をカバーする、混合的な類型と特徴づけることができる。[*3]

(2) 民間保険との対比

社会保険は、「保険」の仕組みを活用しつつも、そこに何らかの「社会」的な基準による修正がくわえられる点で、民間保険とは異なる。社会保険の特長として、強制加入方式、応能負担、さらに事業主負担と公費投入を指摘することができる。[*4]

保険加入の点で国民皆保険を支える仕組みは、強制加入方式である。周知のように、一九六一年に国民皆保険・皆年金が実現し、すべての国民が何らかの医療保険制度および年金保険制度の加入対象者とされている。日本の社会保険制度は、もともとは公務員や教職員など特定職域の共済制度から出発し、職域保険として一般の労働者にも適用され、最後に一般住民を対象とする地域保険が実施されるというプロセスをへて、今日に至っている。その結果、社会保険制度は、健康保険、厚生年金、雇用保険、労災保険など、被用者を対象とする職域保険と、国民健康保険や国民年金、介護保険などの地域保険との、二本立てとなっている。[*5]

職域か地域のいずれにせよ、国民は社会保険の各制度に加入する。そして年金や労働保険は、基本的に国が経営主体である。[*6]医療保険の場合は、数千の保険者に分立しているものの、保険者を自由に選択することはできず、自らの意志で任意に脱退することもできない。一見すると非常に不自由な制度であるが、しかし強制加入方式には利点が多い。

第一に、貧困者や高リスク者など、自由な民間保険市場では加入が難しい者でも保険に加入できるため、無保険者を大きく減らすことができる。このことは、公的国民皆保険制度が不在であるがゆえに、五〇〇〇万人もの無保険者、また一〇〇〇万人以上ともいわれる一部保険者[*7]を抱える米国の現状に鑑みれば、明らかである。
第二に、強制加入により加入者が確保されることで、制度設計上の自由度が増す。たとえば、年金保険においては、民間保険では難しい賦課《ふか》方式を採用することもできる。賦課方式とは、加入者の保険料収入で受給者の年金をまかなう方式であり、インフレーションなど物価の変動に強いという特長がある。脱退が可能な民間保険では、年金は積立方式とならざるをえない。[*8]
次に、保険料の負担に関しても、社会保険は民間保険とは異なる方式を採用することができる。民間保険市場においては、医療保険料は、加入者のリスク（受取保険金の期待値）に応じて設定しなければならない。これを給付反対給付均等の原則、あるいは保険数理上の公平と呼ぶ。かりに民間保険市場においてこの原則が適用されず、異なるリスクの者が同じ保険料を負担するならば、低リスク者は割高な保険料をきらって、その保険から脱退してしまうであろう。いわゆる逆選択である。[*9]
しかしながら、強制加入方式の社会保険では、加入者の合意が得られるかぎり、保険料の負担をある程度自由に設計できる。日本の職域保険では、給与に比例して保険料を負担することが多いため、低リスク者から高リスク者へ、高所得者から低所得者へと、保険をつうじた所得の再分配がなされており、財政力の異なる保険者間での財政調整もなされている。社会保険料負担における応能負担の原則は、強制加入を前提にしているといえる。
強制加入方式は、必ずしも特定の保険者のみへの加入を意味するわけではない。海外に目を転ずれば、たとえばオランダやドイツのように、公的な制度の枠内で医療保険者を選択する制度を導入している国もある。米国のメディケアのように、公的保険に代えて民間保険会社を選択することができる国すらある。[*10] 社会保険の枠内で保険者の選択が可能な制度を導入する場合は、保険者間での保険料負担、ひいては各保険者の財政に著しい格差が生じないよう、何らかのリスク調整や財政調整の仕組みを導入することが不可欠である。[*11]

(3) 事業主負担の動向

社会保険においては、事業主も保険料の負担が求められるのが通例である。日本では、一九二二年の健康保険法の制定以来、社会保険料は労使折半を基本としている。社会保険料において事業主負担が存在する論拠としては、①労働者に対する事業主の責任、②社会保険が生産性向上をもたらすなど事業主にも利益があること、③制度創設以前から事業主が独自に福利厚生を行なってきたこと、④諸外国でも事業主負担があること、⑤社会連帯の証などをあげることができる。負担割合が本人と事業主とで折半である理由は必ずしも明確ではないが、業務上傷病と業務外の傷病との発生率と、業務上・業務外の負担割合を考慮した結果ともいわれる。[*12]

事業主負担をめぐっては、いわゆる転嫁と帰着の問題がある。転嫁とは、実際に負担するのが誰かを明らかにすることである。労働者側の力が弱い、つまり労働市場が十分に競争的な場合は、事業主負担は賃金の引き下げというかたちで、労働者にすべて転嫁されてしまう。[*13] ただし、実際の転嫁の経路や程度を計測することは、とても難しい。次いで帰着とは、マクロ経済的な意味での資源配分に最終的に及ぼす影響である。この帰着の観点から、事業主負担は企業収益を圧迫し、また採用活動や国際的な企業立地にも影響を及ぼすとの主張がある。たとえば、日本経団連は、社会保険料の事業主負担の引き上げは、経済成長に明白な悪影響を及ぼすと主張している。[*14] しかし、この種の推計はマクロ計量モデルに依存するため、たしかなことはいいにくい。

事業主負担の国際比較については、ナショナル・ヘルス・サービスとして運営されている国もあれば、米国のように民間保険の保険料の大部分を事業主が負担する国もあるため、単純な比較はできない。法人課税も含めた企業負担全体で考える場合も、課税ベースの違いや各種の税額控除に留意する必要がある。それらをふまえたうえで、二〇一〇年のOECDの歳入統計をみると、「法人所得に対する税」（taxes on corporate income）の対GDP比について、日本は二・八％であり、ドイツ（一・五％）、フランス（二・一％）、アメリカ（二・七％）よりは高く、イギリス（三・一％）、スウェーデン（三・五％）などよりは低いことがわかる。[*15] ただ、直近のピークである二〇〇七年の四・八％とくらべれば、日本の事業主負担はすでにOECD諸国平均なみに低落しており、今後さらに負担を引き下げるべきだという主張には疑問が残る。

(4) 公費投入の意義

保険数理学においては、収支相当の原則が重視される。収支相当の原則とは、保険者の利潤や保険事務費用などを度外視すれば、(純)保険料収入の総額が保険金支出の総額に一致しなければならないという原則をいい、保険財政の収支バランスをあらわす。しかし、日本の社会保障制度では、相当程度の公費投入がなされており、収支相当の原則は厳密には適用されていない。

公費投入の意義は、国民皆保険制度を維持する点にある。先に述べたように、社会保険制度といえども、保険料の拠出が保険給付の要件となる点で、いわゆる排除性が存在する。そして国民とりわけ低所得者層の保険料負担が過大となれば、保険料を負担できない者が増え、結果的に国民皆保険を維持することができなくなるからである。また、医療保険のように分立型の保険制度の場合、保険者間で保険料負担の格差が広がる可能性もある。

日本の主要な社会保険制度の財源構成をまとめた表1をみると、公費投入の占める比率は、国民健康保険や国民年金、後期高齢者医療制度、介護保険などで大きいことがわかる。[*16] 公費投入が、それら制度の財政的な安定に不可欠であり、国民皆保険を支えるうえで大きな役割を果たしていることが、読みとれよう。

公費投入に関連して、「社会保障と税の一体改革」においては、今後の公費の増大分を、もっぱら消費増税によってまかなうこととしている。しかし、逆進性の強い消費税で社会保障の公費部分をまかなうこ

表1　主な社会保険制度の財源構成（2009年度）

（単位：％）

	社会保険料		公費負担		その他
	事業主拠出	被保険者拠出	国	自治体	
協会けんぽ	45.1	43.0	14.8	0.0	0.7
組合管掌健康保険	47.0	38.8	0.4	0.0	13.9
国民健康保険	0.0	33.3	33.6	15.1	18.1
後期高齢者医療制度	0.0	12.4	54.0	29.3	4.4
介護保険	0.0	25.4	30.0	40.2	4.4
厚生年金保険	25.0	25.0	17.7	0.0	32.3
厚生年金基金等	17.3	7.4	0.0	0.0	75.3
国民年金	0.0	28.1	35.6	0.0	36.3
雇用保険	29.1	16.6	32.5	0.0	21.9
労働者災害補償保険	70.1	0.0	0.0	0.0	29.8

注）「その他収入」には「資産収入」や「積立金からの受入」などが含まれる。
出典）国立社会保障・人口問題研究所『平成21年度社会保障給付費』より作成。

とは、社会保険に対する公費投入の本来の意義からすれば、合理的な根拠に乏しい。社会保険に対する公費投入の財源調達においては、社会保険料の場合と同じく、応能負担を原則とすべきである。*17

社会保障の財源として消費税を重視すべきとする主張は、消費税が資源配分に対して中立的であることを論拠の一つとしている。先に紹介した、事業主負担に関する日本経団連の提言でも、消費増税であれば、負担が消費者である国民に転嫁される以上、中長期的には経済成長に悪い影響を及ぼさないとしている。しかし、消費税の転嫁や帰着についてもその実証は難しく、国内消費に及ぼす短期的なマイナス効果も無視できない。むしろ、社会保障の財源政策論として考えた場合、社会保険における事業主負担の軽減と公費投入における消費税の強調は、社会保障に対する企業の負担軽減を求める点において、軌を一にするといえる。

2 医療保険制度の現状と課題

(1) 分立型の医療保険制度

次に、もっぱら財政の観点から、日本の医療保険制度の現状と課題について考えたい。日本の医療保険制度で特徴的なことは、保険者が分立していることである。被用者保険(協会けんぽ、組合健保、共済組合)、地域保険(市町村国保、国保組合、後期高齢者医療保険)の区別があり、また、協会けんぽを除いて、職域・地域などでさらに複数の保険者に分かれている。表2は、保険者数、加入者数、保険料、そして公費負担の観点から、日本の医療保険制度の概要を整理したものである。

まず、常時五人以上を雇用する事業所の被用者のうち、所定労働日数と所定労働時間が一般社員の四分の三以上の者は、健康保険に加入する。被保険者によって主に生計を維持される三親等内の親族も、被扶養者として健康保険に加入する。*18 生計維持の基準は、年収一三〇万円未満(六〇歳以上は一八〇万円未満)である。また、公務員や私立学校教職員などは、特定職域を対象とする共済組合に加入する。

被用者保険に加入しない者は、国民健康保険に加入する。自営業者、退職者、失業者、短時間労働者な

表2　医療保険制度の概要（2011年3月末時点）

	協会けんぽ	組合健保	共済組合	市町村国保	国保組合	後期高齢者医療制度
保険者数	1	1473	83	1723	165	47
加入者数（2009年度）	3483万人（被扶養者1531万人）	2995万人（被扶養者1423万人）	912万人（被扶養者465万人）	3566万人（2033万世帯）	343万人	1389万人
加入者１人当たり平均保険料（2009年度）	8.6万円	9.0万円	11.0万円	14.6万円（世帯当たり）	12.4万円	6.3万円
１世帯当たり平均所得（総所得金額等、2009年度）	245万円	370万円	479万円	158万円	743万円	80万円（１人当たり，2010年度）
公費負担額	１兆1108億円	18億円	なし	３兆4411億円	2900億円	５兆8000億円
公費負担基準	給付費等の16.4%	窮迫団体への定額補助	なし	給付費等の50%	給付費等の43%	給付費等の50%

出典）厚生労働省ウェブサイト「我が国の医療保険について」より作成。

どである。ただし、開業医や弁護士、理美容師、土木建築従事者などでつくる国民健康保険組合（国保組合）が別にある。七五歳以上の高齢者も、被用者保険や国民健康保険を脱退して、後期高齢者医療制度に加入する。*19 なお、被用者保険とは異なり、国民健康保険には扶養家族の制度はない。

(2) 保険料負担

被用者保険における健康保険料率は、協会けんぽ九・五〇%、組合健保（平均）七・六七%、共済組合七・八三%で、事業主と折半する。ただし組合健保の場合、被保険者と事業主との負担割合は、一定の範囲で自由に定めてもよい。一人当たり平均保険料は、表2にあるとおり、協会けんぽは八・六万円（事業主負担込は一七・二万円）、組合健保九・〇万円（同一八・〇万円）、共済組合一一・〇万円（同二二・〇万円）である。なお、二〇〇三年四月より総報酬制が導入されており、保険料算定の基となる給与には賞与も含まれている。

国民健康保険料[*20]の負担は、いわゆる応能割（所得割、資産割）と応益割（世帯別平等割、被保険者均等割）で算定される。具体的には、二方式（所得割五〇％、被保険者均等割五〇％）、三方式（所得割五〇％、被保険者均等割三五％、世帯別平等割一五％）、あるいは四方式（所得割四〇％、資産割一〇％、被保険者均等割三五％、世帯別平等割一五％）のいずれかにしたがい、被保険者世帯ごとに保険料（課税）額が決まる。多くの自治体では四方式を採用している。

社会保障の財政が応能負担を原則とするならば、応益割ではなく応能割が望ましい負担方式である。そして所得割の計算方式について、現状では住民税にもとづく方式と旧ただし書き方式[*21]が併存しているところ、二〇一五年度以降は後者に一本化されるという。問題は、旧ただし書き方式が採用された場合、所得の算定において各種の所得控除や税額控除が適用されないため、変更の前後で所得が変わらないのに保険料が増加することである。また、住民税方式では均等割しか課せられなかった低所得の世帯に対しても、新たに所得割が課せられることもある。[*22]現状よりも負担の逆進性が強まるわけであり、各市町村などにおける保険料減免制度の改善が並行して行なわれなければ、低所得世帯の負担が一方的に重くなってしまう。

保険料の負担には、保険者間で大きな格差がある。まず、被用者保険にある被扶養者の制度が国保にはなく、応益割が最低五〇％は課せられるため、国保加入者の保険料負担は相対的に重くなる。表2に示したように、協会けんぽ加入者の一世帯当たり平均所得は二四五万円、平均保険料（本人負担）は八・六万円に対して、市町村国保の世帯当たり平均所得は一五八万円、平均保険料は世帯当たり一四・六万円に達する。かりに事業主負担がすべて労働者に転嫁されたとしても、協会けんぽの平均保険料は事業主負担込みで一七・一万円であり、やはり世帯所得に比例した保険料負担にはなっていない。国民健康保険と被用者保険との間には、保険料負担の点で不公平が存在するわけである。[*23]

(3) 保険給付

公的医療保険の法定給付は、療養の給付（家族療養費）、訪問看護療養費、入院時食事療養費、療養費、移送費、高額療養費などの医療給付と、出産育児一時金、埋葬料（葬祭料）、傷病手当金、出産手当金などの医療給付以外の現金給付とに大別される。また、組合健保には組合が独自で実施する付加給付もある。[*24]

療養の給付や訪問看護療養費は、費用の三割を患者が負担し、残りは保険から現物給付される。ただし、就学前の児童や七〇歳以上七五歳未満高齢者の自己負担は二割（課税所得一四五万円以上は三割）、後期高齢者は一割の自己負担である。保険からの給付割合に関しては、入院・外来を問わず、また被保険者か被扶養者であるかを問わず、保険者の間に違いはない。

入院時食事療養費や入院時生活療養費は、患者給食費や居住費にかかわる現物給付であり、これらに対しては定額の自己負担額が定められている。たとえば、食事療養標準負担額は一食につき二六〇円、生活療養標準負担額は一食につき四六〇円プラス居住費三二〇円などである。自己負担については、市町村民税非課税などに該当する低所得者に対する軽減がある。

保険給付の観点からみた日本の医療保険制度の特徴は、第一に、医療に密接にかかわる部分については、現物給付を基本としていることである。患者がいったん医療費の全額を立て替える事後償還払い制と比較して、現物給付は受診の金銭的なハードルが低くてすむという利点がある。また、混合診療禁止の原則とセットになることで、傷病の治療に必要な一連の医療行為を、不可分一体のものとして提供することも可能にする。[*25] 現物給付の原則は、受診時の経済的な障壁を低くし、また必要な医療を公的保険で提供するために不可欠である。

第二の特徴は、自己負担が定率三割と高率なことである。患者自己負担に関しては、不必要な受診を手控えさせ、医療費のむだを省くためという説明がなされる。しかし、医療の場合は、何が必要で何が必要でないか、患者が事前にわかるわけではない。そのため、高率の自己負担は、とくに低所得者に対して、不必要な受診だけでなく、必要な受診をも抑制してしまう危険がある。[*26] ただし、日本では高額療養費制度が設けられているため、国民医療費ベースでは、患者負担の割合は一五%程度におさまっている。

第三に、傷病手当金と出産手当金の取り扱いである。傷病手当金は、被保険者が業務外の理由で労働不能となった場合に、最長で一年六か月の間、一日につき標準報酬日額の三分の二相当額を支給する。同じく出産手当金は、産休中（出産日前四二日から出産日後五六日まで）、一日につき標準報酬日額の三分の二相当額を支給する。これら二つの手当金は、休業期間中の所得保障として、大きな役割を果たす。しかし、国民健康保険においては、傷病手当金と出産手当金がともに任意給付とされ、実施している市町村はない。国保加入者が病気やけがの治療に専念するために、手当金制度の改革が必要とされよう。

(4) 公費投入

協会けんぽや国保に対しては、公費投入がなされている。前掲の表2にまとめたように、協会けんぽの給付費に対する国庫補助率は一三％（二〇一二年度までは一六・四％）、国民健康保険や後期高齢者医療制度は給付費等の五〇％である。健保組合と共済組合には、原則として公費投入はない。

事業主負担がなく、また所得が不安定な者も多い国民健康保険に対しては、公費投入による財政的な支援が制度化されている。国保への公費投入は、定率国庫負担と調整交付金（国、都道府県）で医療給付費等の半分が占められ、さらに保険料（税）でまかなうべき残り半分に対しても、低所得者数に応じて保険料の一定割合を公費で補助する保険基盤安定制度、地方財政措置による財政安定化支援事業、そして各市町村からの一般会計繰入（法定内・法定外）などがある。二〇一〇年度の国民健康保険の収支状況をみると、保険給付費八兆八二九一億円（医療給付分のみ、以下同じ）に対して、保険料（税）は二兆七三六二億円、国庫支出金は三兆四六九億円、都道府県支出金八一〇九億円、法定外一般会計繰入は三九七九億円である。[*27]

市町村国保の財政危機を考えるとき、国庫負担の見直しの影響を看過できない。国保に対する定率国庫負担は、一九八四年には医療費の四五％であったものが、その後給付費の四〇％（医療費の三八・五％）へと変更され、さらに小泉構造改革において、定率国庫負担が給付費等の四〇％から三四％へと引き下げられた。構造改革では、さらに国の調整交付金も一〇％から九％へと引き下げられ、定率負担および調整交付金あわせて七％の国庫負担引き下げ分に対応して、都道府県の調整交付金が新たに設けられた。調整交付金は、本来は保険者である各市町村の財政力格差を調整することを目的とする交付金である。しかし、交付金額の算定において、国保保険料の収納率が低い自治体に対して交付金を削減するなど、国庫負担の切り下げに利用された経緯がある。都道府県の調整交付金においても、その交付基準や交付方法などを各都道府県が規定でき、さらに各市町村による医療費適正化のとりくみなども考慮して配分が決定されるため、同様の懸念がぬぐえない。

市町村国保に対する公費投入として、さらに各市町村による法定外の一般会計繰入を指摘できる。法定外の一般会計繰入は、事後的に決算を補填するだけでなく、国保保険料の軽減に寄与している。二〇一〇年度の法定外一般会計繰入三九七九億円を国保被保険者数三五六六万人で割ると、一人当たり平均で一万円程度の保険料負担が軽減される計算となる。すでに述べたように、保険料負担には保険者間で不公平があり、国庫負担も抑制されるなかでは、各市町村の一般会計繰入が果たす役割は大きいものがある。それだけに、市町村国保の都道府県単位への再編によって、法定外一般会計繰入が難しくなれば、国保の保険料が上昇し、保険料負担の不公平がさらに強まる恐れがある。

3 「社会保障と税の一体改革」と今後の社会保険制度

今後の日本がめざすべき新しい福祉国家においても、さしあたりは国民皆保険を堅持することが不可欠である。本章ではもっぱら医療保険のみをとりあげたが、年金保険や労働保険の重要性についても、論を俟たないであろう。

問題は、形式的に皆保険制度を存続させるだけではなく、その実質の充実をはかることである。基本的な方向性としては、社会保険における排除原理を緩和して、公平な社会保障制度とするためには、応能負担の原則に立って社会保障の負担を求め、あわせて社会保険における事業主負担の引き上げと、公費投入の拡充による財政基盤の強化をはかる方向で、制度を改正していく必要がある。また、医療保険においては、前節で述べたように、高率の患者負担、保険料負担の逆進性、国保における手当金の問題など、改善すべき課題が数多く残されている。そうした問題を改善するためにも、現物給付の原則と混合診療禁止の堅持、自己負担の引き下げ、保険者間の不公平の是正にもとりくむべきである。

しかしながら、昨今の社会保障をめぐる改革論議においては、そうした課題を改善することよりも、むしろ財政危機を理由に、社会保障の給付を切り下げ、負担の逆進性を強める方向で、制度の見直しが検討されてきた経緯がある。

本章の締めくくりとして、「社会保障と税の一体改革」についてふれておきたい。二〇一二年八月、民主党、自民党、公明党の三党合意をへて、「社会保障と税の一体改革」関連法案（一五法案）が成立した。本章との関連で、とくに社会保障制度改革推進法、消費税法改正、そして国民健康保険法改正の三法をとりあげる。

第一に、社会保障制度改革推進法では、今後の社会保障制度改革の基本的な考え方として、自助、共助および公助が最も適切に組み合わされるよう留意することと、社会保障給付に要する公費負担の主要な財源は消費税収をあてることが定められた（第二条）。ここで「共助」とは社会保険のことをさし、年金・医療・介護は社会保険を基本とするという。

医療制度改革に関連して、看過しえないのは、公的医療保険制度に「原則として全ての国民が加入する仕組みを維持する」との表現がもちこまれたことである（第六条）。「原則」という文言は、論理的に「例外」を想起させる。保険主義を強化し、保険料の滞納者などを公的保険から除外することを意味するのかどうか、今後の政策論議に注目したい。

同じ第六条では、保険給付の対象となる療養の範囲の適正化も記されており、保険外併用療養費制度の拡大、ひいては混合診療の解禁に向けた法制度改正がなされるのか、こちらも注意を払う必要がある。介護保険制度改革においても同様に、保険給付の範囲の適正化が明記されている（第七条）。

社会保障制度改革の具体的な中身は、社会保障制度改革推進法にもとづいて創設された社会保障制度改革国民会議での審議による。第一回および第二回の議論においては、とくに介護分野について、「重点化・効率化について骨太の方針を示すべき」「医療の三割負担を踏まえ、介護でも一定以上所得者の自己負担の議論を進めるべき」などの論点が検討されたという。[*28]

第二に、消費税の増税である。今回の法改正により、地方消費税分もあわせて、二〇一四年四月から八%、二〇一五年一〇月から一〇%へと引き上げることとなった。社会保障制度の財源確保が増税の目的だと喧伝されたにもかかわらず、消費税法附則第一八条においては、「成長戦略並びに事前防災及び減災等に資する分野に資金を重点的に配分する」との文言が盛りこまれ、増税分が社会保障にあてられるかどうか不透明である。社会保障制度改革国民会議においても、「医療・介護を充実するための一・六兆円の財源と中身を議論すべき」との主張がなされたという。おなじ附則第一八条では、消費増税の停止を含めた措置に関しても記されており、今後とも注視する必要がある。

第三に、国民健康保険法の改正である。今回の改正では、「財政基盤強化策の恒久化」として、①保険料軽減の対象となる低所得者数に応じて保険者に対して財政支援する、保険者支援制度が創設され、国、都道府県、市町村がそれぞれ五〇%、二五%、二五%の割合で負担する仕組みがつくられるとともに、②高額医療費共同事業および保険財政共同安定化事業において、国保財政の都道府県単位化が推進されることとなった。さらに、③都道府県調整交付金の割合を九%に引き上げ（定率国庫負担を三二%に引き下げ）

も決定された。保険者支援制度の評価は今後を俟たねばならないが、国保の広域化と国庫負担割合の引き下げをめぐっては先にふれたような懸念もあり、国民健康保険をめぐる制度改革論議のゆくえについても、目が離せないわけである。

◉注

＊1　社会保障制度審議会「社会保障制度に関する勧告」(一九五〇年一〇月一六日)。社会保険を中心にすえることの根拠として、同勧告は、社会連帯の精神および自主的責任の観念も強調している。「そうして一方国家がこういう責任をとる以上は、他方国民もまたこれに応じ、社会連帯の精神に立って、それぞれその能力に応じてこの制度の維持と運用に必要な社会的義務を果たさねばならない」「国民が困窮におちいる原因は種々であるから、国家が国民の生活を保障する方法ももとより多岐であるけれども、それがために国民の自主的責任の観念を害することがあってはならない」

＊2　保険主義という概念については、「社会保険における拠出と負担の関連を強調する観点から、滞納保険料対策や未納者への給付制限を強め、また社会保険に対する公費投入を問題視する主張や施策」のことと理解されたい。保険主義の強化は、いわゆる新自由主義的な社会保険改革論の一つの柱をなす。福祉国家と基本法研究会・井上英夫・後藤道夫・渡辺治編著『新たな福祉国家を展望する――社会保障基本法・社会保障憲章の提言』(旬報社、二〇一一年)八〇～八一頁を参照。

＊3　この点では、同じ社会保険方式をとりながら、社会保険料収入が財源の大部分を占めるドイツやフランスとは異なる。

＊4　一八八〇年代から九〇年代にかけて制定された、いわゆるビスマルク社会保険立法が、社会保障の嚆矢である。ただし、雇用保険はこのときに制定されず、一九一一年のイギリスが先鞭をつけることになる。

＊5　職域保険はさらに、一般労働者を対象とするものと、共済組合や船員保険など、特定職域を対象とするものに細分される。

＊6　国以外の経営主体としては、共済（国家公務員、地方公務員、私立学校教職員）、厚生年金基金（代行給付）などがある。

＊7　一部保険（underinsurance）とは、保険給付で保険事故の損害を十分にカバーできない保険をいう。たとえば、既往症に対して保険が適用されない、あるいは保険からの支払いに上限が設けられているような保険のことである。

＊8　賦課方式では、少子高齢化が進めば現役世代の負担が増大するという欠点もある。

＊9　かつて脱退制度（オプト・アウト）を認めていたドイツでは、無保険者の多くが富裕層であったという。反対に、米国では、無保険者の大多数は現役世代の中・低所得者である。

＊10　Medicare Advantage ないし Medicare Part C（Choice のC）と呼ばれる。これら民間保険は、通常のメディケア（入院保険および医師診療保険）とは給付内容も若干異なる。

＊11　リスク評価（risk rating）が適切になされない場合は、逆選択の問題にくわえて、高リスク者が一部保険となる事態もまねいてしまう。

＊12　吉原健二・和田勝『日本医療保険制度史（増補改訂版）』（東洋経済新報社、二〇〇八年）、島崎謙治『日本の医療』（東京大学出版会、二〇一一年）。なお、第二次大戦後、労働基準法や労働安全衛生法の制定にともない、健康保険と労災保険が分離され、労災保険料は全額事業主負担となった。

＊13　実務でも、社会保険料の事業主負担は法定福利費として人件費に含まれる。

＊14　日本経済団体連合会『国民生活の安心基盤の確立に向けた提言（資料）』の「『税・社会保険料負担と経済成長率の関係』に関するパネル推計結果概要」では、事業主負担が一〇ポイント上昇するごとに、実質経済成長率が〇・五四％低下するとの推計結果が示されている。http://www.keidanren.or.jp/japanese/policy/2011/014/shiryo.pdf を参照。

＊15　OECD, *Revenue Statistics*, 2011.

＊16　表1では雇用保険にも財源の三割以上を占める公費が投入されているが、これは雇用保険事業の全体に関する数値である。失業給付等にかかわる国庫負担については、本来の国庫負担割合二五％に対して、暫定的に一三・七五％に抑制

されている。

＊17　また、「社会保障と税の一体改革」の議論において、消費税を社会保障目的税とすることも検討された。消費税の社会保障目的税化については、消費税収の使途を社会保障関係費に限定することよりも、むしろ消費税率を口実に社会保険への公費投入に上限を課し、社会保障の給付全体を抑制することのほうが、懸念されよう。

＊18　被保険者の直系尊属・卑属、配偶者、弟妹以外の親族については、同居も要件とされる。

＊19　後期高齢者医療制度の保険者は、都道府県ではなく、区域内の全市町村で構成される後期高齢者医療広域連合である。

＊20　九割の市町村では「国民健康保険税」の名称が用いられている。負担という観点からすれば税も保険料も同じであるが、しかし納付が保険給付の要件とされている点に着目すれば、拠出と受給に関連が存在する以上は、社会保険料とみなすことができる。

＊21　所得金額から基礎控除額三三万円を引いた額に保険料率を乗じる方式。

＊22　たとえば、東京都特別区長会のウェブサイトでは、住民税方式から旧ただし書き方式への変更にともない、均等割のみ世帯の比率が四七・〇％から四一・八％へと減少したことが記されている。http://www.tokyo23city-kuchokai.jp/katsudo/kokuho_iko.html を参照。

＊23　市町村国民健康保険の各保険者の間にも、一人当たり平均保険料で三倍から五倍の格差が存することが知られている。

＊24　組合健保等の加入者の場合、一部負担還元金の制度が付加給付として実施されることで、実質的な負担が軽減されることが多い。二〇〇九年度には組合健保の七一・二％が一部負担還元金を実施していた。

＊25　混合診療解禁論は、一連の医療サービスを分割可能とみて、保険診療と保険外診療を患者が自由に組み合わせる見方をとる。島崎・前掲書、二四四頁などを参照。

＊26　エリアス・モシアロスほか（一圓光彌監訳）『医療財源論――ヨーロッパの選択』光生館、二〇〇四年。

＊27　厚生労働省『平成二二年度　国民健康保険事業年報』。なお、国民健康保険の収支状況には介護保険や前期高齢者医療にかかわる収入、後期高齢者支援金その他の支出も含まれることもふまえて、市町村国保全体の収支をみると、二〇

一〇年度は一三五三億円の黒字、基金取崩や国庫支出金の清算などを考慮した実質単年度収支は三一八億円の赤字、決算のための法定外一般会計繰入を除くと約三九〇〇億円の赤字であった。

＊28　首相官邸ウェブサイト（http://www.kantei.go.jp/jp/singi/kokuminkaigi/kaisai.html）。

（髙山一夫）

第4章

現代日本の「社会保障と税の一体改革」をめぐる二つの道

二〇一二年六月二六日、民主・自民・公明三党などの賛成により、消費増税法案を含む「社会保障と税の一体改革」関連八法案（以下、一体改革関連法案と略）が衆議院で可決され、参議院に送付された。この法案の衆議院での採決をめぐって民主党は分裂し、同党を離党した小沢一郎ら衆参国会議員は新党「国民の生活が第一」を結成した。民主党から小沢ら多数の離党者が出たものの、民主・自民・公明による事実上の「大連立政権」のもと、同法案は参議院で八月一〇日に可決、成立した。

一体改革関連法案として結実した「社会保障と税の一体改革」（以下、一体改革と略）とは、グローバル化時代において支配層が追求する新自由主義型国家構想が具体化されたものにほかならず、新自由主義路線が転換されないかぎり、執拗にうちだされつづける性格のものである。そこで本章では、野田前政権が与党の分裂まで引き起こしながらもあくまで追求し、法案の成立にまでこぎつけた一体改革とは何だったのか、また今後いかなる意味をもってくるのかを検討したうえで、現代日本において真に求められているのは、新自由主義型国家構想としての一体改革ではなく、「新しい福祉国家」構想であることを明らかにしたい。なぜいまあらためて一体改革をとりあげるのかといえば、一体改革とは正反対の方向を向いた、新自由主義路線からの転換をめざす構想が「新しい福祉国家」構想であり、一体改革の問題点を明らかにすることによって「新しい福祉国家」構想のめざすべき道が照らし出されるからである。つまり、一体改革を批判的に検討することによって、「新しい福祉国家」構想の入口がみえてくるのである。

1 「社会保障と税の一体改革」の展開

(1) 一体改革の目的と中身

一体改革の目的＝消費税増税

一体改革とは、「社会保障・税一体改革大綱」（二〇一二年二月一七日閣議決定。以下、「大綱」と略）によると、「社会保障の機能を維持するために消費税を増税して安定財源を確保することと、財政の健全化を同時に達成すること」である。つまり、社会保障費はこれから高齢化による自然増でふくれあがっていくけれども、現在の日本は累積債務が多すぎるので、社会保障財源をこれ以上の公債発行に頼ることはできない。そこで安定財源としての消費税を増税して、ふくれあがる社会保障費をまかない、浮いた税収を債務返済にまわして財政健全化をはかる、というのが一体改革の表向きの説明である。図式的に書けば、「社会保障機能強化＋消費税増税」によって財政健全化を達成するのが一体改革であるということになる。

しかし本章で明らかにするように、一体改革の真の目的は、「社会保障機能強化」ではなく消費税の増税である。つまり「社会保障機能強化」を口実にして消費税増税をはかるというのが、一体改革の目的なのである。しかも口実としての「社会保障機能強化」とは、実際には社会保障の圧縮を主な中身としたものである。したがって一体改革とは、「社会保障機能強化＋消費税増税」を形式にしながらも、実際には「社会保障圧縮＋消費税増税」を基本的な中身とするものであることを、まず確認しておく必要があるだろう。[*1]

構造改革の弥縫《びほう》策から「再起動」策としての一体改革へ

一体改革が、基本的には「社会保障圧縮＋消費税増税」を中身とするものであるといっても、実際には、日本における構造改革の進捗段階に応じて、その力点のおかれ方やうちだされ方には変化がみられる。

次の(2)でみるように、財界ら支配層が最初にうちだした一体改革というのは、この「社会保障圧縮＋消費税増税」という中身をストレートにうちだしたもの、つまり、構造改革推進策としての一体改革であった（「原型」一体改革構想と呼んでおく）。

しかし、福田政権によって、はじめて具体的な政治課題としてとりあげられた一体改革は、「社会保障圧縮＋消費税増税」という「原型」一体改革構想に直接そったものではなく、構造改革の弊害（格差社会化、貧困化など）に一定程度対処するという、構造改革の弥縫策としてうちだされたものであった。弥縫策としてうちだされたこのときの一体改革は、「社会保障機能強化＋消費税増税」という一体改革の形式に、その中身がきわめて近いものであった。文字どおり「機能強化」「維持」という中身をもつものであったのである（「修正」一体改革構想と呼んでおく）。

だが、こうした「修正」一体改革構想をもってしても、構造改革への国民の怒りは抑えきれず、民主党政権の誕生につながる。そして国民の反構造改革の声を受け、鳩山民主党政権は、構造改革の枠から外れた諸施策、つまり、子ども手当、農家戸別所得補償、高校授業料無償化、生活保護における母子加算の復活などの福祉国家的な施策を、一部ではあれ実施したのである。しかし、こうした構造改革の枠を逸脱した鳩山政権を、ふたたび構造改革の枠内に引き戻すべく、財界やマスコミなどは、同政権に激しい圧力をかけた。その圧力に抗しきれず、鳩山政権は崩壊し、菅政権が誕生することとなったのである。

同じ民主党政権といっても、鳩山政権と、菅および野田政権との決定的な違いは、前者が国民の反構造改革への期待を受けて成立した政権であったのに対し、後者は財界など支配層の構造改革推進・実行への期待を受けて成立した政権であったことである。こうした文脈に照らせば、菅政権、そして野田政権下でうちだされた一体改革が、停滞していた構造改革を「再起動」させるためにうちだされたものであるのは当然であった。したがって、この段階の一体改革は、「社会保障圧縮＋消費税増税」を中身とした、「原型」一体改革構想と同様のものとなったのである。

したがって、日本における構造改革の進捗度合いに応じて、一体改革の中身も、「原型」一体改革↓「修正」一体改革↓「原型」一体改革というような軌跡をたどることとなり、最終的に野田政権下で成立した一体改革関連法として結実したということができるであろう。

(2) 一体改革の政治過程

では、「原型」↓「修正」↓「原型」という過程をたどった一体改革の軌跡を、もう少し詳しくみてみよう。

「原型」一体改革構想の提起

「社会保障圧縮＋消費税増税」を中身とする「原型」一体改革構想を最初に提起したのは財界であった。財界をはじめとした支配層は、次に述べるように、構造改革が着実に進められているかぎりにおいて、小泉政権の徹底した社会保障圧縮路線を容認したものの、同政権が消費税増税を封印したことに対しては強い不満を抱いていた。たとえば、経済財政諮問会議（以下、諮問会議と略）に民間議員として参加していた奥田碩（経団連会長＝当時）は、「社会保障に関しては、給付の重点化と効率化の努力を続けても、なおまた増加する部分が生ずる可能性も高いので、相当徹底的に議論しなければいけないだろうと思っておりますので、この辺りを、歳出削減を本格的に議論しながら、公平・公正な財源として消費税などの議論をしていくのであれば、こういうものも検討課題の一つと認識してもいいのではないか。こういったことを今後の諮問会議の運営についてお願いしたいと思っております[*2]」と、消費税の増税が小泉政権下でまともにとりあげられない現状に不満を述べていたのである。

財界は、社会保障圧縮と消費税増税をセットで行なうという一体改革を、すでに二〇〇四年に提起しており（日本経団連「社会保障制度等の一体的改革に向けて」二〇〇四年九月二一日）、以後再三にわたり一体改革の実行を求めていた。そして福田政権下で、一体改革が現実の政治課題としてとりあげられるようになったことにあわせ、それまでの提言を整理し、体系化して提起したのが「税・財政・社会保障制度の一体改革に関する提言――安心で活力ある経済社会の実現に向けて」（日本経団連、二〇〇八年一〇月二日）であった。このなかで経団連は、社会保障圧縮と消費税増税を同時に行なうことが不可欠であることを強調したのである。経団連がここで提起した「社会保障圧縮＋消費税増税」を中身とする一体改革こそは、「原型」一体改革構想の定式であった。

一体改革前史――小泉政権

小泉政権は、財界から一体改革を求める要求が再三にわたって出されていたにもかかわらず、「社会保障費の毎年二二〇〇億円圧縮」に象徴されるように、消費税増税を封印し、徹底した歳出削減路線をとった。たとえば、諮問会議が二〇〇六年四月七日にまとめた『歳出・歳入一体改革』中間とりまとめ」では、「社会保障のための安定的な財源を確保し、将来世代への負担の先送りをやめる」と述べられており、「社会保障のための安定的な財源」が消費税をさすことは明らかであったが、消費税という言葉は一切使わず、「政府の徹底したスリム化」「成長力強化による財政健全化」などの歳出削減策、成長力強化策ばかりが強調されていたのである。

なぜ小泉政権は、消費税の増税をまともに検討しなかったのか。それは諮問会議の席上、小泉自身が「歳出削減をどんどん切り詰めていけば、やめてほしいという声が出てくる。増税してもいいから必要な施策をやってくれという状況になってくるまで、歳出を徹底的にカットしなくてはいけない。そうすると消費税の増税幅も小さくなってくる」[*3]と述べているように、安易な消費税増税は財政規律の弛緩につながり、構造改革が停滞・頓挫してしまうことを危惧したからであった。

この言葉にしたがえば、小泉政権は、社会保障を中心とした歳出削減路線に一定の目途をつけ、「社会保障に飢えた」国民が増税を受けいれざるをえなくなった段階で消費税増税を行なう、という目論見であったが（消費税増税はポスト小泉政権の課題とされた）、実際には、小泉のこうした目論見とは異なるかたち、つまり、「修正」一体改革構想として消費税増税は登場せざるをえなくなったのである。構造改革をマラソンに例えるならば、小泉政権の歳出削減一辺倒の構造改革というのは、ランナーに水を与えずに走らせ、徹底的に贅肉《ぜいにく》をそぎ落とすようなものであり、小泉は、ランナーが「もう走れない」と音《ね》をあげるまで待ってから、はじめて水を与えるつもりであった。そうしないと水ばかり飲んで（財政規律がゆるんで）、走れなくなってしまう（構造改革がストップしてしまう）からであった。しかし現実には、給水所にたどりつく前にランナーが倒れてしまい（構造改革の継続が困難になってしまい）、心肺停止の状態に陥ってしまったのである。したがって、はからずもランナーへの蘇生措置が必要となり、その蘇生措置として登場したのが、次に述べる福田・麻生政権における「修正」一体改革構想なのであった。

構造改革の弥縫策としての「修正」一体改革の登場――福田・麻生政権

小泉政権の徹底した歳出削減一辺倒の構造改革により、日本では格差社会化・貧困化が進み、構造改革への国民の支持は急速に失われていった。小泉政権を継いだ安倍政権（第一次）は、そうした国民の不満、反構造改革の声を受け、二〇〇七年の参院選で大敗し、短命政権に終わった。一方の民主党は、国民の間に広がっていた反構造改革の声を受けて躍進したのである。

参院選での敗北による「ねじれ国会」の出現、国民の間に広がる反構造改革の世論などを受けて、安倍政権を継いだ福田政権、そして次の麻生政権は、小泉政権で進められた構造改革急進路線の修正に着手する。その修正路線としての一体改革を提起するために、福田政権が二〇〇八年一月に立ちあげたのが、社会保障国民会議（以下、国民会議と略）であった。
国民会議は約一〇か月の議論をへて、同年一一月に「最終報告」を発表した（「最終報告」を受けとったのは麻生政権）。その基本的な考え方は、小泉政権の社会保障構造改革により、「社会保障制度と経済財政との整合性、制度の持続可能性は高まった」[*4]としながらも、社会保障制度は「少子化対策への取組の遅れ、高齢化の一層の進行、医療・介護サービス提供体制の劣化、セイフティネット機能の低下、制度への信頼の低下等の様々な課題に直面して」[*5]おり、「必要なサービスを保障し、国民の安心と安全を確保するための『社会保障の機能強化』に重点を置いた改革を進めていくことが必要」[*6]であり、「社会保障機能強化」に必要な財源として消費税の増税が必要である、というものであった。「社会保障機能強化＋消費税増税」という「修正」一体改革構想の登場である。
「社会保障の機能強化」とは、構造改革によって縮小・破壊された社会保障を、一定程度、いってみれば、国民の構造改革への不満をやわらげる程度に強化する（＝支出を増大させる）という意味であり、そのために消費税増税をうちだした点が、「原型」一体改革構想とは異なる、この一体改革の「新しさ」であった。小泉政権下で行なわれた構造改革を急進路線というのであれば、「最終報告」でうちだされたのは、漸進路線にもとづく一体改革とでもいうべきものであった。[*7]
とはいえ、「最終報告」などでうちだされた「修正」一体改革構想は、しょせん、構造改革の枠内での修正にすぎず、構造改革路線を転換するようなものではなかったことにも、注意しておく必要がある。なぜならば、第一に、「社会保障機能強化」とは、あくまでも「弥縫措置」にすぎず、社会保障の充実策ではなかったからであり、第二に、社会保障の財源はあくまで消費税であり、社会保障を「口実」に消費税増税をはかるという一体改革の枠組みを逸脱するものではなかったからである。

「修正」一体改革から「原型」一体改革への変質――菅政権

福田・麻生両政権で追求された「社会保障機能強化＋消費税増税」を内容とする一体改革は、結局実行されないまま（実行できないまま）、民主党への政権交代が行なわれた。二〇〇七年の参院選による敗北を手始めに、構造改革に対する国民の反発は大きくふくらんでおり、「修正」「漸進」とはいえ、構造改革の枠組みを出ない小手先の改革では、とうてい国民の構造改革に対する不満は解消されなかったのである。

民主党政権を成立させたのは、そうした国民の構造改革への不満が要因の一つであった。[*8] しかしながら、国民の反構造改革への期待を受けた鳩山政権は、同政権がうちだした子ども手当、農家戸別所得補償、高校授業料無償化、生活保護における母子加算復活などの施策が「構造改革の枠組みから逸脱している」として、財界・マスコミなどから猛烈な圧力を受け、菅政権以降の民主党政権は、基本的にはふたたび構造改革路線に軸足を移すこととなった。

鳩山政権のあとを受けた菅政権は、二〇一〇年参院選マニフェストで「早期に結論を得ることをめざして、消費税を含む税制の抜本改革に関する協議を超党派で開始します[*9]」と、消費税増税を検討することを掲げたが、功を急いだ菅は、選挙期間中により踏みこんで「税率一〇％」とまで口走ってしまったのである。構造改革の傷が癒えぬ国民からの猛烈な反発を受けて、「年収四〇〇万円以下は全額還付」などといってはみたものの、今度は構造改革推進派からの反発を受け、二〇一〇年参院選で菅民主党は敗北したのであった。

菅政権は、当初は「日本がギリシャのようにならないため」と、たんなる財政再建論としての消費税増税をうちだしていた。しかしこのような理屈ではとうてい国民の理解を得ることはできず、「ギリシャ」に代わる消費税増税の新たな口実が必要とされた。そこでもちだされたのが「社会保障の充実のため」という口実であり、そのための理論的な武器として、福田・麻生政権で検討されていた一体改革構想がふたたび活用されたのである。

したがって、菅政権が当初掲げた一体改革は、基本的には福田・麻生政権で追求された「修正」一体改革の路線を継承するものであった。つまり、社会保障を圧縮するという側面よりも、社会保障水準を維持するという側面のほうが強かったのである。また、高齢化などによる社会保障費の自然増に対応するため、何らかの財源上の手当てが必要になっていたこともあり、そのためにも消費税の増税が必要であることも強調された。このときに菅政権が掲げた一体改革が、福田・麻生政権下で検討されていた「修正」一体改革であったことは、二〇一〇年一二月六日に、民主党の「税と社会保障の抜本改革調査会」がまとめた『中間整理』のなかで、「少子高齢社会を克服する日本モデルに向けて、社会保障の水準を現在より引き上げる」、あるいは「厳しい財政状況を十分に認識しつつも、民主党としては、社会保障の水準を現在よりも切り下げるという選択肢は断固として排除」と述べられていることに、よくあらわれているといえよう。

しかし二〇一一年三月一一日に東日本大震災が起こり、「修正」一体改革路線は放棄されることになる。それは、震災復興という大規模な財政出動をともなう政策課題が発生したため、「社会保障機能強化と引き換えに消費税増税を」というロジックが使えなくなったからである。財界やマスコミをはじめとした構造改革推進派が、たとえ震災復興の名目であるとしても、財政規律をゆるめるようなことを認めるはずはなく、「震災復興のためには社会保障費の圧縮が必要である」と主張するのは、見やすい道理であった。たとえば経済同友会は、「震災以前から日本が厳しい財政状況に直面していることに鑑み、復興計画は財政健全化の道筋の中に描くものとする。したがって、税制・社会保障の一体改革や成長戦略などの諸改革も、復興計画と整合性のとれた形で遅滞なく実行する」[*10]と述べ、財政健全化の枠内で震災復興も一体改革も行なわなければならないばかりか、構造改革そのものが「停滞」しないよう釘を刺したのである。端的にいえば、「震災復興よりも構造改革・財政健全化を優先させよ」ということであった。政権発足当初から、すでに構造改革路線に軸足を移していた菅政権が、そうした財界からの「警告」を受けて、「修正」一体改革路線を放棄したのは、あたり前といえばあたり前であった。

こうしたなかで、二〇一一年六月三〇日に政府・与党社会保障改革検討本部において「社会保障・税一体改革成案」(以下、「成案」と略)が決定され、翌七月一日に閣議報告された。「成案」の特徴について、ここで確認しておく必要があるのは次の二点である。

第一に、これまでの社会保障構造改革のなかで、個別分野ごとバラバラに議論・検討が行なわれていた社会保障改革案を、一括して「成案」に組み入れたことである。それは「成案」に盛られた社会保障改革案をみれば明らかなように、保育などへの多様な事業主体の参入促進、平均在院日数の減少、外来受診の適正化、保険者機能強化、国保の都道府県単位化、介護保険給付の予防給付への重点化、年金のマクロ経済スライドの発動検討、年金支給開始年齢引き上げ、生活保護の適正化等々、社会保障の圧縮を中身としたものばかりであった。

第二に、「法人税率の引き下げ」が明記されたことである。そもそも一体改革というのは、次節で検討するように、消費税で社会保障財源をまかなうことによって、所得税や法人税負担を緩和するというのが目的の一つであり、「法人税率の引き下げ」が織りこみ済みであることは自明のことであったが、「成案」では、自明であるはずの「法人税率の引き下げ」を、わざわざ明記したのである。すでに菅政権は、「二〇一一年度税制改正大綱」において法人実効税率五％引き下げの実行を約束していたが、「成案」にあらためてそれを盛りこんだというのは、震災復興を理由として構造改革の手をゆるめることはしないという決意のあらわれでもあった。

以上のような特徴をもった「成案」は、もはや「社会保障機能強化」を中身とした「修正」一体改革とはおよそ呼ぶことはできず、「原型」一体改革へと変質したといえるであろう。

「原型」一体改革への回帰――野田政権

野田政権は、一体改革、TPP参加、原発再稼働、普天間基地問題など、支配層が焦眉の課題と位置づける諸問題を解決すること＝構造改革を実行することを最優先の課題とした政権であった。なかでも一体改革は、野田自身が「政治生命を賭ける」と宣言した課題であり、与党の分裂をへながらも、最終的に法案成立にまで漕ぎつけたのである。

野田政権下で最初に決定された「社会保障・税一体改革素案」（二〇一二年一月六日、政府・与党社会保障改革本部決定）は、「成案」よりもさらに構造改革を前面に掲げた内容のものであった。それは、一体改革とは直接関係のない議員定数の削減、公務員総人件費の削減、独立行政法人改革などの政治・行政改革を、わざわざ一つの章を設けて明記したことにあらわれている。行革などを一体改革に組み入れ、「身を切る覚悟」を国民の前に示して、消費税増税を一気に成し遂げようとしたわけである。

そして二月一七日の「大綱」の閣議決定をへて、三月三〇日に一体改革関連法案が提出された。そして民自公三党の修正合意に至って一体改革は、社会保障制度改革推進法案に象徴されるように、名実ともに「社会保障圧縮＋消費税増税」を中身とするものに変貌し、財界が最初に提起した「原型」一体改革構想に回帰することになった。

2　「社会保障と税の一体改革」の問題点

次に、一体改革にはどのような問題点があるのかをみていきたい。あらかじめ簡単に述べておくと、一体改革とは、現代日本における新自由主義型国家構想[*11]の一環にほかならず、したがって大企業や富裕層の利益になるものではあっても、決して国民大衆の利益になるものではないということである。こうした新自由主義型国家構想としての一体改革を批判し、克服することが、われわれが追求する「新しい福祉国家」への入り口につながっていくのである。はじめに、一体改革がなぜ登場したのかという点から検討していくことにしよう。

(1)　新自由主義型税制構築に不可欠の一体改革

一体改革の「主役」としての消費税

前節でみたように、一体改革とは「社会保障機能強化」を口実として消費税増税をはかることを目的とした改革であった。しかし「口実」というのは、「いいわけ」「逃げ口上」のことであるから、消費税増税の本当の理由が別にあるということである。その本当の理由というのが、あとでふれるように、所得税（とくに資産所得）、法人税、企業の社会保険料事業主負担などを引き上げない、あるいは引き下げるための消費税増税なのであり、そのために社会保障財源を消費税にリンクさせる（限定化させる）ことなのである。

さらに重要なのは、一体改革の「主役」はあくまでも消費税の増税であって、社会保障改革は「脇役」にすぎないということである。「脇役」である社会保障改革が「主役」の消費税増税よりも演技がうまいかにみえたのは「修正」一体改革のときだけ、つまり「社会保障機能強化」が名実ともに前面に出ていたときだけであった。しかし実際には、そうみえただけで、「機能強化」のための財源が消費税増税のみに求められた以上、社会保障改革が「主役」の座につくことはできなかったのである。

では、所得税や法人税といった他の税目ではなく、なぜ消費税を社会保障財源にあてようというのか。それを解く鍵は、グローバル化を背景とした新自由主義そのものに求められる。

「逃げない」税としての消費税

新自由主義とは、企業のグローバル化＝多国籍企業化を背景として、資本蓄積の足かせとなっている税制や社会保険料負担のあり方、その他、さまざまな規制を取り払い、資本の蓄積活動をふたたび活性化させるための思想、イデオロギー、戦略のことである。したがって、新自由主義改革（構造改革）とは、資本蓄積を阻害する既存の国家・社会の枠組み（福祉国家的枠組み）を、グローバル化のもとでの資本蓄積に適合的な枠組みに再編する改革であるということになる。

グローバル化のもとでの資本蓄積に適合的な国家・社会の枠組みとは、税制や社会保険料に限っていうと、法人税の減税（あるいは廃止）と、社会保険料における事業主負担の軽減が中心となる。なぜなら、法人税や社会保険料の事業主負担などは、グローバルに展開する企業にとっては競争力を直接阻害するものとされるからである。その理由としてもちだされるのが、資本の海外逃避論である。それは簡単にいうと、一国内で資本の活動が完結していた時代とは異なり、現代の資本は、多国籍企業としてグローバルに展開しているのであって、法人税や社会保険料の事業主負担が重ければ、より負担の少ない国へ逃避してしまうというものである。この論理は個人所得税（とくに資産所得）についてもいえることであって、個人所得税が重ければ、富裕層は税負担の軽い他の国や地域に逃避してしまうとされるのである。

したがってグローバル化時代には、法人税や個人所得税、とくに法人税に多くの財源を求めることはできず、一国内で完結し、企業の資本蓄積活動に「中立」な消費税（企業は消費税を負担しない）に、多くの財源を求めるほかはないという結論になるのである。たとえば、森信茂樹は、「企業は付加価値を生み雇用を支えてくれる金の鶏で、これが海外に移転すれば、わが国の経済は大きな打撃を受ける」[*12]ので、「法人税の引下げにより、わが国の付加価値を海外に流出させることを防ぐとともに、本来わが国に落ちるべき付加価値が落ちていない障害を取り除」[*13]くべきであると述べている。また消費税についても、「消費課税がなぜ効率的で経済成長促進型の税制といえるのかについては、……結論だけ述べれば、消費課税の本質が貯蓄・資本に課税しないことなので、経済に負荷をかける度合いが極めて少ない」[*14]と述べ、消費税が経済にとって「中立」な税＝資本蓄積を阻害しない税であることを強調しているのである。

新自由主義型税制構築のための一体改革

このように、グローバル化を前提とした新自由主義改革路線をとるかぎり、法人税の軽減（究極には廃止が求められる）と個人所得税の軽減（累進緩和や金融所得一体課税）、そして消費税の増税は不可避となる。こうした新自由主義型税制においては、基幹税としての法人税の比重が下がり（あるいは基幹税ではなくなり）、消費税は比重が増大して基幹税化されることになる。そして、わが国の一般会計歳出の約三割を占め、今後も増大していくとされる社会保障費（正確には社会保障関係費）については、「最後に残された税」である消費税でまかなうほかはないという一体改革が、不可避的に登場することになるわけである。

(2) 新自由主義型国家における税制・財政の特徴

次に、一体改革が構想する新自由主義型の税制や財政とはどのような特徴をもったものであるのかをみておく必要がある。新自由主義型国家がもつ税制・財政とは正反対の特徴をもつのが「新しい福祉国家」における税制・財政のあり方であるからである。

「勤労所得重課・資本所得軽課」[*15]

新自由主義型国家の財政・税制の第一の特徴は、勤労所得にはきわめて重く、資本所得（不労所得）にはきわめて軽いということである。先にみたように、新自由主義型国家においては、資本への課税が極力少ないほうが望ましいのであるから、それとは反対に勤労所得への課税は重くなることになる。海外へ「逃げる」所得には軽く、「逃げない」所得には重い税制と言い換えてもよい。具体的には、法人税率の引き下げ、社会保険料の事業主負担の引き下げ、金融所得一体課税、所得税の累進性緩和などが追求される一方、それによる税収の欠陥を埋めあわせるために、消費税の増税、租税ではないものの各種社会サービスの（よりいっそうの）応益負担化など、国民大衆への負担が強化されることになる。

しかし「勤労所得重課・資本所得軽課」の税制を、その言葉どおりに主張すれば、国民大衆の理解を得られるはずはないので、その本質を覆い隠すオブラートが必要になってくる。このオブラートには、「最適課税論」「タックス・ミックス」「国際的整合性」などさまざまなものがあるものの、いずれも「勤労所得重課・資本所得軽課」という新自由主義型税制の本質を、結果として覆い隠すものになるという点では共通している。

「垂直的所得再分配」から「水平的所得再分配」へ

第二に、財政の機能という点でいうと、新自由主義型の財政では、垂直的所得再分配機能が弱められ、水平的所得再分配機能が強化される。水平的所得再分配というのは、国民大衆同士のヨコの再分配のことである。いうまでもなく、水平的所得再分配型の税の典型が消費税である。

現代国家財政には、①所得再分配機能、②資源配分の効率化機能、③経済の安定化機能の三つの機能があるとされるが、いずれも「市場の失敗」を国家が防ぐ、あるいは是正するという機能にほかならない。新自由主義は、こうした機能を備えた現代国家を、「市場に介入する」邪魔者、あるいは敵対物とみなすから、新自由主義型国家においては、これらの機能はいずれも弱体化させられることになる。

税や社会保障に関して最も重要なのは、三機能のうち、①の所得再分配機能である。ここで想定されている所得再分配というのは、富裕層や大企業から低所得者層へ、ありていにいえば、「お金のあるところからお金のないところへ」という垂直的所得再分配のことである。垂直的所得再分配の機能を果たす税は、法人税や所得税などが中心である。

しかし、新自由主義型税制においては「勤労所得重課・資本所得軽課」が原則であるから、法人税や所得税（とくに資産所得）を用いた垂直的所得再分配は弱体化する、あるいは不可能になるとされる。そうすると、所得再分配のあり方としては、消費税による水平的所得再分配しか残らないということになるのである。

(3)「消費税の社会保障目的税化」の問題点

新自由主義型財政・税制は、(2)でみたように、「勤労所得重課・資本所得軽課」と水平的所得再分配を特徴としたものであった。この二つの特徴を備えた税目として最もふさわしいのが消費税である（とされる）。消費税自体がもつ問題点（逆進性、価格転嫁、滞納など）についてはすでに多くの指摘がなされているのでほかに譲り、[*16] ここでは消費税と社会保障とが一体改革という名で結びつくことにどのような問題があるのかを検討しておきたい。

「消費税の社会保障目的税化」とは何か——「あてる」から「まかなう」への論理の深化

消費税は、一体改革によって、社会保障財源に「あてる」ものから、社会保障財源を「まかなう」ものへと、その論理が深化させられてきた。この「まかなう」ものへという論理の深化、つまり「消費税の社会保障目的税化」こそが、一体改革を一体改革たらしめる重要なポイントとなるのである。

じつは、この「消費税の社会保障目的税化」は、表1をみれば明らかなように、例外はあるものの、基本的にどの一体改革構想においても実現がめざされてきた課題であった。つまり、「消費税の社会保障目的税化」は、一体改革をつらぬく基軸的な課題なのである。したがって、「消費税の社会保障目的税化」とは何を意味するのかを明らかにすることが、一体改革を解明するうえできわめて重要になる。

表1　主な一体改革関連政策文書における，社会保障財源に関する記述

年月日	内閣	文書名	社会保障財源に関する記述
2006年7月7日	小泉	経済財政諮問会議 「骨太の方針2006」	社会保障のための安定財源を確保し，将来世代への負担の先送りを止める。その際，国民が広く公平に負担し，かつ，経済動向等に左右されにくい財源とすることに留意する。また，そうした特定の税収を社会保障の財源として明確に位置付けることについて選択肢の一つとして検討する。
2008年10月2日	麻生	日本経団連 「税・財政・社会保障制度の一体改革に関する提言」	安心で信頼できる社会保障制度を実現していく上では，現役世代の負担に過度に依存する現行の財源方式を改め，国民全体で広く支えていく方向に見直さなければならない。その際，負担をできる限り将来世代に先送りすることなく，社会を構成する現世代の人々の間で分かち合っていくこと，また，直接税に偏重し安定性を欠いている現在の税収構造を，バランスのとれた体系としていくことが，とりわけ重要である。……こうした観点からは，増大する社会保障費用を消費税で賄うということが不可欠である。この場合，中長期的には消費税率が欧州主要国並みの水準になることは不可避である。
2008年11月4日	麻生	社会保障国民会議 「社会保障国民会議　最終報告」	社会保障の機能強化のために追加的に必要な国・地方を通じた公費負担は，その時点での経済規模に基づく消費税率に換算して，基礎年金について現行社会保険方式を前提とした場合には2015年に3.3～3.5％程度，2025年に6％程度，税方式を前提とした場合には2015年に6～11％程度，2025年で9～13％程度の新たな財源を必要とする計算になる。
2009年6月15日	麻生	安心社会実現会議 「安心と活力の日本へ」	政府に「社会保障勘定」を創設し，消費税を社会保障給付のための目的税として，その収入はすべてこの「社会保障勘定」に入れる，という方法も検討に値する。税負担が見返りのあるかたちで具体的な給付に使われることが明確になれば，不信の払拭と社会保障強化への合意形成の大きな助けとなる。
2011年6月30日	菅	政府・与党社会保障改革検討本部（閣議報告） 「社会保障・税一体改革成案」	●社会保障給付に要する公費負担の費用は，消費税収（国・地方）を主要な財源として確保する。 ●消費税を原則として社会保障の目的税とすることを法律上，会計上も明確にすることを含め，区分経理を徹底する等，その使途を明確化する（消費税収の社会保障財源化）。
2012年1月6日	野田	政府・与党社会保障改革検討本部（閣議報告） 「社会保障・税一体改革素案」	消費税収（国分）は法律上は全額社会保障4経費（制度として確立された年金，医療及び介護の社会保障給付並びに少子化に対処するための施策に要する費用）に充てることを明確にし社会保障目的税化するとともに，会計上も予算等において使途を明確化することで社会保障財源化する。
2012年2月17日	野田	野田内閣（閣議決定） 「社会保障・税一体改革大綱」	消費税収（国分）は法律上は全額社会保障4経費（制度として確立された年金，医療及び介護の社会保障給付並びに少子化に対処するための施策に要する費用）に充てることを明確にし社会保障目的税化するとともに，会計上も予算等において使途を明確化することで社会保障財源化する。
2012年6月20日	野田	民主・自民・公明三党共同提出 「社会保障制度改革推進法案」	社会保障給付に要する費用に係る国及び地方公共団体の負担の主要な財源には，消費税及び地方消費税の収入を充てるものとすること。

注）下線部は筆者による。
出典）一体改革関連文書より筆者作成。

消費税を社会保障財源に「あてる」という論理においては、消費税はあくまでも社会保障財源の一つにすぎないのに対し、消費税で社会保障財源を「まかなう」という論理においては、社会保障財源は消費税のみ、つまり「社会保障財源=消費税」という等式が成り立つことになり、両者の間に一蓮托生、運命共同体という関係が築かれるということを意味する。これが「消費税の社会保障目的税化」である。すなわち「あてる」から「まかなう」へという論理の深化は、「消費税の社会保障目的化」から、「消費税の社会保障目的税化」への深化ということである。[*17]

これまでの消費税は、予算総則上、「高齢者三経費」に「あてる」とされ、財務省はこれを「消費税の福祉目的化」と呼んでいる。「目的化」というのは、消費税を社会保障にあてると「宣言する」、あるいは「説明する」ということにすぎず、実際にあてられているかどうかは問われない。お金には色がついているわけではないので、実際に社会保障にあてられているのが所得税収、法人税収、消費税収、あるいは公債金収入など、どの歳入科目によるものなのかは確かめようがないからである。[*18] したがって「目的化」という場合には、「消費税収→社会保障財源」というように、矢印が一方向に向いているにすぎず、消費税は他の税目とともに社会保障財源を構成する税目の一つ、つまり一般財源にとどまるのである。[*19]

しかし「目的税化」という場合には、「消費税収→社会保障財源」から、「消費税収↔社会保障財源」というように、矢印が双方向に向く関係、あるいは「社会保障財源=消費税収」という等式の関係に変化する。つまり、消費税収を社会保障財源に「あてる」ということのみならず、「社会保障財源は消費税に限る」という関係が築かれることになり、消費税収は特定財源化されることになるのである。

ただし一言つけくわえておくと、実態として「消費税収＝社会保障財源」という等式が成り立つかどうかは重要ではない。現実には消費税率を一〇％に引き上げたとしても、現在五％の消費税収があてられている（と説明される）「高齢者三経費」すらまかなえないし、ましてや「成案」や「大綱」に盛られた「社会保障四経費」などはとうていまかなえるものでない。実際、二〇一二年八月に成立した一体改革関連法は、厳密な意味で「消費税収＝社会保障財源」という等式を満たすものとはならなかった。しかし、社会保障制度改革推進法第二条四項で「社会保障給付に要する費用に係る国及び地方公共団体の負担の主要な財源には、消費税及び地方消費税の収入を充てるものとすること」とされているように、消費税の社会保障目的税化の枠組みが残されていると同時に、社会保障改革については自助・自立を基本とした枠組みで改革を行なうことも謳われており、「社会保障圧縮＋消費税増税」という一体改革の形式が維持されていることには留意しておく必要があるだろう。

以上のように、一体改革において重要なのは、目的税化、つまり「社会保障財源＝消費税収」という形式が保たれることによって、消費税以外の税目と社会保障財源との関係が遮断されることにある。[*20]

「消費税の社会保障目的税化」のどこが問題なのか

では、なぜ「消費税の社会保障目的税化」は問題なのであろうか。さしあたり指摘しておかなければならないのは、次の五点である。

第一に、そもそも「目的税」が、近代国家の予算原則の一つであるノン・アフェクタシオン原則（特定の収入を特定の支出に結びつけてはならないという原則）に違反することである。しかも消費税収は、二〇一〇年度の数字によると、一般会計歳入額に占める割合が二四・二%と、所得税収の三一・三%に次いで二番目の規模を誇る税目である[*21]（ちなみに法人税収は二一・六%）。このような巨額な税収をまるごと目的税にしている国はどこにも存在せず、異様というほかはない。

第二に、消費税収の増減によって社会保障の水準が決まる、あるいはその逆という関係がつくりだされることである。つまり、社会保障水準の維持・向上のためには消費税増税を受けいれるか、あるいは消費税を増税しないのであれば社会保障の圧縮を受けいれるかというように、社会保障と消費税とが相反の関係におかれることである。一体改革では、消費税増税によって社会保障の水準を維持・向上させると説明されてきたのはこれまでにみたとおりである。しかし、実際にはこれは幻想、錯覚にすぎないであろう。というのは、消費税の増税によって社会保障が充実するなどということは、次の二つの理由からいってまずありえないことだからである。一つは、そもそも新自由主義にもとづいた社会保障構造改革というのは、社会保障を圧縮する改革であるということである。現に「成案」や「素案」「大綱」などの一体改革構想に盛られた社会保障改革案の内容をみても、前節でもふれたように、「重点化・効率化」という名の圧縮策、あるいは市場化策ばかりである。もう一つは、日本のように社会保障が国民の生活保障に果たす役割が小さく、主に賃金所得によって「生活保障」がなされているような国家においては、賃金所得を直接侵食する消費税増税よりも、社会保障を圧縮して消費税増税を抑えるというインセンティブが働きやすいことである。

第三に、そもそも社会保障の目的と、消費税がもつ逆進性や水平的所得再分配機能とが、相いれない関係であることである。社会保障の目的は、所得再分配をつうじて格差を是正し、貧困を防止することにあるのであり、消費税の逆進性はそもそもその目的に反する。また格差や貧困を是正するという社会保障の目的にそった所得再分配というのは、垂直的所得再分配が原則とならなければならないはずである。しかし先ほどふれたように、消費税による所得再分配というのは水平的所得再分配であるから、垂直的所得再分配が原則であるはずの社会保障と、水平的所得再分配にすぎない消費税とは、最初から水と油の関係にあるのである。

第四に、「連帯」や「共助」といった理念にもとづいた「社会保障」制度が、財源の面からも裏づけられてしまい、名実ともに社会保障が「共助・連帯」のシステムに変質させられてしまうことである。[*22] そもそも新自由主義にもとづいた社会保障構造改革というのは、社会保障における公的責任を排除する（あるいは限定化する）のが目的である。社会保険を「支えあい」のシステム、すなわち「共助」の制度としかみなさないように、社会保険から「社会」、つまり国や地方の公的責任＝「公助」を取り払って、私的保険の考え方に限りなく近づけていくのが、新自由主義にもとづいた「社会保険」像である。こうした「社会保険」像にみられるように、「社会保障」制度の財源が「分かちあい」を体現する消費税に限定化されてしまえば、「連帯」「共助」にもとづいた「社会保障」制度が財源の面からもできあがることになるのである。

さらに付言しておくと、民主・自民・公明の「三党修正合意」にもとづき、民主党が当初提出した法案にはなかった社会保障制度改革推進法案が新たに一体改革関連法案に盛りこまれ、成立したわけであるが、同法の第二条一項に掲げられているように、社会保障改革はよりいっそう自立・自助を基本とした社会保障観にもとづいて行なわれることが鮮明となった。

第五に、地方分権改革（民主党政権は地域主権改革と呼んでいた）と矛盾することである。これは問題点というよりも、新自由主義にもとづいた地方分権改革の必然的な結果であるということができる。

現在の仕組みのもとで消費税収は、その一定割合が地方消費税として各地方自治体に配分されるが、それはあくまでも一般財源としてである。しかし一体改革では、消費税を社会保障目的にしか使えなくするわけであるから、地方に配分される地方消費税も、同じく社会保障（国の補助事業としての社会保障のみ）目的にしか使えなくなる。つまり特定財源になるわけである。このように、消費税が特定財源化されれば、今後、消費税率がいくら引き上げられようとも、地方の裁量的経費、つまり一般財源は増えないということになる。これに対し地方自治体は、地方単独事業を含めた社会保障財源全体を地方消費税や地方交付税の充実によって確保すべしと異を唱えたのである。[*23]

こうした矛盾を引き起こす消費税の社会保障目的税化に強く異を唱えているのが、橋下徹率いる大阪維新の会（国政政党としては日本維新の会）である。大阪維新の会が発表した「維新八策」には、「国の仕事は国の財布で、地方の仕事は地方の財布で」という理念にもとづいて、地方交付税制度の廃止と消費税の地方税化が掲げられている。すなわち、地方交付税に代わる新しい財政調整制度を創設し、その税源を消費税に求めるというのが、大阪維新の会の構想である。[*24] 新自由主義型分権改革は、「国・地方の役割分担論」にもとづいて、地方自治体の財源をできうるかぎり国の関与がないものにしようとするが（ひも付き補助金の一括交付金化など）、大阪維新の会が構想する地方交付税廃止・消費税の地方税化は、その究極の姿であるといえよう。[*25]

以上のように、地方の裁量的経費の拡大を求める地方分権改革と、消費税の社会保障目的税化との間には、大きな矛盾が存在するのである。

3　一体改革に対抗する「新しい福祉国家」構想

(1)「新しい福祉国家」構想の二つの課題——新自由主義への対抗と「旧い」福祉国家の実現

これまで、一体改革とはどのような改革であり、どのような問題点があるのかを明らかにしてきた。それを受けて、本節では、一体改革に対抗する「新しい福祉国家」構想の基本的な考え方と、同構想にもとづいた税・財政の基本的な考え方を提示してみたい。[*26]

「新しい福祉国家」構想の出発点

現代日本において「新しい福祉国家」を構想する場合、その出発点を確認しておくことが、きわめて重要である。出発点を誤れば、めざすべき課題が大きく変わってしまうからである。

その出発点とは何か。それは戦後ヨーロッパで定着した福祉国家（ここでは「旧い」福祉国家と呼んでおく）がもつ枠組みや諸制度の実現をも、日本においてはめざさなければならないということである。戦後日本においては、ヨーロッパ福祉国家諸国と比肩しうるような福祉国家の枠組みや諸制度は不十分なかたちでしか築かれてこなかったのであり、そうした認識に立たないかぎり、「新しい福祉国家」を展望することはおろか、一体改革の批判すら不十分なものとなるのである。いわば、「新しい福祉国家」構想は、「新しい」福祉国家と「旧い」福祉国家の実現という、二重の課題に応えなければならないのである。[*27]

脆弱な福祉国家としての戦後日本国家

日本において「旧い」福祉国家の実現が求められる理由は、戦後日本国家が、福祉国家と呼ぶにはあまりにも未熟な枠組み・諸制度しかもたなかったからである。あたり前だが、戦後日本がヨーロッパのような福祉国家であれば、わざわざ「旧い」福祉国家をめざす必要はなく、グローバル化の中の新自由主義に対抗する「新しい」福祉国家のあり方のみを構想すれば済むことである。

一体改革は、「日本の社会保障制度は、戦後の経済成長にも支えられて急速に整備が進み、一九六〇年代には、国民皆保険・皆年金といった現行の社会保障制度の基本的枠組みが整い、先進諸国に比べ遜色のない制度となっている」[*28]（傍点は筆者による）と、戦後日本国家がヨーロッパをはじめとした先進諸国と同様の水準を誇る福祉国家であったという認識から出発している。一体改革に盛られた社会保障改革案は、こうした認識の下に提起されているため、日本の社会保障制度が構造改革以前から抱えている諸問題、つまり未熟な福祉国家の枠組み・諸制度を改めるといった姿勢にきわめて乏しい。例を二つほどあげておくと、年金について、「大綱」では、「最低保障年金」の創設、「最低保障機能」の強化をうちだしているが、「最低保障年金」によって実際に生活できるのかどうかは一切考慮されていない（誤解のないようにいっておくが、筆者は「最低保障年金」という考え方自体を否定しているわけではない）。つまり「最低生活保障」という視点が全くないのである。また、「居住保障」については、言及さえされていない。生活保障にとって、住居が保障されることがいかに重要なことであるかは、貧困問題が社会問題化して以降、明らかであるにもかかわらずである。[*29]

こうした例から見ても、ヨーロッパの福祉国家であれば当然備えているはずの、最低生活保障を満たす諸制度の構築が急務であろう。脆弱な福祉国家的諸制度ですら新自由主義改革の標的となっている現代日本においては、「旧い」福祉国家がもつ枠組み・諸制度をつくりあげることが、まず何よりも求められているのである。

(2)「新しい福祉国家」構想における税制・財政の基本的考え方

「新しい福祉国家」構想の出発点を確認したうえで、「新しい福祉国家」における税制・財政というのはどのような考え方にもとづいて構想されなければならないのかをまとめておこう。しかし「新しい福祉国家」構想自体が福祉国家構想研究会のテーマであり、さまざまな分野・領域で検討されていくべき課題であるので、ここでは税制・財政にかかわる点に絞って、基本的な考え方を述べるにとどめたい。

社会保障が「主役」で財源が「脇役」

一体改革においては、消費税増税と社会保障改革との関係は、それぞれ「主役」と「脇役」という関係であった。「新しい福祉国家」構想においては、この関係を逆転させなければならない。つまり、社会保障が「主役」で財源が「脇役」という関係が、「新しい福祉国家」構想の枠組みとなる。

これを財政原則に即していえば、「量出制入」原則——政策に必要な支出額をまず計算し、それからその支出額をまかなう財源を確保するという原則——にもとづくのが、「新しい福祉国家」構想の基本的な考え方である（というよりも、財政というのはそもそもそうした原則にもとづいて運営されなければならない）。先ほどもふれたように、社会保障財源は、租税財源全般と社会保険料に求められなければならず、そうでなければ社会保障は「主役」にはなれない。しかし一体改革は、現代国家において最大の歳出科目である社会保障費を消費税のみでまかなうという、「量出制入」とは全く逆の「量入制出」という考え方をさらに徹底したものといえるのである。

「勤労所得軽課・資本所得重課」

では、「新しい福祉国家」構想においては、社会保障財源をどのような原則にもとづいて調達するのか。社会保障財源を消費税に限定するなどということはもってのほかであり、租税財源全般と社会保険料とによってまかなわれなければならず、さらにその負担配分は応能負担原則によらなければならないというのが、「新しい福祉国家」構想の原則である。

この応能負担原則からは、「勤労所得軽課・資本所得重課」の原則が必然的に導きだされる。新自由主義型税制の原則は「勤労所得重課・資本所得軽課」であった。「新しい福祉国家」構想においては、それとは逆に、この「勤労所得軽課・資本所得重課」の原則にもとづいて社会保障財源を調達するのが基本的な考え方である。

こうした考え方にもとづいて、所得税については、累進性の強化と各種の特別減税の見直しによる課税ベースの拡大が必要であるとともに、金融所得一体課税（二元的所得課税）を廃止して、包括的所得税（総合課税）とすることが必要となる。法人税については、「法人擬制説」や「国際的整合性」を理由とする減税論や廃止論を否定し、「法人実在説」にもとづいて適正に課税することが必要となろう。[*30]

これまで、一体改革が新自由主義型国家構想にほかならないことをみてきた。そして一体改革は、現在の日本に蔓延するさまざまな社会的困難を解決することはおろか、ますます新たな困難を生むことは必定である。それを解決するには、新自由主義とは一八〇度異なる「新しい福祉国家」構想が必要となる。本章では、一体改革の問題点を明らかにすることによって、「新しい福祉国家」構想に必要な財政・税制の原則をはじめ、基本的な視点・考え方を提示した。こうした基本的な視点・考え方から出発し、さらに具体的な制度を提案していかなければならないが、それは福祉国家構想研究会だけの課題ではなく、現在の新自由主義改革に対抗する運動すべての課題であろう。

4 追記：安倍政権下での一体改革について

本章を書きあげた後の二〇一二年一二月一六日に総選挙が行なわれ、その結果、自民党が圧勝し、第二次安倍内閣が発足することとなった。安倍自民党政権のもとでの一体改革の今後の動向について、二点ほどふれておきたい。

(1) 構造改革の矛盾の焦点としての消費税増税

二〇一二年八月に成立した一体改革関連法の一つである「社会保障の安定財源の確保等を図る税制の抜本的な改革を行うための消費税法等の一部を改正する等の法律」の附則第一八条第一項には、消費税率引き上げの前提として、二〇一一年度から二〇二〇年度までの平均で、名目三%、実質二%程度の経済成長率をめざすこと、また、そうした経済成長率をはじめとした種々の経済指標を総合的に判断して、税率の引き上げを停止することもありうるということが明記されている。いわゆる景気弾力条項である。この景気弾力条項は、二〇一二年六月一五日の「民主・自民・公明『三党実務者間会合合意文書』」によれば、「政策努力の目標を示すもの」とされ、名目三%、実質二%の経済成長率などの経済指標が税率引き上げの絶対基準ではないとされている。

しかし、総選挙による自民党の圧勝が、安倍首相自身認めているように、国民の高い支持・信任の結果もたらされたものでない以上[*31]、種々の経済指標の改善、つまり景気回復が見こまれなければ、消費税率の引き上げを決断することはきわめて困難であろう。総選挙後に行なわれた世論調査においても、国民の半数以上は消費税の増税に反対している状況である。[*32]

こうした状況をふまえれば、安倍政権がうちだした「アベノミクス」による景気回復策が、消費税増税の前提づくりをその目的の一つにしていることは明らかである。[*33] しかし「アベノミクス」による景気回復は、実際には相当難しいといわざるをえない。

それは第一に、過去の日本の経済成長率の推移をみれば明らかなように、一九九八年度以降今日まで、名実逆転、すなわち、一貫してデフレの状況が続いているからである。二〇〇二年から二〇〇九年にかけて、戦後最長の景気拡大期間であった「いざなみ景気」のときでさえも経済成長率の名実逆転は続いていたのであって、マスコミやエコノミストなどの間でも数多く指摘されているとおり、名実逆転を解消し、さらに名目三%、実質二%の数値を継続的に達成するのはほとんど不可能といってよいだろう。

第二に、この間の日本のデフレは、主として内需不振に起因するものだからである。「アベノミクス」の「第一の矢」である金融緩和によって実体経済にその効果が波及するかどうかは、ひとえに日本国内の需要不足が解消されるかどうかによる。日銀の白川方明・前総裁は、実体経済の資金需要が高まらなければ、いくら金融緩和をしても日銀の当座預金に資金が積み上がるだけで、いわば「のれんに腕押し」の状態が続くだけだと述べたが、その言のとおり、内需不振を主因にした景気低迷、デフレ状況が進行している状況では、さらなる金融緩和を行なったとしても、銀行、金融市場に資金があふれかえるだけであろう。というのは、企業セクターでは、巨額の内部留保を保有する大企業を典型として、すでに過剰資金が滞留しているからである。この点は「アベノミクス」の弱点として多くの論者が指摘している。[*34] しかし、その指摘の多くは、金融緩和が実効性をもつためには、成長戦略、つまり、さらなる構造改革が必要であるという結論に帰結し、現在の日本の景気低迷・デフレ不況が、そもそも構造改革によってもたらされたものであることをみようとはしない議論にとどまっている。「アベノミクス」の弱点を構造改革の不足・不徹底にあると指摘しているわけである。

それはともかく、以上の点からいっても、消費税増税の前提としてのデフレ不況の克服は「アベノミクス」によってはほとんど不可能といってよい。構造改革の弊害を構造改革によって取り除くことはできないのである。しかし支配層にとってみれば、消費税増税以外の選択肢はない。それは先に述べたように、新自由主義型税制においては、法人税や社会保険料の事業主負担などを軽減するためにも、消費税の比重を高めることが至上命題だからである。

したがって、安倍政権は、構造改革・一体改革の矛盾の渦中にあるといえる。つまり、消費税増税を決断すれば国民の反発を受けることは必定であるし、一方、消費税増税を停止すれば支配層の支持を失うことになる。安倍政権にとって消費税増税は、進むも地獄、退くも地獄の課題なのである。

(2) 法定化された社会保障圧縮策――社会保障制度改革推進法

一体改革関連法には、二〇一二年三月に野田政権が法案を提出した時点ではなかった、社会保障制度改革推進法（以下、推進法と略）が盛りこまれた。この推進法は、一体改革のもう一つの柱である社会保障改革のあり方を枠づける、きわめて重要な法律である。この法律に規定された社会保障制度改革国民会議によって、社会保障改革案が検討され、改革が進められることになっている。

推進法の特徴を一言でいえば、社会保障改革の理念をはじめて法定化したということである。その理念とは、社会保障制度は「自助・共助・公助」が適切に組み合わされたかたちで構築されなければならないというものである。すなわち、国民は第一義的には社会保障に頼らずに「自助」で生活を営むことが基本であり、「自助」でカバーできないリスクを「共助」で、「共助」でもカバーできないリスクを「公助」によって支えるという、社会保障における補完性の原則とでもいうべきものである。

こうした理念にもとづいて設計される社会保障制度は、社会保障制度改革国民会議によっていかに議論されようとも、新自由主義的なものにならざるをえない。[*35] 厳しい言い方をすれば、社会保障制度改革国民会議は、改革のための権威づけ、有識者のお墨つきを得るような役割しか与えられていないといえよう。

◉注

＊1　一体改革の中身の変容・変質については、二宮厚美・渡辺治「対談・『社会保障と税の一体改革』の政治・経済学」（『法と民主主義』二〇一二年四月号）、二宮厚美『新自由主義からの脱出——グローバル化のなかの新自由主義vs.新福祉国家』（新日本出版社、二〇一二年）などを参照。

＊2　経済財政諮問会議・平成一八年第八回議事録（二〇〇六年四月七日）一五頁。同会議ウェブサイトより。

＊3　経済財政諮問会議・平成一八年第一六回議事録（二〇〇六年六月二二日）一五頁。同会議ウェブサイトより。

＊4 社会保障国民会議「最終報告」(二〇〇八年一一月)。
＊5 同前。
＊6 同前。
＊7 渡辺治「政権交代と民主党政権の行方」(渡辺治・二宮厚美・岡田知弘・後藤道夫『新自由主義か新福祉国家か――民主党政権下の日本の行方』旬報社、二〇〇九年)などを参照。
＊8 渡辺・前掲「政権交代と民主党政権の行方」を参照。
＊9 二〇一〇年参院選民主党マニフェスト。
＊10 経済同友会「東日本大震災からの復興に向けて〈第2次緊急アピール〉」(二〇一一年四月六日)。
＊11 新自由主義型の国家をどのような名称で呼ぶかについては、福祉国家構想研究会でも名称についての意思統一がされているわけではないので、とりあえずここでは「新自由主義型国家」と呼んでおく。ちなみに二宮厚美は同様の国家のことを「競争国家」と呼んでいる(二宮・前掲書を参照)。
＊12 森信茂樹『日本の税制――何が問題か』(岩波書店、二〇一〇年)二二二頁。
＊13 同前、二二七頁。
＊14 森信茂樹『抜本的税制改革と消費税――経済成長を支える税制へ』(大蔵財務協会、二〇〇七年)二三三頁。
＊15 二宮・前掲書、一四五頁。
＊16 山家悠紀夫・井上伸『消費税増税の大ウソ』(大月書店、二〇一二年)、垣内亮『消費税が日本をダメにする』(新日本出版社、二〇一二年)ほかを参照。
＊17 湖東京至「消費税はなぜ悪税か――消費税の福祉目的税化を考える」(『月刊保団連』九四〇号、二〇〇七年六月)参照。
＊18 付言しておくと、一体改革が必要な理由として「社会保障財源の多くを将来世代につけまわしている」、つまり借金に頼っているということが必ず指摘されるが、一般会計歳出の社会保障関係費のみを取り出して、その財源を租税収入

と公債金収入とに色分けすることは不可能である。本文でふれたように、お金に色がついているわけではないからである。したがって、「一般会計歳出の半分を公債金収入でまかなっている」とはいえても、「(一般会計歳出の一つにすぎない)社会保障関係費の多くを公債金(借金)でまかなっている」などとは絶対にいうことはできない。財務省やマスコミなどが国民に対してこうした説明を行なうのは、きわめて不誠実であるといわざるをえない。

＊19 ここでは説明をわかりやすくするために「社会保障財源」に限定しているが、一般財源とは、正確には使途の定めのない財源のことであり、社会保障に限らず、どのような歳出にもあてられるものである。

＊20 厳密には「社会保障財源＝消費税収＋社会保険料」であるが、ここでは説明を平易にするために社会保険料には言及していない。

＊21 国税庁『統計年報(平成二二年度)』(国税庁ウェブサイト)より。

＊22 二宮・前掲書、一六二〜一六四頁を参照。

＊23 地方六団体「社会保障と税の一体改革について(意見)」(二〇一一年六月二三日)参照。

＊24 大阪維新の会(政調会)『【図解】大阪維新——チーム橋下の戦略と作戦』(PHP研究所、二〇一二年)九二頁。

＊25 地方財政については本書第5章の平岡論文を参照。

＊26 社会保障分野についての基本的な考え方については、福祉国家と基本法研究会・井上英夫・後藤道夫・渡辺治編著『新たな福祉国家を展望する——社会保障基本法・社会保障憲章の提言』(旬報社、二〇一一年)を参照。

＊27 本書冒頭、「シリーズ刊行にあたって」xii頁。

＊28 「大綱」一頁。

＊29 稲葉剛『ハウジングプア——「住まいの貧困」と向きあう』(山吹書店、二〇〇九年)などを参照。

＊30 社会保障財源としては、租税財源だけではなく社会保険料もきわめて重要であるが、紙幅の関係でふれることができない。医療を中心とした社会保険に関しては、二宮厚美・福祉国家構想研究会編『誰でも安心できる医療保障へ——皆保険50年目の岐路』(大月書店、二〇一一年)のなかで基本的な考え方が提起されているので参照されたい。

＊31　総選挙の結果と第二次安倍政権の性格については、渡辺治「総選挙がもたらした日本政治の新段階と運動の課題」（『月刊全労連』二〇一三年二月号）、同「二つの選挙結果をどう見るか」（『月刊東京』二〇一三年一・二月号）などを参照。

＊32　朝日新聞が二〇一三年一月一九日、二〇日に行なった世論調査では、消費税増税に賛成が三八％、反対が五三％であった（「朝日新聞」二〇一三年一月二二日付）。

＊33　「アベノミクス」については本書第1章の二宮論文、第2章の梅原論文を参照。

＊34　たとえば、筆者とは立場が異なるものの、野口悠紀雄『金融緩和で日本は破綻する』（ダイヤモンド社、二〇一三年）、小幡績『リフレはヤバい』（ディスカヴァー・トゥエンティワン、二〇一三年）などを参照。

＊35　社会保障制度改革国民会議のメンバーをみても、二〇〇九年までの自公政権、そして民主党政権において社会保障改革などに携わってきた有識者がほとんどであり、同会議はそれまでの社会保障制度改革を整理・体系化するという程度の機能しかもちえないであろう。

（川上　哲）

第5章 福祉国家型地方自治のもとでの自治体財政の争点と将来

1 分権改革と地方財政をめぐる対抗関係

(1) 福祉国家型地方自治と財政

福祉国家財政論における本章の位置づけは、福祉国家型地方自治をめざすうえで、自治・財政の領域における争点と将来展望を検討することである。[*1] ここでいう「福祉国家」とは、さしあたり、生存権を中心とした憲法上の基本的人権が公共部門において確立された国家を意味するものとしておこう。現代社会において基本的人権が公共部門において確立されるためには、主に中央政府が担う現金給付による所得再分配・所得保障とともに、国民（住民）が生活する場における医療、保健、保育、福祉、衛生、教育、環境保全、防災などの現物給付が不可欠となる。

現物給付を主として担うのは自治体であることから、福祉国家における地方自治の役割は大きいものとならなければならない。国民・住民の基本的人権が保障・確立された地方自治のあり方を、「福祉国家型地方自治」と呼ぶこととする。また、地方自治の拡充を重視した福祉国家・社会のあり方を、「自治拡充型福祉国家・社会」と呼ぶこととしよう。*2

現物給付のあり方を、住民に身近な自治体が自己決定することが望ましいとすれば、自治体の自己決定権の拡充と、そのための地方分権が必要とされる。しかし、福祉国家型地方自治をめざす立場からいえば、あるべき地方分権は、現物給付における国家責任をあいまいにすることを意味しない。福祉国家をめざすうえで、中央政府も自治体も、ともに憲法的価値を実現する責務を負うのであり、福祉国家型地方自治を支える中央政府の役割は重視されなければならないからである。こうした観点からいえば、中央政府、都道府県、市町村の役割を分離したうえで分担すべきという「分離主義」をとるべきではない。むしろ、中央政府、都道府県、市町村はそれぞれ、国民（住民）の基本的人権保障・確立にともに責任を負う立場から適切な役割分担と連携をはからなければならない。

中央政府の責任

福祉国家型地方自治における中央政府の責任は、第一に、狭義のナショナルミニマム（基礎的社会サービス、所得、雇用・労働条件などに関する国家的最低行政水準）の設定と保障である。ナショナルミニマムに対する国家責任を明確にするためには、その法定化が望ましい。また、ナショナルミニマムのなかには、主に自治体が担う、住民への現物給付に関するナショナルミニマムも含まれる。

第二に、基本的人権保障のための、自治体との役割分担と連携である。基本的人権保障は、ナショナルミニマムのみでは十分ではなく、住民の生活の場である地域において具体的に保障されるべきものと考えられる。それゆえ、中央政府と自治体による重層的・重畳《ちょうじょう》的な共同事務と連携をつうじてこそ、国民・住民の人権保障を行なうことができるのである。

第三に、ナショナルミニマムと地方自治に対する財政責任である。中央政府の財政責任は、ナショナルミニマムに対する画一的な財源保障に限らない。狭義のナショナルミニマムを超えた、自治体独自の最低行政水準が設定されれば、その財源として第一に考えられるのは自主財源であり、必要なら課税自主権を発揮して財源を確保することが求められる。ただし、過疎自治体などでは自治体の自主財源に限界があり、自主財源でまかなえない財源については、中央政府がかかわる一般財源保障システムとしての地方交付税制度によって保障されなければならない。狭義のナショナルミニマムを超えた自治体における最低行政水準（基礎的自治体レベルのそれをシビルミニマム、広域自治体レベルのそれをローカルミニマムと呼ぶ）を含め、地方交付税が保障すべき行政水準を、広義のナショナルミニマムと呼ぼう。狭義のナショナルミニマムに対する画一的な財源保障だけでは、地方自治の独自性の発揮を保障しえないのである。

自治体の責任

福祉国家型地方自治における自治体の責任は、第一に、国民（住民）に対するナショナルミニマム水準の現物給付の提供である。自治体が提供すべきナショナルミニマム水準の現物給付については、法定化によって明確に義務づけられなければならない。

第二に、狭義のナショナルミニマムを超えたシビルミニマム、ローカルミニマム水準の行政にとどまらず、さらに安心・安全で、基本的人権が確立し、維持可能な地域をめざすことである。いわば、自治体独自の最適行政（シビルオプティマム、ローカルオプティマム）がめざされなければならない。また、安心・安全で、基本的人権が確立し、維持可能な地域をめざすためには、自治体単位だけでなく、住民の生活の場である地域（コミュニティ単位としての小中学校区レベル）を重視する必要がある。いわばコミュニティオプティマムをめざす、狭域自治・行政が展開されなければならない。

第三に、地域経済を維持・発展させ、自主財源を涵養するとともに、課税自主権を発揮し、シビルミニマムやローカルミニマム、さらには、コミュニティオプティマム、シビルオプティマム、ローカルオプティマムをめざすための財源を確保することである。また、自治体間の連帯を基礎として、地方交付税による一般財源保障システムへの参画も求められる（これについては現在のところ制度化されていない）。

第四に、シビルミニマムやローカルミニマムの拡充をつうじて、ナショナルミニマムを押し上げ、福祉国家を充実させていくことである。多くの自治体が自治体独自の最低行政水準を設定し、引き上げるならば、それが国民的な最低行政水準の引き上げへの合意につながることが期待される。

(2) 福祉国家型地方自治か、新自由主義型地方自治か

上記のような福祉国家型地方自治をめざすうえで、現在、それとは逆方向の改革を志向する新自由主義の影響力が大きいことを考慮すれば、新自由主義的分権論の論理と実態を分析しなければならない。[*3]

新自由主義的分権改革は、ナショナルミニマムを担保するための基準や規制を撤廃・緩和するとともに、国と地方の役割を分離し、地方の自立・自己責任を徹底させることにより、「小さくて効率的な政府」をめざすものである。それは基礎的社会サービスに対する地域的な「受益と負担の一致」を求める一方、資本の活動領域にあわせて市町村合併や道州制を進めるなど、自治制度を含む国家構造そのものを改造する志向をもっており、地方自治破壊型改革と特徴づけられる。

新自由主義的分権は、地方への財源保障を抑制したうえで、地方行革や自治体の民間化を長期間推進することによって、自治体の基本的人権保障機能を麻痺させてきた。そのうえで、基本的人権保障の領域における国の義務付けを解除・緩和すれば、国民・住民の人権保障がきわめて危うくなることは必然である。

新自由主義的分権論が影響力をもつ根拠となっているのが、第一にグローバル化であり、多国籍企業を中心としたグローバル競争のナショナルな条件整備のための規制改革・公共部門の縮小や、グローバルな地域間競争の条件整備のためのブロック単位（道州制が想定される単位）の拠点整備が必要というものである。こうした主張は、国民国家や地域の総合性を軽視した、経済主義的な国家や地域のとらえ方を特徴としている。[*4]

第二に、国・地方をつうじた巨額の財政赤字である。この点を明確に主張したものに、二〇〇六年に出された竹中平蔵総務大臣当時の「地方分権21世紀ビジョン懇談会」報告がある。同報告は、未曾有の財政赤字から、地方の国への財政依存は限界であり、地方の国への依存を止め、地方が自由と責任にもとづいて自立すべきだと主張したのである。こうした主張は、自治体への国の財源保障責任の解除を肯定するものであり、自治体が担っている国民・住民の人権保障にかかわる国の責任を放棄することにつながるものである。また、日本の国土の地勢的特徴や都市・農山村構造にもとづいた多様な規模と特徴をもち、そのため自治体間の財政力にきわめて幅のある状況においては国による財源保障や財政調整が不可欠であるという実態を、軽視している。[*5]

こうした背景をみれば、新自由主義的分権論が道州制や市町村合併を推進する理由も明らかである。それは、多国籍企業を中心としたグローバル競争の拠点整備の単位として道州を設置し、国・地方の「二重行政」を解消するとともに、財政的自立が可能な単位に自治体を再編・統合することで安上がりの国・地方行政を実現し、規制改革と法人税負担等の軽減によってグローバル競争の条件整備を行なうというものである。そのためには、これまで歴史的に形成されてきた地域の総合性と重層性を基礎とした市町村や府県を乱暴に統合・再編し、自治体に対する国の財政責任を解除してもよいというのである。

しかし、グローバル化や財政危機に対応して上記のような改革を行なえば、国民・住民の生存権が脅かされ、地域経済社会の存立基盤を崩してしまう。グローバル化のなかで国民・住民の生存権を守り、地域経済社会を維持していくためには、国・地方をつうじた公共部門の役割を、むしろ強化しなければならない。

以上から、地域共同社会を基礎とした市町村自治を破壊し、市町村自治を支援・補完する府県を解消し、「国のかたち」を変える道州制を導入し、ナショナルミニマムを解体して、経済主義的な競争的分権をめざすのか、それとも、地域共同社会を基礎とした市町村自治を維持・拡充し、市町村自治を支援・補完する府県の役割をいっそう発揮させ、ナショナルミニマムやローカルミニマム、シビルミニマムの実現・拡充を中心とした「自治拡充型福祉国家・社会」をめざすのか、という対抗関係が問われているといえよう。

2 自公政権から民主党政権に至る地方財政改革の問題点

(1) 自公政権下の地方財政改革

自公政権（二〇〇九年以前）から民主党政権にかけての地方分権改革や地方財政改革には、新自由主義的分権論が大きく影響してきた。[*6]

小泉政権の地方分権・財政改革

二〇〇一年に登場した自公政権による小泉内閣は、「構造改革」を掲げ、社会保障関係費抑制、公共事業削減および地方経費の削減を進めるとともに、市町村合併を国策として推進した。地方財政構造改革の一環としての「三位一体改革」（二〇〇四〜〇六年度）は、芽出し期間を含む二〇〇三年度から二〇〇六年度でみれば、四・四兆円の国庫補助負担金縮減・廃止、三兆円の税源移譲とともに、地方交付税の大幅抑制（一般財源ベースで三・四兆円程度）をともない、国の地方経費抑制策としての性格が強いものとなった。交付税削減は、国の推進する市町村合併の促進手段ともなり、財政悪化を理由とした「駆けこみ」市町村合併が増加した。

三位一体改革は、教育・福祉関係国庫負担金の削減をともなうものであった。保育所運営費国庫負担金（公立分）の廃止は、公立保育所の民営化や保育士の非正規化を促進した。義務教育費国庫負担金の国費率引き下げ（二分の一→三分の一）は、総額裁量制の導入と相俟って、教員給与関係費の抑制を促進した。

一方、投資関係補助金はほとんど税源移譲の対象とならず、「スリム化」の改革（たんなる削減、一・三兆円）とともに交付金化の改革（〇・八兆円）が進められた（二〇〇三〜〇六年度）。交付金化の改革には、国交省のまちづくり交付金など、省庁ごとに進められたものとともに、内閣府が目玉として導入した省庁横断型の交付金（地域再生基盤強化交付金）がある（以上、図1・図2を参照）。

交付税大幅抑制が突出した三位一体改革は深刻な自治体財政悪化をもたらし、自治体関係者や地方団体から厳しい批判をまねいた。そこでポスト三位一体改革をどうするかが注目され、経済財政諮問会議、地方分権21世紀ビジョン懇談会、総務省、財務省、地方団体などが改革プランをうちだした。実際のポスト三位一体改革は骨太方針二〇〇六を基本として進められたが、その特徴は、国・地方をつうじた財政抑制路線を堅持しながら、地方に対しては、歳出抑制とともに、国の関与の見直しを基軸とした新自由主義的分権を進めるものであった。

小泉内閣の最後の基本方針である骨太方針二〇〇六は、その後の民主党政権にも引き継がれる重要な改革の枠組みをうちだした。なかでも重要なのは歳出・歳入一体改革であり、二〇一一年度に国・地方の基

図1　国庫補助負担金改革のイメージ

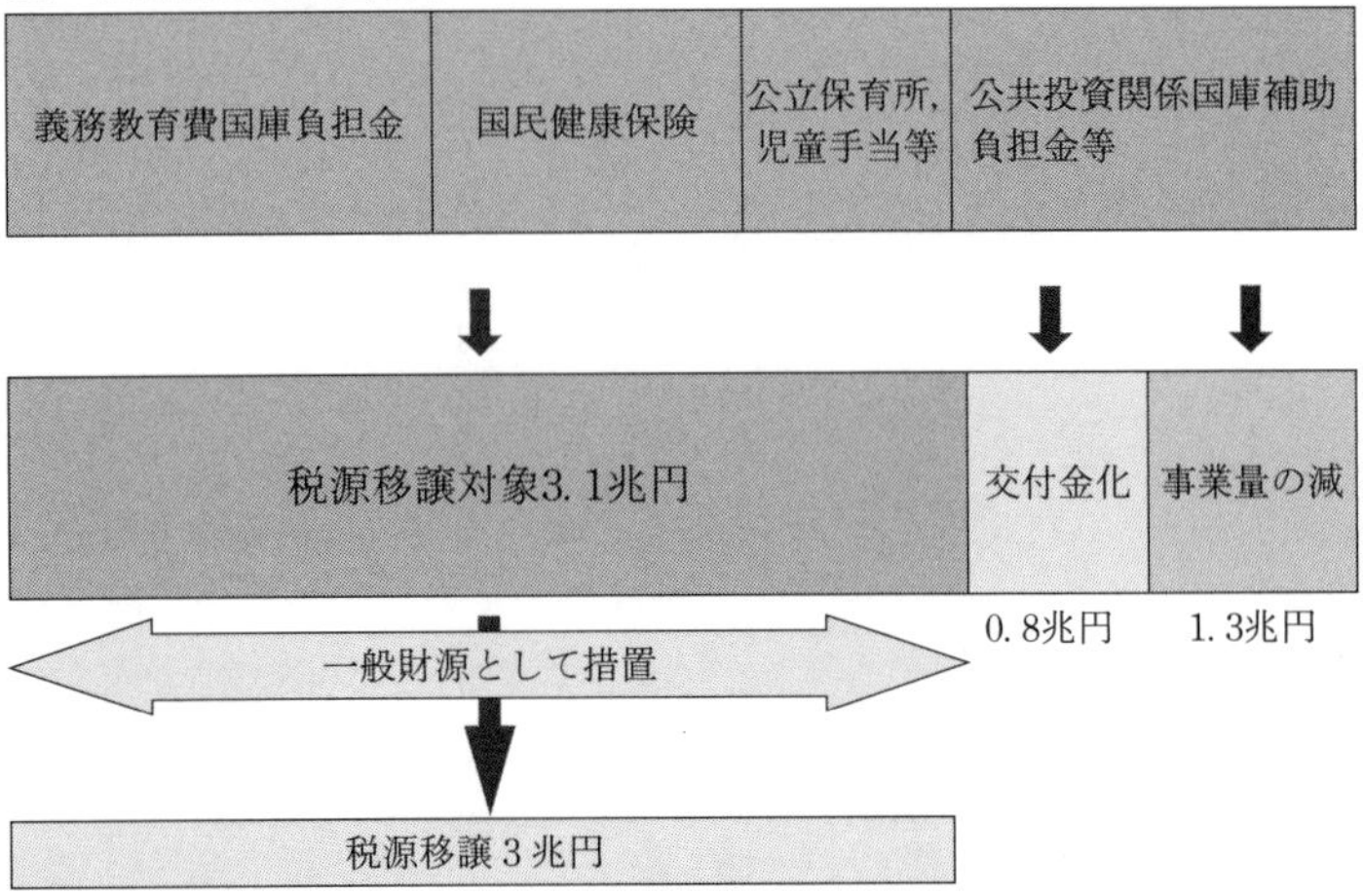

出典）総務省資料をもとに修正。

図2　「三位一体改革」のイメージ

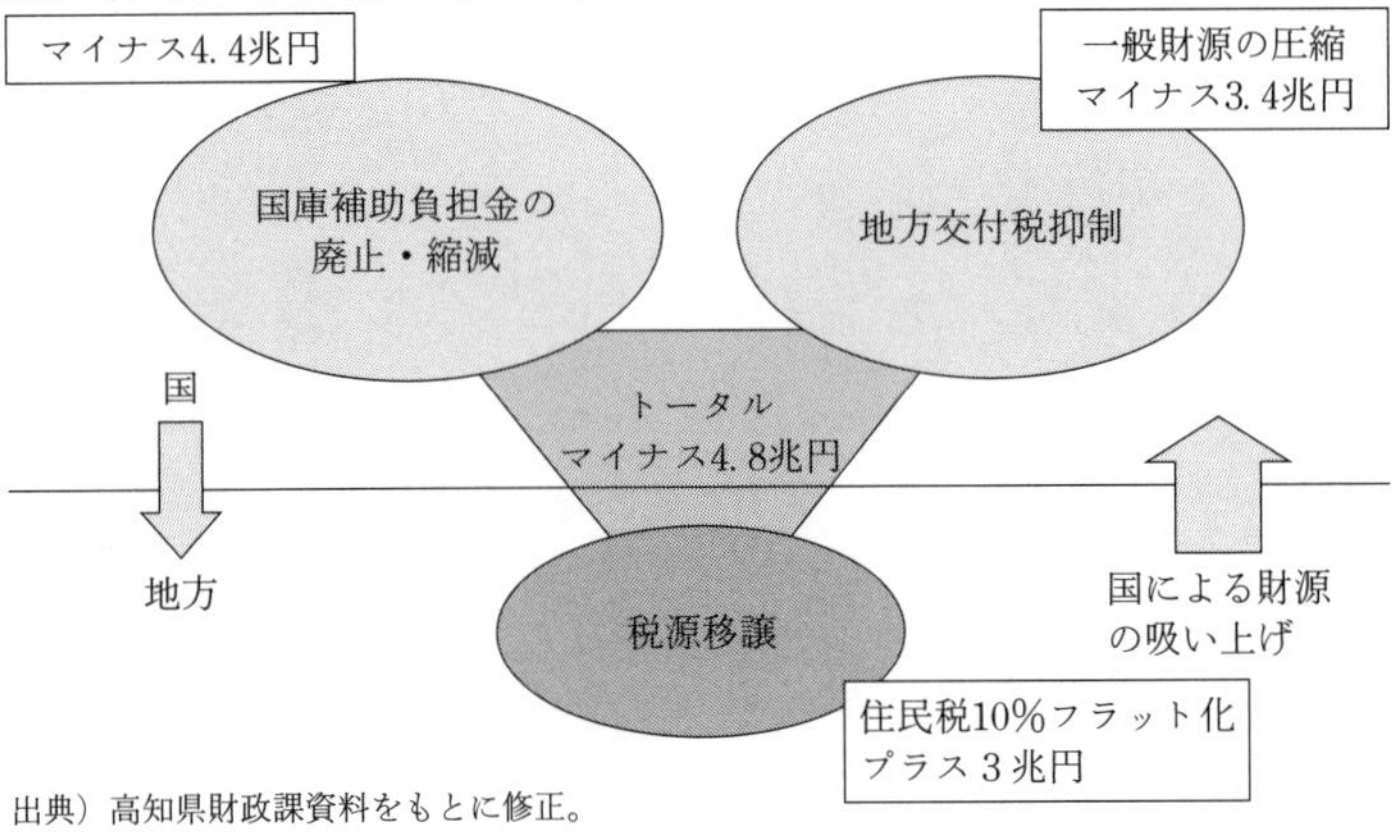

出典）高知県財政課資料をもとに修正。

礎的財政収支を黒字化するために一六・五兆円の対応額が必要というものであった。そのため社会保障関係費抑制とともに、地方公務員人件費削減や地方単独事業の抑制をはじめとする地方歳出抑制が重視された。その一方で、ここ三年間の交付税削減への批判を考慮し、安定的な財政運営に必要な一般財源の総額を確保するとした。

地方財政制度の改革に関しては、①法令の一括見直しによる国の関与・国庫補助負担金の廃止・縮小、②交付税の簡素化、③交付税・補助金・税源配分の見直しを一体的に検討、④再建法制等の適切な見直し、⑤情報開示の徹底、市場テストの促進などについて地方行革の新しい指針、⑥道州制導入の検討を促進、といった点をうちだした。

竹中総務大臣の時期に骨太方針の直前にまとめられた総務省の地方財政改革プログラムは、抜本的な制度改革をめざすものであった。それは、①新分権一括法、②新型交付税導入、③税源配分の見直しと不交付団体の拡大、④「再生型破たん法制」の整備、⑤地方行革の新しい指針、⑥地方債の自由化、といったものであった。

骨太方針二〇〇六と総務省の地方財政改革プログラムのなかで、民主党政権下の地域主権改革につながる方針として重要なのが、新分権一括法と、それによる国の関与・国庫補助負担金の廃止・縮小である。実際、骨太方針二〇〇六を受けて、二〇〇六年一二月に地方分権推進法が成立し、地方分権改革推進委員会による検討が進められ、その答申を受けて、民主党政権下の地域主権改革が進められたのである。

ポスト小泉政権の地方分権・財政改革

安倍、福田、麻生と続く小泉政権の後継政権は、地方からの批判を考慮して地方財政抑制策の一定の手直しを余儀なくされ、三位一体改革以降の地方一般財源はある程度確保されたが、それは財政抑制路線を堅持するという枠組みのなかで進められたため、臨時的な経済対策などによる総額確保と臨時財政対策債へ依存したものであった。地方財源の確保は、地方行革の推進や自治体財政健全化法の導入・施行と並行して行なわれ、多くの自治体の財政収支は安定化に向かったが、その過程は同時に、自治体の「民間化」[*7]「空洞化」が進行する過程でもあった。

財政健全化法は自治体財政スリム化・統制手段として使われ、公社などを含めた公営企業会計の独立採算性の強化、あるいは土地開発公社も含めた第三セクターなどから自治体が撤退することを誘導するものであった。

二〇〇五年の新地方行革指針にもとづき総務省が推進した集中改革プランは、職員の削減と総人件費削減を中心としたものであり、二〇〇五年四月一日から二〇一〇年四月一日までの五年間で目標のマイナス六・四%を上回る七・五%純減（約一八万九〇〇〇人減）を実現した。なかでも政令市はマイナス一〇・六%、政令市を除く市区町村はマイナス九・九%となっており、五年間で約一割の職員が削減されたことになる。公の施設の管理については指定管理者制度への移行が進み、事務事業の民間委託も拡大した。

地方行革と自治体の「民間化」は、社会保障関係費の抑制と相俟って、地域と住民生活の疲弊をもたらした。そこにリーマン・ショックの影響による地域経済悪化が起こった。格差社会の拡大と地域の疲弊がクローズアップされるなかで、麻生政権は、構造改革路線からの明確な転換をはからないままで、つぎはぎ的な経済対策や部分的な地域格差是正策をうちだし、いわばブレーキを踏みながらアクセルをふかせる対応を継続した。こうした状況が国民・住民や自治体からの批判を呼び、民主党への政権交代をもたらした。

また、ポスト小泉政権において、道州制導入に向けた動きが本格化したこともみなければならない。政府の道州制ビジョン懇談会「中間報告」（二〇〇八年三月）では、「国のかたち」を変える「地域主権型道州制国家」への転換をうちだし、導入プロセスとしてまず道州制基本法を制定し、二〇一八年までに完全移行するとした。自民党・道州制推進本部も「第三次中間報告」（二〇〇八年七月）をまとめ、「限りなく連邦制に近い道州制」をうちだした。自公政権は全国一斉の道州制導入によって一気に「国のかたち」を変えることをめざしたのであり、自民党の政権復帰により、ふたたび道州制の全国一斉導入に向けた動きが加速化している。

(2) 民主党政権下での地域主権改革の始動

二〇〇九年の総選挙での勝利を受けて、民主党を中心とした政権が誕生した。民主党は結党以来、官主導の中央集権体制の変革を重視し、「市民へ・市場へ・地方へ」の観点から政治・国民主導、分権型への転換を掲げてきた。自公政権以上に構造改革路線をとっていた民主党であったが、地域と国民生活の疲弊、格差拡大への国民の批判を背景に、「コンクリートから人へ」をスローガンに「反構造改革」的な政策をマニフェストでうちだし、政権を得たのであった。

地域主権改革の性格

しかし、地方分権に関しては、構造改革路線を継承する「地域主権改革」が掲げられた。[*8] 地域主権改革は第一に、旧政権下の地方分権改革（新自由主義的分権の性格）の継続と加速化の側面をもっている。

第二に、民主党の結党理念を反映して、「官主導」を打破するための地域主権改革という性格が強いことである。地域主権改革の主要な中身である「義務付け・枠付け見直し」も「特定補助金の一括交付金化」も「官主導」の打破の視点が強く、基本的人権確立の視点が弱い。

第三に、「二重行政」を批判しながら国、都道府県、市町村の間の役割分担にもとづく自治体自立・自己責任を強調する、「分離」型改革への傾斜がみられることである。このような自治体自立・自己責任論は、ナショナルミニマムや国と自治体との連携を軽視する考え方でもある。

第四に、財政再建路線への傾斜が強いことである。地方経費を含む歳出抑制を重視し、そのための手段として地域主権改革が位置づけられた。

高校授業料実質無償化や子ども手当などの「反構造改革」的政策の一方で、構造改革を継承する地域主権改革では、格差社会・貧困問題や地域経済危機などの旧政権下における問題を解決するよりむしろ、問題の長期化・深刻化させる危険性があった。さらに、構造改革の一環としてのＴＰＰ推進や消費税増税により、内需の減退、地域経済の崩壊を加速化する危険性もはらんでいた。

地域主権改革の具体化

民主党を中心とした政権のもとでの地域主権改革は、地域主権戦略会議設置によって動きだし、二〇一〇年六月には「地域主権戦略大綱」が閣議決定された。「地域主権戦略大綱」は、「責任の改革」を強調し、住民の責任を強調する一方で、基本的人権保障に対する国の責任についてはふれていない。

改革の柱は、第一に「義務付け・枠付けの見直しと条例制定権の拡大」であり、その基本方向は旧政権における地方分権改革推進委員会の第二次勧告および第三次勧告にそったものである。義務付け・枠付けの見直しは地方分権の核心をなすものとして重視されているが、問題はその中身であり、福祉施設などの最低基準の緩和など国民の基本的人権保障にかかわる問題が含まれている。

第二に、基礎的自治体への権限移譲であり、「平成の合併」を肯定的に評価し、都市への事務権限移譲に重点をおいている。

第三に、国の出先機関の原則廃止（抜本的な改革）であり、その具体化については、国の出先機関の事務・権限の仕分けを各府省が行ない、二〇一〇年内にアクションプランを策定し、具体化をはかることとされた。実際、アクションプランを受けて、国の出先機関の「丸ごと」移管の受け皿として出先機関の管轄区域を区域とする特定広域連合を利用するかたちの具体化がはかられた。国の出先機関の「丸ごと」移管は、道州制への重要なステップになるものと位置づけられた。

第四に、「ひも付き補助金の一括交付金化」であり、特定補助金を廃止して、一括交付金化し、くくられた範囲内で自由に使えるものにしようというものであった。

第五に「地方税財源の移譲」であるが、大綱においては課題整理のみであり、具体化は今後の検討にゆだねられたかたちとなった。とくに具体的にあがっているのが「地方消費税の充実」であった。

第六に、直轄事業負担金の廃止であり、二〇一〇年度から二〇一一年度にかけて維持管理にかかわる負担金を全廃するとともに、その他の負担金については二〇一三年度までの間に制度廃止とその後のあり方についての結論を得るとされた。

第七に「地方政府基本法の制定」であり、地方公共団体の基本構造、議会制度、監査制度、および財務会計制度について検討を進めるとした。

第八に「自治体間連携・道州制」であり、道州制の検討を射程に入れた。

第九に「緑の分権改革の推進」であり、総務省が提起した中央集権型の社会構造を分散自立・地産地消・低炭素化にしていくというビジョンに賛同する市町村とともに、モデル事業などを進めるというものであった。

これらの改革のなかで具体化が先行したのが「義務付け・枠付けの見直し」「ひも付き補助金の一括交付金化」および「直轄事業負担金の廃止」であった。なかでも「義務付け・枠付けの見直し」は、基本的人権保障にかかわってこれまで不十分ながらも形成されてきた国による最低基準を緩和・撤廃させる内容を含んでおり、ナショナルミニマムの解除であるという批判を呼んだ。また、「ひも付き補助金の一括交付金化」は、補助金にかかわる人件費、その他の経費の削減をつうじて地方財源の削減をねらったものではないかという、地方からの懸念・批判をまねいた。

3 地方財政改革の争点

(1) 国庫補助負担金改革をめぐる争点

地域主権改革下の税財政改革において目玉とされたのが、国庫補助負担金の「一括交付金」化であった。「一括交付金」化は、制度設計の中身によっては、従来の特定補助金の性格が強いものになったり、自由度の高い「第二交付税」的なものになったりする可能性をもつものと理解され、制度の詳細が注目された。実際には、国土交通省が導入した社会資本整備総合交付金や、省庁横断型の地域自主戦略交付金（二〇一一年度に都道府県に導入。二〇一二年度には対象を拡大するとともに政令市にも導入）といった、投資関係の国庫補助負担金の交付金化が進められたが、それらは対象事業の範囲内で事業を選択できるだけであり、特定補助金としての性格を強く残すものであった。

地域自主戦略交付金は、導入当初は大部分が継続事業であり、交付金化の実質的な影響は、補助金総額が削減されたことを除いてほとんどないといってよい。その後、客観的指標分の比重が高まることによって、交付金化による補助要綱の一本化と箇所づけの廃止の効果としての自治体予算編成上の裁量権が一定程度高まることが期待されたが、対象事業が限定されているため、その効果は限定的である。むしろ、二年連続での公共事業関係費や国庫補助金の削減によって、継続事業の実施にも支障をきたしているという。[*9]

地域自主戦略交付金は、二〇一二年度までに都道府県と政令市に導入され、その後は対象事業の拡大とともに、政令市以外の市町村への導入がはかられることになっていた。しかし、自公政権への再交代によって、地域自主戦略交付金は廃止されることになっている。

投資関係の特定補助金は、原則廃止ではなく、まず福祉・教育・衛生施設などの基本的人権保障にかかわる公共施設については、市町村への財源保障を確実に行なうために国庫負担金を維持する必要がある。また、新規整備から維持管理・更新・張り替えへのシフトをはかるため、整備に傾斜した補助金を廃止して一般財源化をはかることが求められる。今後も整備が必要な分野については包括補助金化（一括交付金化）をはかればよい。このように、投資にかかわる国庫補助負担金の分類と改革（特定補助金、包括交付金化、一般財源化）を進めるべきである。

経常経費関係の国庫補助負担金のあり方については、とくに基本的人権保障にかかわる国庫負担金について、自治体の財政需要をできるだけ正確に測定し、財源保障することが求められるのであり、教育・福祉関係の経常経費関係国庫負担金については、福祉国家型地方自治をめざす観点からいえば、むしろ大幅な拡充が求められる。

(2) 東日本大震災からの救助・復旧・復興と財政をめぐる争点

東日本大震災・原発災害に対して、「人間の復興」の立場からの救助・復旧・復興が求められるが、財政制度はそれに十分に応えるものとなっていない。がれき処理や社会インフラの復旧などについて、国の財政措置の一定程度の改善がみられるが、除染や生活・生業の再建などの課題に対する財源保障としては、きわめて不十分なままである。なかでも、「自由に使える」というふれこみで導入された復興交付金（予算額約一・六兆円）は、社会資本整備総合交付金の手法が採用されており、実際の使途は五省四〇事業に限定され、その中身もハードが中心であり、産業復興や被災者の生活・生業再建への支援がきわめて弱い。復興交付金は、社会資本整備総合交付金と同様に、特定補助金の性格が強く、特定の復興事業を進めるための財源保障としての機能が期待できるが、執行にあたっては各省の関与が強く残るものである。

救助・復旧・復興財政をめぐる問題は、「創造的復興」に傾斜した復興構想会議の提言や、それを受けた政府の復興基本方針が反映したものと考えられる。復興予算が被災地の復興と関係のない事業に使われている例が問題となったことも、政府の復興基本方針が被災地の復興以外の全国防災などを盛りこんだことが原因となっている。*10

また、被災自治体においては、国の復興予算を含む国家財政・地方財政運営の先行きへの不安や、自治体の地方行革・財政健全化路線の継続を背景として、復興交付金等の国の財源措置が得られる範囲に事業をとどめざるをえない状況があり、被災者の生活と生業の再建に対する支援を行なうに足る財源がきわめて不足している。被災自治体独自のとりくみに対する一般財源保障の課題は大きいが、それとともに、被災自治体が被災者の人権保障、生活と生業・雇用の再建の立場に立ったとりくみに徹するのか、「東北の新時代を実現すべく新たな投資や企業進出を力強く支援する」といった政府の「創造的復興」路線に乗って過去に破綻した外来型開発を追い求めるのかが問われている。

(3)「社会保障と税の一体改革」と消費税増税をめぐる争点

民主党政権は、「社会保障改革の推進について」(二〇一〇年一二月一三日)を閣議決定し、社会保障改革と税制改革を一体的に検討することをうちだし、さらに、二〇一二年二月一七日に「社会保障・税一体改革大綱」を閣議決定し、それにもとづいた法案を国会提出した。「社会保障と税の一体改革」の主要なねらいは消費税引き上げであり、社会保障の一定の充実はあるものの一方では負担増もあり、全体として消費税引き上げが突出している。

その社会保障改革の内容で地方財政にかかわるのは、市町村国保の広域化（市町村国保の財政運営の都道府県単位化、市町村独自の保険料軽減措置の廃止へ）、介護保険の利用者負担増（要支援一割負担を二割負担へ）、国保と介護保険における低所得者への保険料軽減、こども園給付の創設などの子ども・子育て新システム、高齢者医療制度の見直し、生活保護の適正化の徹底、生活保護制度の見直し、などである。

税制改革については、貧困と経済格差を広げてしまう消費税率一〇％への引き上げを主要な中身としている。増税分五％のうち一・五四％を、地方消費税および交付税財源へ振り向ける。消費税率を二〇一四年四月に八％（消費税六・三％、地方消費税一・七％）に引き上げ、二〇一五年一〇月に一〇％（消費税七・八％、地方消費税二・二％）へ引き上げるが、地方交付税分をあわせると、五％引き上げのうち国分三・四六％、地方分一・五四％（うち地方消費税分一・二％、地方交付税分〇・三四％）となる。地方消費税引き上げ分のうち市町村交付金については、全額を人口で按分《あんぶん》して交付する。消費税以外では、所得税最高税率の引き上げ、証券優遇税制の廃止（二〇一四年一月）、相続税の増税といった高所得者層への増税が一定程度はかられたが、その一方で、法人税減税、自動車重量税減税が盛りこまれた。

消費税増税を中心とした税制改革は、低所得者や中小零細業者の負担増による影響とともに、デフレ効果が強く懸念される。消費税増税以外にも、当面の負担増として、住民税の年少扶養控除廃止、一六歳から一八歳の特定扶養控除の縮小、「子ども手当」の減額とともに、復興増税（二〇一三年一月から所得税に上乗せ）が行なわれる。一方では、消費税増税分を先取りした法人減税や自動車重量税減税といった特定産業優遇が行なわれており、全体としてみれば、消費税引き上げによる大衆増税と法人減税が、税制改革の性格をあらわしている。

「社会保障と税の一体改革」関連法案は、三党合意にもとづく修正法案が成立した。所得税の最高税率引き上げ（四〇％→四五％）、相続税の基礎控除引き下げ・最高税率引き上げなどを撤回する一方、新たに自動車、住宅購入に対する減税の検討を行なうとしている。これでは所得再分配機能の強化がはかられないままに、低所得者や中小零細業者への負担増がさらに突出することになり、格差社会是正や貧困問題への対応ということからみて逆方向の改革という性格がいっそう強いものとなっている。

三党合意による修正法案では社会保障改革に関して、子育て関係では、「市町村の保育実施義務」を児童福祉法第二四条一項に残すとともに、総合こども園の取り下げによって企業参入に一定の歯止めがかかるかたちとなった。しかし、子ども・子育て新システムでは、認定保育園などで直接契約制度が導入され、就労を基準に保育時間を含む認定が行なわれるなど、保育の変質をもたらす内容があり、制度の改善とともに自治体の責任が問われることになろう。

(4) 地方税改革をめぐる争点

地方税の基本的な特徴として、地方歳出規模とくらべて地方税収が小さいことがある。そのギャップは、国庫補助負担金や地方交付税による国から地方への財政移転および地方債でまかなわれるが、問題なのは、国・地方をあわせた歳出規模に対する、国税・地方税をあわせた税収が、きわめて小さい構造となっていることである。二〇〇八年度において、国・地方の歳出総額（純計）一五〇・五兆円に対して、国税・地方税をあわせて八四・七兆円と、約五六％しか税でまかなわれていない。なかでも地方の歳出（純計ベース）八八・五兆円に対して、地方税は三八・九％と、半分にも満たない。国・地方をつうじた歳出・税収ギャップと公債への極度な依存という構造は、その持続可能性に懸念があるだけでなく、基本的人権保障にかかわる自治体の機能を拡充する福祉国家型地方自治をめざすうえでも、大きな制約要因となっている。

今後の地方税改革の争点の一つが、地方消費税引き上げである。全国知事会は、社会保障全体における国・地方の役割分担に応じて、偏在性の小さい地方消費税の充実や、消費税とリンクする地方交付税の拡充などを求めている。しかし、社会保障・福祉の充実がはかられないなかでの消費税増税は、低所得層や地域の中小業者に厳しい影響をおよぼすことは必至であり、また内需縮小が地域経済におよぼす影響が懸念される。消費税増税とあわせて二〇一五年一〇月に地方消費税を二・二％に引き上げることが予定されているが、全国知事会をはじめとする地方団体が、消費税引き上げとあわせて地方消費税拡充を要求する方針を続ければ、住民の生活権に対する姿勢を厳しく問われることとなろう。

福祉国家型地方自治をめざすうえで争点になるべきは、法人課税と住民税のあり方である。普遍主義に立った基礎的サービスの拡充・無償提供をめざすうえで、担税力を考慮した住民税の拡充が求められる。

法人課税については、二〇〇八年一〇月以降、法人事業税の一部（約二・六兆円）を国の地方法人特別税に変更し、人口および従業者数に応じて都道府県に譲与する制度への変更が行なわれた。その目的は、税収の地域間配分における格差を、ある程度是正することにある。

しかし、法人事業税の一部の課税権を国が吸いあげることは、応益課税としての法人事業税の性格をゆがめ、課税自主権を制約するとともに、地方税源拡充に反する。経済界からは法人関係税の引き下げの要求があるが、むしろ法人二税は、維持可能な社会と福祉国家型地方自治を支える自主財源としての拡充をはかる必要がある。

(5) 地方交付税改革をめぐる争点

地方自治法や地方財政法においては、国が自治体に事務処理を義務づけた場合には国が必要な財源措置を行なわなければならないことが規定されている。しかし、国に義務づけられた事務だけでなく、住民の生活の安全と基本的人権保障のために自治体独自の社会インフラ・地域づくりやサービスが求められるのであり、そのための財源保障が必要である。そのためには、まず事務配分に見合う自治体への税源配分があるが、自治体間の課税力格差が大きいことと自治体の規模や様態などから財政需要の差が生じるため、自治体間の財政力格差を是正し、一般財源を保障するための地方財政調整制度が不可欠となる。

地方交付税制度は、自治体間財政力格差を是正しながら自治体の一般財源を保障する地方財政調整制度として、地方財政制度の根幹をなしている。その仕組みは、地方財政計画によるマクロの総額決定と、個別団体の交付税算定というミクロの配分方式からなっている。地方交付税制度の詳細な制度において改善すべき課題があるものの、地方自治の基盤を確保・拡充しながらナショナルミニマム・基本的人権を保障するためには、財政調整機能と財源保障機能をあわせもつ交付税の仕組みを維持しなければならない。[*11]

地方交付税にかかわる争点の一つは、総額抑制圧力である。自公政権における三位一体改革が交付税総額の大幅抑制により自治体財政の急速な悪化をまねいたのは記憶に新しい。ポスト小泉政権から民主党政権にかけて、交付税総額の一定の確保が重視されたが、その中身には問題があったことは、先にみたとおりである。さらに、民主党政権下で立てられた財政運営戦略と中期財政フレームが、毎年度の予算編成を縛り、地方交付税総額抑制を促進する問題がある。

自公政権から民主党政権にかけて、地方交付税制度の抜本改革あるいは廃止論が継続的に出されている。民主党は二〇〇九年マニフェストにおいて「新たな地方財政調整・財源保障制度の創設」をうちだしており、交付税の抜本改革をめざす姿勢を明らかにしている。民主党政権における事業仕分け（二〇〇九年実施）において、地方交付税の「抜本的な制度見直しが必要」という判定が下されている。交付税への批判の急先鋒は、財務省や財政制度等審議会である。自公政権時代から財政制度等審議会は、交付税の財源保障機能の廃止を幾度も建議してきた。また、政治的影響力を強めている日本維新の会が、地方交付税の廃止と消費税の地方税化を方針としていることも注目される。

地方交付税の基本的な仕組みは地方財政制度の根幹をなすものであり、財源保障機能の廃止などという抜本改革を行なえば、地方自治の基盤を確保・拡充しながらナショナルミニマム・基本的人権を保障するという地方財政制度の核心的な仕組みが破壊されてしまう。また、小規模自治体の存立をはじめ、日本の地方自治を支える財政制度の根幹を揺るがすことになりかねない。

(6) 地方債制度および自治体財政統制制度をめぐる争点

地方債制度をめぐっては、地方債の自由化が長年の課題であったが、二〇〇六年度から地方債発行は許可制から協議制へ移行し、適債性の要件をクリアすれば原則自由に発行できることとなった。また、二〇一一年度には地方債協議制度が見直され、協議不要団体の範囲を拡大している。

協議制への移行に際して、自治体財政の健全性を確保する観点から起債制限制度は存続しており、新たに実質公債費比率が規制指標として導入された。実質公債費比率は、これまで普通会計の範囲に限られていた起債制限比率に対して、公営企業会計への元利償還金分の繰出し、一部事務組合等への負担金等を含む指標となっている。

今後は、地方分権の立場からは、国による地方債の適債性のチェックや起債制限制度を緩和ないし廃止すべきかどうかが検討対象となろう。[*12]

地方債協議制・許可制度とならんで自治体財政を統制する仕組みとして、自治体財政健全化法が存在する。自公政権下で導入された自治体財政健全化法にもとづく自治体財政統制は、民主党政権においてもそのまま継続している。

自治体財政健全化法の問題点としては、第一に、早期是正の導入などによる中央統制の強化と自治体リストラ誘導、あるいは土地開発公社も含めた第三セクターなどから自治体が撤退するような誘導を強めていることである。実際、集中改革プランによる職員削減、公立病院改革ガイドラインによる公立病院の病床の削減や病院統合、経営形態の見直し（指定管理者制度、民間譲渡、診療所化などを含む）、公営企業の独立採算制の強化、公社・第三セクターのリスクのある債務の圧縮などが促進された。

第二に、指標の妥当性の問題である。連結実質赤字比率の導入は、公営企業の独立採算制の強化をはかることがねらいだが、そもそも現金主義の普通会計と公営企業会計を連結することによって、かえって公営企業そのものの公共性の評価と経営分析にもとづく改善がおろそかになり、独立採算制と受益者負担主義のみが強調されてしまうことになる。また、医療や福祉などのナショナルミニマムを支える基礎的サービスと観光振興のような選択的サービスを同じ財政指標のなかにもちこむことによって、自治体の財政評価を量的な側面に還元してしまっている。事業内容や会計制度の違いを前提とした個別の評価制度のほうが、論理的には合理性がある。

また、実質公債費比率は財政再生基準になじむかという問題もある。実質公債費比率が悪化していても、キャッシュ・フローは確保している団体もあるからである。将来負担比率の義務付けの必要性についても疑問があり、制度の複雑化とストック管理能力の評価問題があることから、参考指標として他の指標を含めて、自主的かつ第三者からの多角的な評価を可能にする技術的支援を行なうことにとどめてはどうか。自治体財政健全化法の導入に対して、自治体側の過剰反応ともいうべき「財政健全化至上主義」が広がった。自治の精神と住民の基本的人権保障の立場から「財政健全化至上主義」を克服し、財政情報の徹底した住民への提供と共有化を前提として、住民による財政学習と財政再建への参加をはかっていくことが求められている。[*13]

地方債をめぐるもう一つの改革が、地方公営企業金融公庫の廃止と、地方公営企業等金融機構の設立である。地方公共団体金融機構は、旧公営企業金融公庫からすべての権利・義務を承継し、全地方公共団体が出資する機関として二〇〇八年一〇月から業務をスタートした。機構の資金は市場で調達することとなっており、実際には地方全体の地方債共同発行機関としての性格をもつ。機構は貸付対象を一般会計債にも拡大し、とくに臨時財政対策債の引き受けが増加している。現在のところ、機構の機能が、臨時財政対策債など本来国が保障すべき交付税財源の不足を赤字地方債でまかなうという、制度の歪みに対する対応に使われている状況があるが、本来の地方債共同発行機関としての機能発揮が期待される。

(7) 地方制度改革・道州制をめぐる争点

道州制をめぐっては、民主党の掲げる「国の出先機関の原則廃止」が重大な焦点になっていた。地域主権改革大綱には「国の出先機関の原則廃止」のために、府県による広域連合などによる地方の自発的なとりくみによる広域的実施体制の整備を促進する方向が示された。大綱の方針のもとで国の出先機関原則廃止の検討が進められ、二〇一〇年一二月に「アクションプラン」が閣議決定された。そこでは新たな広域行政制度を整備することとし、二〇一二年度通常国会に法案を提出し、二〇一四年度中に事務・権限の移譲が行なわれることをめざすとした。「アクションプラン」を受けて、関西広域連合や九州地方自治会は、経済産業局、地方整備局、地方環境事務所の三機関の移管を国に求めることとした。

二〇一二年三月六日、地域主権戦略会議・第六回「アクションプラン」推進委員会において、「国の出先機関の事務・権限のブロック単位での移譲に係る特例制度（基本構成案）」が示された。その内容は、第一に、受け皿としての「特定広域連合」（移譲対象出先機関の管轄区域を包括するもの）を設定したことである。第二に、特定広域連合を構成する地方公共団体の事務を持ち寄るとしたことである。第三に、政令市の加入を促進することである。第四に、移譲対象の事務として経済産業局、地方整備局、地方環境事務所を当面の候補とするとしたことである。第五に、国の関与を必要に応じて柔軟に設けることである。これに対して、関西広域連合などからは国による過度な関与への批判がなされたが、所管大臣の関与などが残る法律案がまとめられた。こうした制度案を受けて、関西広域連合以外に、九州地方知事会、四国四県知事および中国地方五県知事も、それぞれ広域連合設立に向けて合意を形成したという。二〇一二年一一月、法案が閣議決定されたが、自公政権への再交代によって、国の出先機関改革はいったんストップしている。

国の出先機関の特定広域連合への「丸ごと」移管は、巨大な権限・人員・財源を特定広域連合に移すことになる。一方で、実質上、各府県知事の合議制による広域連合の意思決定・執行体制はきわめて不安定である。首長や議員などの政治アクターが少しでも自分たちに有利に活用しようと行動すれば、運営は行きづまることが予想される。災害などの緊急時における国との調整についての不安も大きい。そうなれば、いずれは府県を廃止して、道州制に移行する政治的な動因が強まることになろう。その意味でも、広域連合への国の出先機関移管は、道州制への突破口となる可能性が高い。

道州制をめぐっては、自民党が政権に復帰したことから、都道府県廃止のうえで全国一斉に道州制を導入するという自民党の方針のもとで、道州制基本法の導入がめざされることになる。すでに自民党は、道州制基本法案（骨子案）を示している。地方からは、九知事・一五指定都市市長による道州制推進知事・指定都市市長会が結成されており、地方からの道州制推進の動きをみせている。なかでも共同代表の一人である石井正弘・岡山県知事（当時）による「石井私案」では、消費税の地方税化を有力な選択肢とすることや、道州間の水平的財政調整を基本とし、道州にかかわる地方交付税を廃止することなどがうちだされている。

グローバル競争の条件整備のために、内政への国の責任放棄へと「国のかたち」を変え、ブロック単位での拠点整備に資源を集中させるために地域共同社会を基礎とした自治を破壊する道州制を導入するのか、それとも地域共同社会を基礎とした小規模自治体を含む自治の維持・拡充と、憲法価値を実現するための国家責任の発揮をめざすのかが問われている。とくに、小規模自治体をはじめとする町村は、道州制が導入されるならば周辺化し、拠点開発による周辺部のインフラの整備・維持・更新へのしわ寄せ、地域間格差拡大などへの懸念が強い。*14

4 福祉国家型地方自治をめざす行財政のあり方と財政原則

以上のような地方財政をめぐる争点の検討をふまえて、福祉国家型地方自治をめざす財政原則を、試論として提起しておく。

まず前提として確認しておくべきことは、福祉国家型地方自治をめざす財政原則は、基本的人権保障など憲法的価値の実現をめざすものでなければならないことである。さらには、自治拡充型福祉国家・社会から維持可能な社会（平和、人権確立、民主主義、貧困の克服）をめざす財政原則と言い換えることもできよう。憲法的価値の実現、維持可能な社会をめざす福祉国家型地方自治においては、ナショナルミニマムの設定・実現とともに、重層的な地方自治の各レベルにおいて、コミュニティミニマム、シビルミニマム、ローカルミニマムの創造・設定がなされ、さらには安心・安全で、基本的人権が確立され、維持可能な地域社会の実現、すなわちコミュニティオプティマム、シビルオプティマム、ローカルオプティマムがめざされなければならない。また、福祉国家型地方自治の担い手の面からいえば、議会機能の拡充や住民による自治体統制・参加などとともに、専門的力量を備えた自治体職員体制の充実、自治体民主主義の構成要素としての自治体職場における民主主義や自治体労働組合の充実も不可欠である。それらの福祉国家型地方自治の創造・展開を保障する条件として、財政の役割が重要となる。

福祉国家型地方自治をめざす行財政原則は、第一に、ナショナルミニマムに対する財源保障の原則である。重層的な所得保障と基礎的サービスの無償提供の立場からのナショナルミニマムの抜本的拡充をめざすとすれば、それに必要な財源保障の範囲やスケールを、大幅に拡充しなければならない。そのさい、ナショナルミニマムを確実に保障するためには、国庫負担金の拡充も求められる。

第二に、牽連性《けんれん》の原則である。国が自治体に事務事業を委任あるいは義務付けた場合、義務付けた事務事業に対する財源保障を行なわなければならない。「アンファンデッド・マンデート」(unfunded mandate：財源をともなわない義務付け)が自治体財政を圧迫するようなことがあってはならない。

第三に、地方税充実の原則である。福祉国家型地方自治をめざすうえで必要な自治体の事務事業に見合った税源配分がなされるとともに、基礎的サービスの拡充にあわせて地方税の充実がはかられなければならない。

第四に、一般財源保障充実の原則である。国民・住民の人権確立は、国家的最低基準のみで保障されえない。国が義務付けた事務事業に対する財源保障だけでは不十分なのである。住民に身近な市町村およびそれを補完する府県において、コミュニティミニマム、シビルミニマム、ローカルミニマムの創造・設定がおこなわれ、それを保障するための自治権と財源保障が不可欠となる。そうした条件を整備するうえで、分権改革を位置づけなければならない。特にコミュニティミニマム、シビルミニマム、ローカルミニマムの自治的設定と実現を保障する一般財源保障が重要であり、地方税の拡充とともに財政調整制度の充実が不可欠となる。また、小規模自治体の自治の保障・復元（合併自治体の分離・分立、地域内分権を含む）と、それを支える地方交付税などの地方財政システムの改善が求められる。

第五に、財政自主権拡充の原則である。自治体が住民福祉充実の課題に自主的に応え、コミュニティミニマム、シビルミニマム、ローカルミニマムを確立するとともに、安全・安心で、基本的人権が確立し、維持可能な社会を実現するための財政自主権、とくに課税自主権の確立とその発揮が求められる。

第六に、財政充実の原則である。国・地方をつうじた財政の充実を実現するためには、「小さすぎる政府」からの転換が不可欠である。そのためには、国税では法人税増税、所得税累進課税強化、相続税強化などを中心とした増税が不可欠であるとともに、重層的な所得保障と基礎的サービスの無償提供を国民の連帯で支える税制改革が求められる。法人二税や住民税を中心とした地方税の拡充も不可欠となる。

第七に、財政民主主義充実の原則である。コミュニティオプティマム、シビルオプティマム、ローカルオプティマムをめざすためには、重層的な自治単位における住民の参加・参画がきわめて重要となる。そのためには自治体予算・財政における自治体内分権とともに、学習・参加を保障する仕組みが構築され、住民主体のとりくみが展開されなければならない。

以上、地方自治と地方財政改革をめぐる争点の検討のうえで、福祉国家型地方自治をめざす財政原則を試論として提示したが、福祉国家型地方自治の立場からの地方財政改革の詳細設計や、そのマクロ経済および社会保障制度等の諸制度との関連については、今後の検討課題としたい。

◉注

＊1　福祉国家型地方自治については、二宮厚美『新自由主義からの脱出——グローバル化のなかの新自由主義vs.新福祉国家』（新日本出版社、二〇一二年）および福祉国家と基本法研究会・井上英夫・後藤道夫・渡辺治編著『新たな福祉国家を展望する——社会保障基本法・社会保障憲章の提言』（旬報社、二〇一一年）を参照。

＊2　ここで「自治拡充型福祉国家・社会」というように、「国家」とともに「社会」を併記したのは、国家のあり方とともに社会のあり方を変えていくことの重要性を表現するためである。

＊3　新自由主義については、渡辺治・二宮厚美・岡田知弘・後藤道夫『新自由主義か新福祉国家か——民主党政権下の日本の行方』（旬報社、二〇〇九年）および二宮・前掲書を参照。

＊4　新自由主義と道州制との関連については、岡田知弘『増補版　道州制で日本の未来はひらけるか——民主党政権下の地域再生・地方自治』（自治体研究社、二〇一〇年）を参照。

＊5　地方分権21世紀ビジョン懇談会については、平岡和久・森裕之『新型交付税と財政健全化法を問う』（自治体研究社、二〇〇七年）一八〜二〇頁を参照。

＊6　自公政権下の地方財政改革については、平岡・森・前掲書、および同『検証・地域主権改革と地方財政——「優れた

自治」と「充実した財政」を求めて』（自治体研究社、二〇一〇年）を参照。

＊7 自治体「民間化」とは、これまで自治体が公的責任において実施してきた部門やサービスを自治体の外部に追い出す「民営化」「民間委託」「ＰＦＩ」「指定管理者制度」「独立行政法人化」などとともに、自治体が実施する場合でも、公営企業の独立採算制の強化、企業経営手法の導入など、自治体の公共性を解除し、民間企業に近づける改革を総称するもの。

＊8 地域主権改革については、平岡・森・前掲『検証・地域主権改革と地方財政』を参照。

＊9 全国知事会一括交付金ＰＴ『地域自主戦略交付金・沖縄振興一括交付金（地域自主戦略交付金等）の評価と平成25年度の制度設計に向けた提言』（二〇一二年七月四日）および中核市市長会一括交付金制度検討チーム『地域自主戦略交付金に関する検討報告書』（二〇一二年七月）を参照。

＊10 政府の復興基本方針については、平岡和久「東日本大震災と復興の基本方向をめぐって」（『経済科学通信』第一二六号、二〇一一年九月）を参照。また、「人間の復興」と「惨事便乗型『構造改革』」との対抗関係については、岡田知弘『震災からの地域再生――人間の復興か惨事便乗型「構造改革」か』（新日本出版社、二〇一二年）を参照。

＊11 地方財政計画と地方交付税の制度理解については、小西砂千夫『基本から学ぶ地方財政』（学陽書房、二〇〇九年）および同『政権交代と地方財政――改革のあり方と制度理解の視座』（ミネルヴァ書房、二〇一二年）を参照。

＊12 地方債協議制・許可制については、小西・前掲『政権交代と地方財政』を参照。

＊13 自治体財政健全化法の問題点については、平岡和久・森裕之・初村尤而『財政健全化法は自治体を再建するか――事例でみる影響と課題』（自治体研究社、二〇〇八年）を参照。

＊14 道州制・自治体再編の問題については、平岡和久「地域主権改革と自治体再編・道州制」（『京都自治研究』第五号、二〇一二年六月）を参照。

（平岡和久）

第6章 グローバル化のなかの福祉国家型国民経済の展望

1 課題と視角

本章の課題は、新しい福祉国家のもとにおける安定した財政運営の基礎となる「国民経済」の展望を示すことにある。もちろん、現代の「国民経済」は、日本一国内で再生産が完結しているわけではなく、一九八〇年代半ば以降の本格的なグローバル化の進行のなかで、資本、商品、労働力の国境を越えた移動が、かつてなく拡大しつつあるなかでの一国経済として、とらえられるものである。同時に、この「国民経済」は、日本列島のどこでも同質・均等な産業構造や生活構造によって成り立っているわけではない。一人ひとりの住民の生活と経済活動の領域である地域経済が、それぞれの個性をもって基礎細胞のごとく存在し、それらが経済循環によって結合しながらより広域的な地域階層（たとえば、都道府県経済圏、関西経済などのブロック経済圏）をつくるかたちで、重層的な構造をもっている。それは、国土空間的には、東京圏への富と人口の一極集中と、列島周縁部での過疎問題が併存する、「地域経済の不均等発展」という姿をとってあらわれる。このような不均等な地域構造を内包したかたちで、日本一国単位での「国民経済」は成り立っている。だが、現代においては、資本の活動領域は、多国籍企業化のなかでグローバルな規模で拡大しており、一国経済レベルを超え、地球規模での活動空間を形成するに至っている。[*1]

このような経済のグローバル化は、一国の産業、国民生活、国や地方自治体の編成の仕方、さらに行財政構造に、大きな変容を迫ることになる。海外直接投資の増加は地域産業や税収入の空洞化をもたらし、国際競争力強化のための賃金引き下げ競争のなかで非正規・低賃金労働を求め、さらにグローバル企業が活動しやすい道州制や広域基礎自治体への再編への圧力が高まる。行財政改革は、そのようなグローバル企業の蓄積活動が促進されるように、法人税の引き下げと生産力強化への支援を求め、財源として消費税増税をはじめ大衆課税が強化されるとともに、福祉や教育、医療にかかわる財政支出の圧縮とナショナルミニマムの引き下げ、それを裏づけるための国による「地方分権（地域主権）」改革と民間企業の参入を促す規制緩和と市場化が推進されることになる。

右のような新自由主義的な構造改革は、二〇〇一年から開始された小泉内閣下で本格的に展開され、第一次安倍内閣に引き継がれたが、構造改革の矛盾が「格差と貧困」の拡大というかたちで噴出し、国民の強い反発をまねいた。結果、安倍首相は政権を投げ出し、その後の福田、麻生内閣も短命で終わり、自公政権は崩壊、代わって「生活第一」を掲げた民主党が二〇〇九年から政権を担当した。

だが、民主党政権は、鳩山代表時代に掲げた反構造改革的なマニフェストを放棄し、東日本大震災を挟んで菅内閣、野田内閣へと遷移《せんい》するなかで、日本経団連はじめ財界の支持を得るために新自由主義的な構造改革路線、惨事便乗型の「創造的復興」策に舞い戻った。しかも野田内閣末期においては、消費税増税を基幹とする「社会保障と税の一体改革」を自民・公明との三党合意によって押し切り、さらにTPP加入、原発再稼働・輸出、改憲準備も推進する姿勢を強めた。二〇一二年末の総選挙は、このような民主党政治に対する国民の怒りが爆発したものといえる。ただし、小選挙区制度の弊害が如実にあらわれ、議席数としては自民党が「圧勝」する結果となった。そのさい、自民党がマスコミを活用して争点としたのは、消費税増税でも、原発問題、憲法問題でもなく、「景気」問題であり、「デフレ脱却」問題であった。

ふたたび政権をとった安倍首相が、まず手をうったのは、総額二〇・三兆円に及ぶ緊急経済対策であり、TPP推進、原発再稼働への積極的な対応であった。第二次安倍内閣の誕生と政策方向は、日本経団連や経済同友会といった財界団体に大いに歓迎された。たとえば、日本経団連の米倉弘昌会長は、内閣発足にあたって、「総理・総裁経験者をはじめ随所に実力者を配した、極めて重厚かつ強力な布陣である。わが国は内外に課題が山積し、まさに危機と言える状況にある。新政権には、強い政治のリーダーシップを発揮し、『デフレ』からの脱却、TPPをはじめとする経済連携の推進、大胆な規制改革などを通じた成長力の強化、震災復興の加速、エネルギー政策の再構築、外交・安全保障政策の立て直しなどに積極果敢に取り組んでいただきたい。経済界も、民主導の経済成長の実現と雇用の維持・創出に全力で取り組むとともに、新政権の政策遂行に全面的に協力してゆく所存である」と、強い期待感を表明している。*2

二〇一三年一月一一日に発表された緊急経済対策は、「大胆な金融政策」「機動的な財政政策」「民間投資を喚起する成長戦略」の「三本の矢」からなる。具体的には、日銀による大幅な金融緩和と赤字国債買い入れの拡大、それによる復興・防災名目での公共事業の大幅拡大、電気自動車・省エネ技術・iPS分野への補助金投入が柱であり、これによりGDPの二%引き上げ、六〇万人の雇用創出、そして消費税増税の目安とされる二%のインフレ・ターゲットの目標達成をめざしている。

リーマン・ショックのような「百年に一度」の経済危機とはくらべものにならないほどの浅い不況局面であるにもかかわらず、前者なみの財政出動をなぜやらなければならないのか。これ自体が、経済政策としては大いに疑問なところであり、国と地方自治体の債務累積が続くなかで、さらなる赤字国債の発行が財政危機を生みだす危険性は、誰しもが指摘するところである。そこには、経済界からの要求だけではなく、第一次安倍内閣時の政権構想にあった、改憲と道州制導入、教育改革という「未完の改革」を成し遂げると同時に、民主党政権下で合意した消費税増税を遂行するための経済状態をつくるねらいがあると、容易に推測することができよう。そのための一里塚として、参議院選挙で過半数以上の議席をとることが至上命題であり、五〜六月時点での経済指標がどれだけ国民に「景気回復」を印象づけるものになるかが鍵となる。ＧＤＰについては、たとえ国債の増発が前提になったとしても、巨額の公共投資を上乗せすれば、数字上は確実に上昇する。これは、二〇〇九年度の名目ＧＤＰが四七四兆円であり、その二％が一〇兆円弱であることからも了解できよう。

かりに参議院選挙で自民党が過半数以上の議席を確保し、さらに維新の会はじめ改憲、道州制、ＴＰＰ推進勢力と連携して三分の二の議席を占めることになれば、少なくとも国会の力関係のなかでは、これらの重要課題を一気呵成《かせい》に成し遂げることができると考えているとみてよいだろう。

だが、そもそも小泉構造改革の新自由主義路線を踏襲し、新たに巨額の財政・金融動員をしたうえで、「選択と集中」によって大規模公共事業を行なっていく経済政策によって、国民一人ひとりの生活が量的にも質的にも向上することになるのだろうか。そのためには、「デフレ」と「不景気」が、どのような原因によってもたらされたものなのかを、科学的に正確に把握することが必要である。果たして、これまでどおりの大幅金融緩和や大規模公共事業によって、それは解決しうるものなのだろうか。

さらに私たちは、この間、新自由主義的構造改革が生みだす「格差と貧困」問題を体験した。それは地域的な不均等発展の拡大を意味し、グローバル企業の本社・拠点がおかれた東京経済の一極成長をもたらす一方で、三陸海岸地域に代表される農山漁村地域での産業後退と人口減少、グローバル企業の分工場が立地する地方都市での産業空洞化を経験した。さらに、二〇一一年三月一一日の東日本大震災とそれにともなう東京電力・福島第一原発事故は、戦後最悪の犠牲者を生みだすとともに、放射能汚染の広域化、長期化、深刻化という重大な問題をつきつけることになった。原子力に依存するエネルギー政策からの転換は、中長期的にみて国民の圧倒的多数が求める課題となっている。三・一一は、東京に人口・経済機能が一極集中することの脆弱性も露呈した。さらに、今後三〇年内に、東海、東南海、南海の連動性の海溝型地震や首都圏の直下型地震が起こる確率が、きわめて高くなっている。

このような災害の時代において、いかに国土の自然条件と共生しながら、各地域で人々の生活を支える地域産業や地域社会を持続していくのかが、いまを生きる私たちの世代の責務となっている。その持続可能性を実現するためには、公的な行財政権限を有する国や地方自治体の行財政のあり方が鋭く問われる時代である。私たちは、国や地方自治体の主権者でもあり、そのあり方を問い直し、改革することを、選挙や社会運動を通して、直接・間接に行なえる権利を有している。この権利をいかに行使するかという視点から、本章を展開していくことにしよう。

2 現代日本の「デフレ」「不景気」の原因は何か

図1　国内総生産とデフレーターの推移

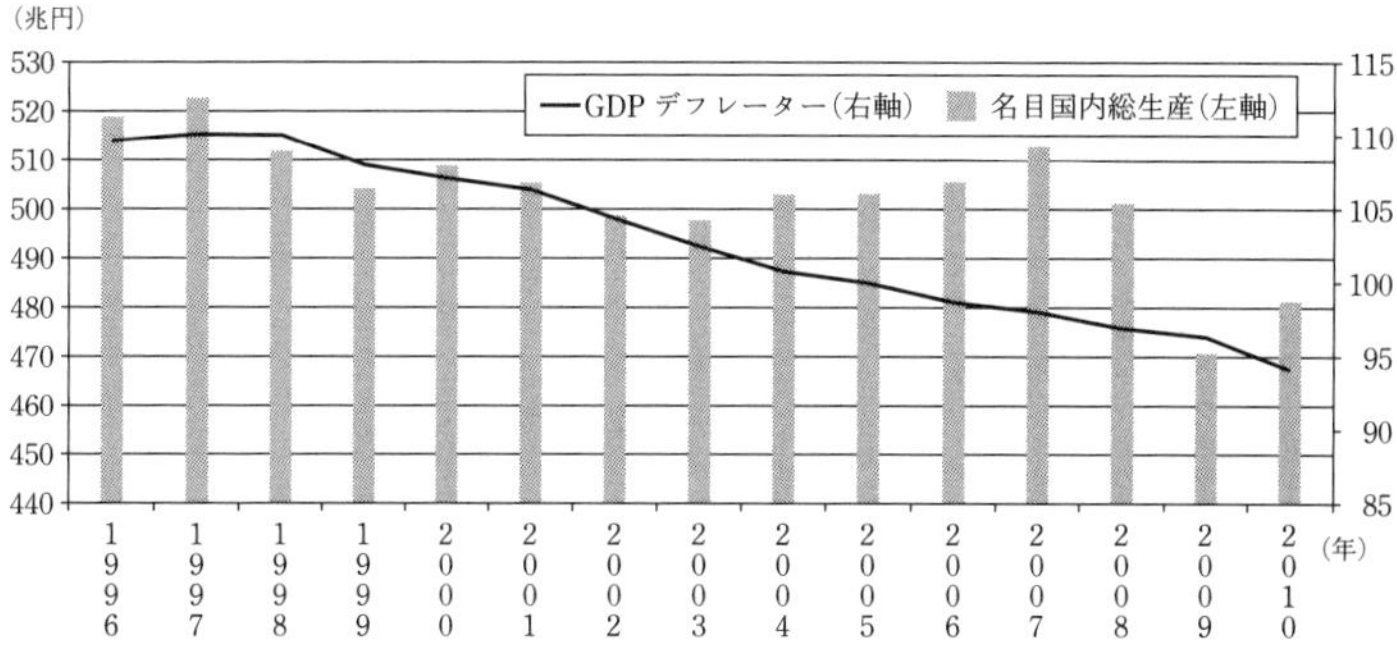

出典）内閣府「国民経済計算年報」。

(1) 世界でも最も経済的に低迷した国・日本

二〇〇一年に登場した小泉内閣による構造改革は、「改革なくして成長なし」というスローガンのもとに展開されたが、その結果は惨憺たるものであった。図1は、一九九〇年代後半から二〇一〇年までの名目国内総生産とGDPデフレーター（消費者物価指数に加え、企業や政府が購入する財やサービスの物価指数を加味した指標）の推移を示している。名目国内総生産は、橋本内閣下で消費税率引き上げがなされた一九九七年の五二三兆円をピークに減少局面に入り、小泉構造改革直前の二〇〇〇年には五一〇兆円となった。橋本内閣は、経団連の「グローバル国家」論を受けいれて「多国籍企業に選んでもらえる国」への改造をめざした橋本行革ビジョンを策定し、小泉構造改革に至る新自由主義的構造改革の先駆けとしての役割を果たした。その本格的展開をはかった小泉構造改革下では、当初目標であった経済成長は果たされず、二〇〇六年には五〇六兆円まで縮小、さらにリーマン・ショックの結果、自公政権から民主党政権に政権交代がなされた二〇〇九年には四七一兆円にまで収縮することになる。一〇年には微増傾向となるが、その翌年に東日本大震災に襲われることになる。この間、GDPデフレーターの動きをみると、やはり一九九七年をピークに二〇一〇年まで、一貫して減少傾向をたどっていることが確認できる。

こうした長期にわたる物価減少傾向を「デフレ」と定義づけたのは、小泉内閣が発足したばかりの二〇〇一年四月の「月例経済報告」であった。そこでは、「持続的な物価下落という意味において、緩やかなデフレにある」[*3]と規定されていた。だが、本来のデフレの意味は、このような皮相な意味ではない。貨幣(通貨)の価値の低下によって、商品や財の価格水準全体が高まるのがインフレーションであり、逆に貨幣価値が高まることによって名目価格水準全体が低下することをデフレーションという。このことは、歴史的には、松方デフレやドッジ・デフレに典型的に示される。かりに表面的な物価下落としてデフレ現象をとらえるならば、金融緩和によって通貨供給を増やせば、名目物価の増加を生みだすことができるという議論になる。これが、二〇〇〇年代にゼロ金利政策と大幅な金融緩和というかたちでしばしば展開されたわけだが、それによって「デフレ」からの脱却はできなかった。第二次安倍内閣の「アベノミクス」は、日銀を支配下におくことで、さらに大幅な金融緩和と二%のインフレ・ターゲットの達成をはかろうとしているが、その議論の前提がそもそも間違っているのである。

では、なぜ名目的な物価の低落が継続的に起きているのか。それは、八〇年代半ばから加速し、九〇年代半ばから本格化した、海外直接投資交流の活発化と、多国籍企業の現地法人からの安価な逆輸入品の増

表1　国内総生産・実質成長率の主要国比較

（単位：%）

	2000年	2001年	2002年	2003年	2004年	2005年	2006年	2007年	2008年	2009年	2010年
日本	2.3	0.4	0.3	1.7	2.4	1.3	1.7	2.2	−1.0	−5.5	4.4
アメリカ	4.2	1.1	1.8	2.6	3.5	3.1	2.7	1.9	−0.4	−3.5	3.0
イギリス	4.5	3.2	2.7	3.5	3.0	2.1	2.6	3.5	−1.1	−4.4	1.8
ドイツ	3.1	1.5	0.0	−0.4	1.2	0.7	3.7	3.3	1.1	−5.1	3.7
フランス	3.7	1.8	0.9	0.9	2.5	1.8	2.5	2.3	−0.1	−2.7	1.5
中国	8.4	8.3	9.1	10.0	10.1	11.3	12.7	14.2	9.6	9.2	10.4
インド	4.0	5.2	3.8	8.4	8.3	9.3	9.3	9.8	4.9	9.1	8.8
ブラジル	4.3	1.3	2.7	1.1	5.7	3.2	4.0	6.1	5.2	−0.6	7.5

出典）UN, *National Accounts Main Aggregates Database*.

大、さらに国際競争力強化を旗印にした不安定雇用の拡大と賃金の押し下げや、自動車・家電メーカーによる原材料単価の引き下げなどによるところが大きい。賃金の引き下げは、製造業分野だけではなく、商業、サービス業分野、さらには公務分野にも広がり、日本の雇用者報酬全体の大幅な縮小を引き起こしたのである。

ちなみに、経済産業省の「海外事業活動基本調査」によると、二〇一〇年度の海外生産比率は製造業全体で一八・一%、自動車などの輸送機械が三九・二%、情報通信機械が二八・四%に達している。海外雇用の規模は、二〇〇六年度の四五六万人から二〇一〇年度には四九九万人へと増加した。これらの多国籍企業の現地法人からの日本への「逆輸入額」は、二〇〇六年度の一一兆円から二〇一〇年度には一八兆円に増えている。[*4] ちなみに、二〇一〇年（暦年）の日本の輸入総額は六一兆円なので、ほぼ三割が日系多国籍企業による「逆輸入」で占められていることになる。それだけ国内生産と雇用の空洞化が進行したということである。

次に、この間の日本の国内総生産の実質成長率の推移を、表1によって、国際比較してみよう。日本の実質成長率は、二〇〇〇年代前半には、

表2　雇用者報酬の国際比較（各国通貨ベースでの指数比較）

	1995年	2000年	2005年	2007年	2008年	2009年
日本	100	101	94	95	95	90
アメリカ	100	138	168	187	192	186
イギリス	100	138	175	195	199	201
ドイツ	100	110	112	117	121	121
フランス	100	121	145	157	162	163
イタリア	100	119	148	161	167	166
スウェーデン	100	131	158	177	182	180
韓国	100	136	208	235	249	259
インド	100	156	237	305	375	441

出典）内閣府「国民経済計算年報確報」，OECD Database，UN data。

ドイツを若干上回っていたもののアメリカやイギリス、フランス、さらに中国やインドなどのＢＲＩＣｓ諸国のそれを大幅に下回る二％前後で推移していた。しかし、二〇〇八年のリーマン・ショックを挟んで、表に示した諸国のなかで最も落ちこみが激しく、低迷した国となった。ちなみに『平成二一年経済財政白書』は、自動車とＩＴ製品の輸出割合が高い国ほど、リーマン・ショック後の輸出額の落ちこみが激しい傾向にあり、なかでも日本は輸出依存度が最も高い国であったがゆえに輸出の落ちこみが最大であったと指摘している。[*5] この結果、日本国内の自動車、家電メーカーの工場などで「派遣切り」が横行し、さらに工場閉鎖が広がったことは記憶に新しい。輸出に依存した経済構造の脆さが、この二〇〇八年経済危機の教訓である。

では、なぜ日本経済は、これほどパフォーマンスが悪いのか。その主因は、表２で示される。国内で生産され、国内外で販売・実現された経済的果実は、国民所得として分配される。どの国においてもその最大部分を占めるのは雇用者報酬であり、これに企業所得と財産所得が続く。これらの付加価値が、国や地方自治体の財源の基本部分をなす。そこで、雇用者報酬の指数推移を各国比較してみたものが本表である。一九九五年を一〇〇とすると、二〇〇九年時点でこれを割り込んでいるのは、主要な先進国および新興国のなかでも日本しかない。アメリカはほぼ二倍に増えているし、最も伸び率が低いドイツでも二割も増えているのである。雇用者の賃金および社会保障給付受取の総額が減少していることが、この間の日本の国民所得を、他国と比較して押し下げている最大原因であるといえる。

(2) 国民経済の収縮と就業構造の縮小再編

そこで、表3で、二〇〇一年度以降二〇一〇年度までの国民所得の推移を、構成要素ごとにみてみよう。小泉構造改革が開始された二〇〇一年度時点での国民所得は、三六八兆円であったが、二〇一〇年度には三四八兆円へと二〇兆円も減少した。なかでも雇用者報酬は二三兆円減と、減少額の最大部分を占め、財産所得も一兆円弱の減少であったが、企業所得のほうはこの間に三・四兆円、とくに非金融法人の所得は八・六兆円も増加していることが注目される。金融法人は、リーマン・ショックの影響で四兆円を超える減少を記録しており、非金融系の法人企業において企業所得の増加をみたのである。しかし、非金融系法人の企業所得の増加は、国民所得全体を引き上げることにはならなかった。というのも、二〇一〇年度時点での国民所得全体の構成比をみると、全体の七〇%を雇用者報酬が占めており、企業所得は二四%を占

表3　国民所得の推移と構成

項目	暦年（実数，兆円）					構成比	2001～10年増減数	2001～10年減少寄与率
	2001	2005	2008	2009	2010	2010		
1．雇用者報酬	267.0	254.0	255.7	243.3	243.9	70.2%	−23.1	112.1%
2．財産所得（非企業部門）	21.4	23.0	24.8	21.3	20.4	5.9%	−0.9	4.5%
3．企業所得（法人企業の分配所得受払後）	79.7	96.8	86.4	75.2	83.2	23.9%	3.4	−16.6%
（1）民間法人企業	41.0	54.0	48.7	37.2	45.3	13.0%	4.2	−20.6%
a．非金融法人企業	30.0	43.2	39.8	29.9	38.6	11.1%	8.6	−41.8%
b．金融機関	11.0	10.8	8.9	7.3	6.7	1.9%	−4.4	21.2%
（2）公的企業	3.3	5.9	3.4	3.4	2.7	0.8%	−0.6	2.9%
（3）個人企業	35.5	36.9	34.3	34.7	35.2	10.1%	−0.2	1.1%
4．国民所得（要素費用表示）（1＋2＋3）	368.1	373.8	366.9	339.8	347.5	100.0%	−20.6	100.0%

注）1．国民所得は通常4．の額をいう。
　　2．企業所得＝営業余剰＋財産所得の受取－財産所得の支払
　　3．濃いアミカケのところは，その項目のピークをあらわしている。
出典）内閣府『2010年度国民経済計算』。

めるにすぎない。資産・投資家が受け取る財産所得に至っては、わずか六％である。

高度経済成長期においては、この雇用者報酬が、就業者数の増加と賃金の上昇によって急激に増大し、一九六〇年代後半のいざなぎ景気のさいには、全体の経済成長の七割が個人消費支出と個人住宅建設によって牽引された。家電やバイク、自動車の普及につれて、設備投資も誘発されたのである。このときの輸出の増加寄与率は一四％にすぎず、しかも輸入額は輸出額とほぼ同額であったために、貿易による経済成長をはるかに超える国内市場の質的量的拡大が、他方で公害問題などを引き起こしながら、なされたのである。[*6]

二〇〇〇年代に入ってからの日本経済全体の動向は、この高度経済成長期とは反対に、政府の構造改革政策と輸出メーカーによる海外への生産移転、低賃金・不安定雇用化労務政策の結果、必然的に収縮の道を歩ん

だといえる。

次に、二〇〇〇年代後半における経済活動別国内総生産の推移を、表4でみてみよう。

第一に、二〇〇五年度に五〇四兆円だった国内総生産は、〇七年度に五一三兆円とピークを迎える。しかし、その後リーマン・ショックを挟んで縮小し、二〇一〇年度には四八二兆円と、〇五年度にくらべて二二兆円も減少した。第二に、これを産業別にみると、卸売・小売業の一〇・五兆円減、金融・保険業の七・二兆円減、製造業の六・三兆円減の減少額の大きさがめだつ。個人消費および国内生産の低迷に加え、リーマン・ショックによる金融資産の大幅な減価によるものである。第三に、ほとんどすべての産業が生産活動を低下させているのに対して、この間に増加している業種が二つある。一つは不動産業であり、もう一つが公共サービス業である。前者は、都市開発や高齢化による不動産売買の増加によるものと考えられ、後者は医療、福祉分野での高齢者市場の拡大が要因となっている。

このような産業別の経済活動の動向は、就業構造の再編方向も規定した。第一に、表5によると、二〇〇〇年代に就業者総数は、絶対数で三四二万人減少し、五%を上回る減少率を記録した。これは、完全失業者と高齢リタイア年齢層の増加による。とくに完全失業者数は、二〇〇〇年国勢調査の三一二万人から二〇一〇年には四〇九万人へと増加、完全失業率も四・七%から、調査史上最高の六・四%に跳ね上がった。とくに、若年層の完全失業率は一五〜一九歳で一二・八%、二〇〜二四歳で九・九%となっており、深刻になっている（二〇一〇年国勢調査）。第二に、産業別就業人口の動向をみると、製造業、建設業、卸

表4　経済活動別国内総生産（名目）の推移

項目	暦年（実数，10億円）						2005〜10年	
	2005	2006	2007	2008	2009	2010	増減数	増減率
1．産業	445, 662	447, 674	453, 695	440, 946	412, 615	423, 509	−22, 153	−5. 0%
(1)農林水産業	6, 108	5, 957	5, 854	5, 700	5, 440	5, 556	−551	−9. 0%
(2)鉱業	400	397	392	353	283	287	−113	−28. 2%
(3)製造業	99, 699	100, 268	103, 565	98, 666	83, 351	93, 362	−6, 336	−6. 4%
a．食料品	12, 846	12, 605	12, 822	12, 699	12, 543	12, 737	−109	−0. 9%
j．一般機械	11, 084	11, 737	12, 336	12, 163	8, 288	9, 489	−1, 595	−14. 4%
k．電気機械	15, 610	16, 133	17, 154	15, 369	12, 138	14, 093	−1, 517	−9. 7%
l．輸送用機械	12, 635	12, 686	13, 780	12, 651	9, 771	11, 841	−794	−6. 3%
(4)建設業	29, 018	29, 547	29, 385	28, 091	26, 948	26, 656	−2, 363	−8. 1%
(5)電気・ガス・水道業	11, 712	11, 259	10, 423	9, 661	11, 132	10, 972	−740	−6. 3%
(6)卸売・小売業	74, 814	71, 743	69, 871	70, 111	64, 136	64, 352	−10, 462	−14. 0%
(7)金融・保険業	30, 789	30, 215	30, 808	25, 082	23, 742	23, 630	−7, 159	−23. 3%
(8)不動産業	54, 042	55, 365	55, 721	56, 013	56, 879	57, 005	2, 963	5. 5%
(9)運輸業	24, 379	25, 428	26, 483	25, 383	22, 974	23, 503	−877	−3. 6%
(10)情報通信業	26, 269	26, 764	27, 181	27, 306	26, 189	26, 199	−70	−0. 3%
(11)サービス業	88, 433	90, 731	94, 012	94, 580	91, 541	91, 988	3, 555	4. 0%
a．公共サービス	24, 023	24, 347	25, 517	25, 778	27, 322	28, 869	4, 846	20. 2%
b．対事業所サービス	33, 776	35, 187	36, 796	37, 610	33, 853	32, 875	−900	−2. 7%
c．対個人サービス	30, 635	31, 196	31, 700	31, 191	30, 367	30, 243	−391	−1. 3%
2．政府サービス生産者	45, 500	45, 651	45, 872	45, 881	45, 054	44, 108	−1, 392	−3. 1%
3．対家計民間非営利サービス生産者	9, 445	9, 965	9, 993	9, 878	9, 667	10, 001	555	5. 9%
小計	500, 608	503, 291	509, 559	496, 705	467, 336	477, 618	−22, 990	−4. 6%
輸入品に課される税・関税	4, 770	5, 408	5, 712	5, 945	4, 368	4, 847	77	1. 6%
(控除)総資本形成に係る消費税	2, 860	2, 984	3, 455	3, 405	2, 410	2, 570	−290	−10. 1%
国内総生産（不突合を含まず）	502, 517	505, 715	511, 816	499, 245	469, 295	479, 894	−22, 624	−4. 5%
統計上の不突合	1, 386	972	1, 159	1, 964	1, 844	1, 880	494	35. 6%
国内総生産	503, 903	506, 687	512, 975	501, 209	471, 139	481, 773	−22, 130	−4. 4%

出典）内閣府『2010年度国民経済計算』。

表5　産業別就業者数の推移（2000〜10年）

（単位：千人）

産業大分類	2000年	2005年	2010年	割合(%) 2000年	割合(%) 2010年	1995〜2010年 増減数	増減率(%)	減少寄与率(%)
総　　数	63, 032	61, 530	59, 611	100. 0	100. 0	▲3, 421	−5. 4	100. 0
A 農業，林業	2, 955	2, 767	2, 205	4. 7	3. 7	▲750	−25. 4	21. 9
B 漁業	253	214	177	0. 4	0. 3	▲76	−30. 0	2. 2
C 鉱業，採石業，砂利採取業	46	31	22	0. 1	0. 0	▲24	−52. 2	0. 7
D 建設業	6, 346	5, 440	4, 475	10. 1	7. 5	▲1, 871	−29. 5	54. 7
E 製造業	11, 999	10, 486	9, 626	19. 0	16. 1	▲2, 373	−19. 8	69. 4
F 電気・ガス・熱供給・水道業	338	295	284	0. 5	0. 5	▲54	−16. 0	1. 6
G 情報通信業	1, 555	1, 613	1, 627	2. 5	2. 7	72	4. 6	−2. 1
H 運輸業，郵便業	3, 218	3, 171	3, 219	5. 1	5. 4	1	0. 0	0. 0
I 卸売業，小売業	11, 394	10, 760	9, 804	18. 1	16. 4	▲1, 590	−14. 0	46. 5
J 金融業，保険業	1, 751	1, 514	1, 513	2. 8	2. 5	▲238	−13. 6	7. 0
K 不動産業，物品賃貸業	1, 065	1, 118	1, 113	1. 7	1. 9	48	4. 5	−1. 4
L 学術研究，専門･技術サービス業	1, 974	1, 910	1, 902	3. 1	3. 2	▲72	−3. 6	2. 1
M 宿泊業，飲食サービス業	3, 803	3, 664	3, 423	6. 0	5. 7	▲380	−10. 0	11. 1
N 生活関連サービス業，娯楽業	2, 404	2, 330	2, 199	3. 8	3. 7	▲205	−8. 5	6. 0
O 教育，学習支援業	2, 606	2, 675	2, 635	4. 1	4. 4	29	1. 1	−0. 8
P 医療，福祉	4, 274	5, 332	6, 128	6. 8	10. 3	1, 854	43. 4	−54. 2
Q 複合サービス事業	695	668	377	1. 1	0. 6	▲318	−45. 8	9. 3
R サービス業（他に分類されないもの）	3, 452	4, 289	3, 405	5. 5	5. 7	▲47	−1. 4	1. 4
S 公務（他に分類されるものを除く）	2, 142	2, 085	2, 016	3. 4	3. 4	▲126	−5. 9	3. 7
T 分類不能の産業	761	1, 168	3, 460	1. 2	5. 8	2, 699	354. 7	−78. 9

注）1．総務省統計局において，2000年国勢調査新産業分類特別集計のデータを用いて，新旧分類間の分割比率を算出して推計した。

2．2005年国勢調査新産業分類特別集計結果による。

3．2000年〜05年は，「労働者派遣事業所の派遣社員」（2010年は153万1000人）は，産業大分類「サービス業（他に分類されないもの）」下の産業小分類「労働者派遣業」に分類されていたが，2010年は派遣先の産業に分類していることから，時系列比較には注意を要する。

4．「第１次産業」には，「農業，林業」および「漁業」が含まれ，「第２次産業」には，「鉱業，採石業，砂利採取業」，「建設業」および「製造業」が含まれ，「第３次産業」には，「電気・ガス・熱供給・水道業」，「情報通信業」，「運輸業，郵便業」，「卸売業，小売業」，「金融業，保険業」，「不動産業，物品賃貸業」，「学術研究，専門・技術サービス業」，「宿泊業，飲食サービス業」，「生活関連サービス業，娯楽業」，「教育，学習支援業」，「医療，福祉」，「複合サービス事業」，「サービス業（他に分類されないもの）」および「公務（他に分類されるものを除く）」が含まれる。なお，割合は分母から「分類不能の産業」を除いて計算している。

5．2000〜05年は，一部の調査票を抽出して集計した抽出詳細集計にもとづいて推計・集計しており，基本集計（すべての調査票を用いた集計）とは一致しない。

出典）総務省統計局「国勢調査」。

売・小売業の減少数が大きく、とくに製造業従業者数が第一位産業から第二位産業になっていることが注目される。これに対して、従業者が増加している産業は、「分類不能の産業」が最も多く、これに「医療・福祉」が続く。前者の内実については、不明な点が多いが、明確に産業分類できない、あるいは複数の職種に就業している人々が増えていることの反映である点は間違いないであろう。そのうえで、サービス業のなかでも「医療・福祉」就業者が増えつづけ、全就業者の一割を超えるに至ったことに注目すべきである。第三に、雇用の不安定化である。二〇一〇年国勢調査から、臨時雇用を派遣会社社員とパート・アルバイト等に区分した集計を開始しているが、そのデータによると、雇用者総数四六二九万人のうち六六%の三〇五〇万人が正規の職員・従業員であり、これにパート・アルバイト等の一四三二万人（三一%）、派遣会社社員一五三万人（三%）が続き、非正規雇用の合計値は一五〇〇万人近くに達した。とくにパート・アルバイトの比率は、女性のほうが圧倒的に高く、五〇%を占めた。ちなみに、二〇〇〇年の臨時雇用総数は六七二万人、二〇〇五年は七七二万人となっており、二〇〇五年の臨時雇用比率が一五%にすぎなかったことをみれば、この間にいかに雇用の不安定化が進行したかが了解できよう。

したがって、以上のような就業者数の減少と、雇用の不安定化がベースとなって、これに賃金の抑制、引き下げが加わり、雇用者報酬および就業機会の収縮が、負のスパイラルのかたちをとって進行したといえよう。

3　地域から日本経済を担う経済主体は誰か

(1)　経済的価値を生み出す主体

「アベノミクス」は大幅な金融緩和が経済成長につながるとし、TPP論議では輸出を促進することで経済成長が達成されるとしている。しかし、どちらの議論も経済学の長い歴史のなかで謬論として確定した議論である。いくら通貨供給したとしても、実体経済で再投資をする資本の活動が生まれなければ経済の拡大再生産にはならず、インフレないし投機が進むだけであり、経済的な富は増加しない。また、世界経済を計算単位にすればわかるように、輸出を増やしても、片面では同額の輸入がなされるため、貿易自体によって世界の経済的価値が増えるわけではない。これは、アダム・スミスやマルクスが俗流経済学を批判するさいに、繰り返し強調した点である。

では、資本主義経済のもとでの経済的価値は、誰がどのように生みだすのか。それは、労働者が労働によって生みだす価値であり、その価値が資本家の経営する企業で、資本に転化し、価値増殖と資本蓄積を拡大するのである。労働者が生みだす価値は、機械や原材料、工場や事業所のような施設の更新に使われる不変資本（c）と、みずからの賃金である可変資本（v）、そして資本家の受けとる利潤の源泉となる剰余価値（m）に分かれ、翌年の再生産の原資となる。このうち、vとmの合計値が付加価値に相当し、前述の国民所得となる。農家や自営業の場合はvとmを家族経営のなかで生みだしている。また、地方自治体やNPOは、mを追求することはないが、vの生産を行なっているといえる。国や地方自治体の税金のほとんどは、これらのvとmに源泉をもつ。たとえば、個人所得税や個人消費に関わる消費税などはvを、また法人税などはmを源泉にしている。

したがって、税収はもちろん、雇用や地域経済・社会の持続可能性を確保しようとすれば、労働者の生みだす付加価値を、地域経済および国内においていかに持続可能なかたちで再生産しつづけることができるかにかかっている。一国経済は、労働者や勤労者の生活する領域である狭域的な地域に足場をおく経済主体の再投資の積層によって形成されている存在である。ただし、資本主義的企業は、その経済活動の蓄積領域を大きく拡大し、人間の生活領域を越え、さらに県境や国境を越えて、いまやグローバルな規模で展開するようになっており、みずからが育った地域での再投資活動を停止したり、削減したりするケースも増えている。また、農林漁業分野での経営体は、たんに経済的価値を生みだす存在ではなく、素材的側面において、国土に手を加え、その保全を行なうという重要な役割を果たしており、再投資活動が、人間と自然との関係の再生産にもつながっているといえる。

このような地域内再投資が、日本列島において、どのような経済主体によって、いかなる地域構造をともないながら行なわれているのかが、ここで検討すべき課題である。とくに、〈現代日本経済は多国籍企業が主役であり、その活動を支援することこそが経済成長の基本である〉とする「グローバル国家」論の根拠を客観的に検証してみることにしたい。

(2) 大企業の比重はどの程度なのか

まず、日本経済および国の税収に占める大企業のウェイトを、表6によってみてみよう。ここでは、通例にしたがい、資本金一〇億円以上を大企業とみなして、「経済センサス」および国税庁統計によって、概観をとらえている。第一に、二〇〇九年の「経済センサス」によれば、個人事業所や農家等を除く全法人企業に占める大企業の比率は、〇・三％である。分工場や支店、支所等の事業所数は、全法人企業事業所数の八・七％である。従業者ではより大きな比重をもち、二四・七％と全体の四分の一を占める。ただし、表には示していないが、法人企業従業者総数は四一二七万人であり、表5でみた二〇一〇年の総就業者数五九六一万人の約七割に相当するので、総就業者比率でみると一七％程度になる。一％にも満たない大企業が、企業従業者の四分の一、全就業者数の一七％近くを占めていること自体、その支配力の強さを示しているものの、決して過半あるいは七～八割を占めているわけではないことに留意したい。第二に、資本金額では五七％、法人税額では四七％を大企業が占めているほか、給与支払額の二三％、源泉徴収額の二五％を大企業従業員が占めており、国税収入の面では比較的高い比重となっている。ただし、所得税

表6　資本金10億円以上企業のウェイト

項目	調査時点	ウェイト	備考	出典
企業数	2009年	0.3%	対企業数	①
事業所数	2009年	8.7%	対企業保有事業所数	①
従業者数	2009年	24.7%	対企業従業者数	①
法人数	2010年	0.2%	対法人数	②
資本金	2010年	56.9%	対法人資本金総額	②
営業収入	2010年	33.4%	対法人営業収入総額	②
支払配当額	2010年	66.3%	対法人支払配当総額	②
法人税額	2010年	47.0%	対法人法人税総額	②
所得税特別控除	2010年	54.9%	対法人所得税特別控除総額	②
外国税特別控除	2010年	74.9%	対法人外国税特別控除総額	②
試験研究特別控除	2010年	74.5%	対法人試験研究特別控除総額	②
民間給与支給額	2010年	22.8%	対民間給与支給総額	③
民間給与源泉徴収額	2010年	25.1%	対民間給与源泉徴収総額	③

出典）①総務省「平成21年経済センサス　基礎調査」。
②国税庁「平成22年　会社標本調査結果」。
③国税庁「平成22年　民間給与実態統計調査結果」。

控除、外国税控除、そして試験研究控除の比率は五五%～七五%となっており、税の優遇はそれ以上に大企業のシェアが高いことも確認できる。第三に、大企業の支払配当金額の比率は全法人の六六%を占め、法人税比率の四七%を大きく超えており、節税しながら配当金の比重を増やしている様子がみてとれる。

そこで図2によって、一九八〇年代後半から二〇一〇年に至る、大企業の所得と利益処分、税負担の長期的な傾向を検討してみよう。この統計では、資本金一〇億円以上の利益計上法人のデータがベースとなっている。申告所得は、この間バブル景気絶頂期の一九九〇年（二五・七兆円）と、それを凌駕する二〇〇六年度（二九・〇兆円）の二つのピークを記録しながら、二〇〇八年度のリーマン・ショックで一四・〇兆円と大きく落ちこむかたちで、変動を繰り返していることが確認できる。

図2　大企業利益計上法人の所得と法人税負担の推移

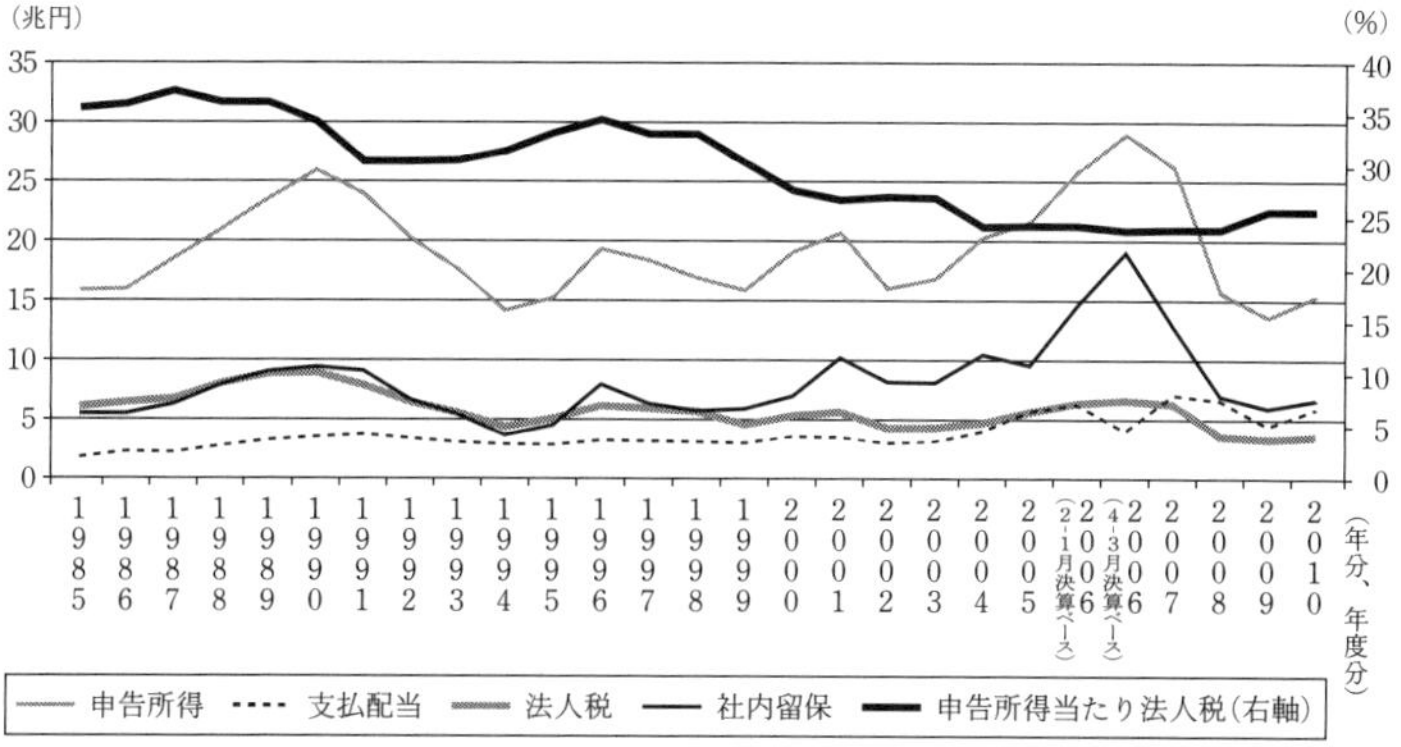

注）2005年までは暦年，2006年以降は年度。
出典）国税庁「会社標本調査」。

次に、大企業の利益処分先を、大きく法人税、社内留保、支払配当の三大項目に分けてみると、興味深い実態が浮かび上がる。一九九〇年時点での利益処分は、法人税八・八兆円、社内留保九・四兆円、支払配当三・三兆円という配分であった。法人税と社内留保の関係をみると、この時期までほぼ同水準であったものが、橋本内閣下での消費税率引き上げと対《つい》になった法人税率の引き下げ、内部留保促進策の結果、社内留保額が法人税を大きく上回るようになり、小泉構造改革下の二〇〇六年度には最高の一八・三兆円を記録するに至る。さらに、法人税と支払配当の関係をみると、やはり小泉構造改革期になされた配当・利子所得優遇策の結果、二〇〇二年度以降に支払配当額が増加傾向に転じ、〇五年度には法人税と肩を並べ、翌年度には逆転することになった。リーマン・ショックによって〇九年度の支払配当は一時的に減少するものの、翌年度以降は元に戻ることになる。

図3　大企業の税収入に占める比重

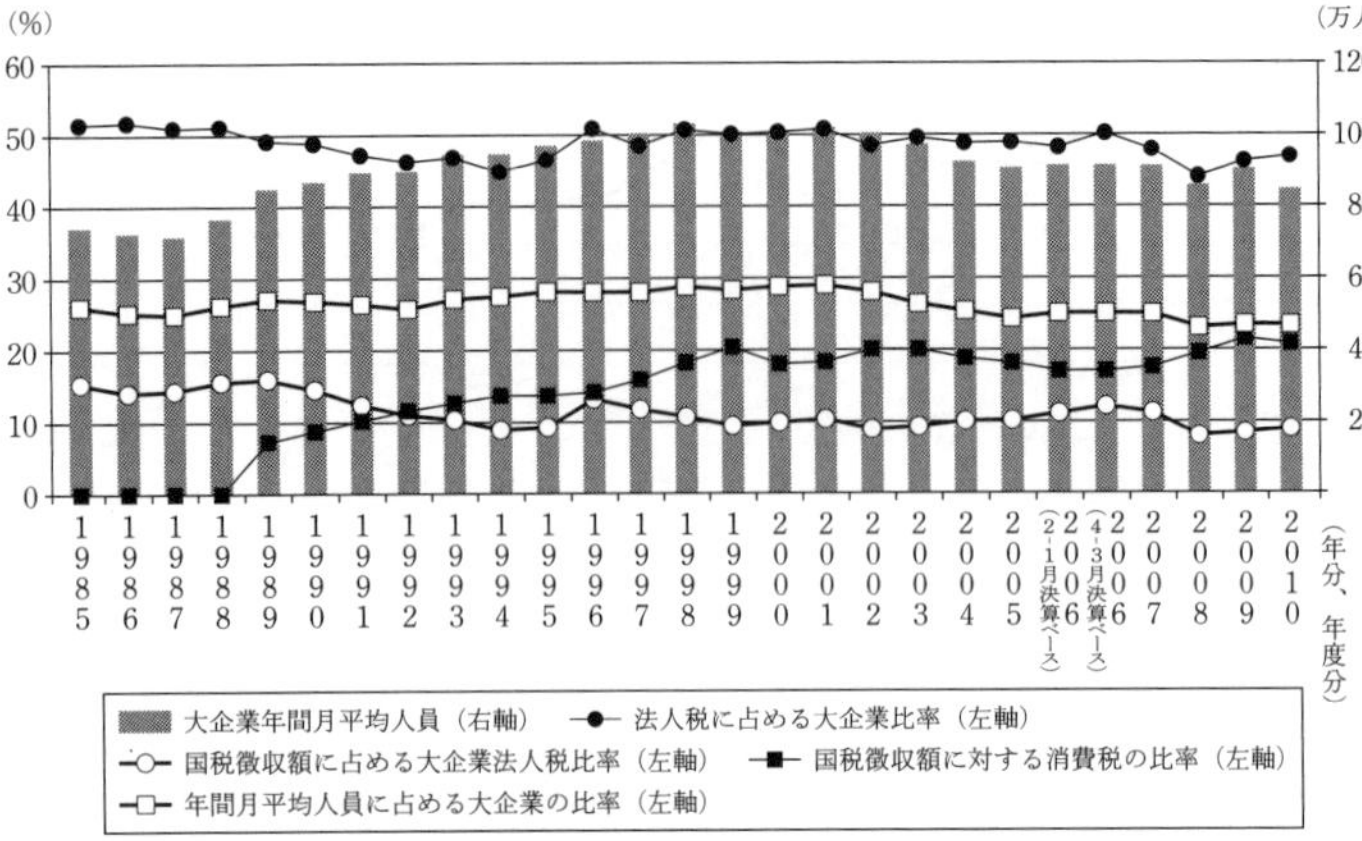

注）2005年までは暦年，2006年以降は年度。
出典）国税庁「国税庁統計」。

その結果として、大企業の申告所得に占める法人税の負担率は、バブル期にあたる一九八七年の三七・〇%をピークに傾向的に低下し、小泉内閣期の二〇〇〇年代初頭に三〇%ラインを割り、第一次安倍内閣期の二〇〇七年度には二四%に低下した。民主党政権期において二五%に微増するものの、大企業による法人税負担の回避傾向は、橋本行革以来一貫したものであることが確認できよう。

それでは、大企業が負担する法人税額は、全体の法人税や国税収入全体に対して、どの程度の比重を占めているのだろうか。図3は、これとあわせて、大企業に勤務する従業者の雇用や源泉徴収額の比重を示している。第一に、法人税全体に占める大企業の比率は、一九八六年度の五二・七%がピークであり、小泉構造改革期の二〇〇二年度には、過半を割りこんで四八%台となる。二〇〇八年度には四三%まで低下し、一〇年度には四七%まで戻るものの、法人税の過半は中小企業・中堅企業が負担する構造となっている。第二に、先にみたように法人税そのものが減少傾向にあるなかで、国税収入全体に占める大企業の法人税収入の比率こそ、重要な指標である。これは、消費税導入年である一九八九年の一六％がピークであり、九〇年代初頭には一〇％前後に低下、二〇〇八年度には八％まで低下していることがわかる。第三に、大企業で働き、給与の源泉徴収対象となる年間月平均人員数は、一九九八年の一〇八八万人がピークであり、小泉構造改革期の二〇〇三年に一〇〇〇万人を割り込み、二〇一〇年には八四四万人まで減少した。この間のリストラや派遣労働への切り替えが、いかに激しかったかがわかる。そのうえで、国税徴収額に対する大企業の源泉徴収額の比率を計算すると、二〇〇一年の二九％がピークであり、一〇年には二三％まで低下している。つまり、雇用の面でも、雇用者報酬面での税負担の面でも、せいぜい四分の一のウェイトをもっているにすぎない。最後に、この大企業の従業員だけでなく、中小企業の従業員や経営者、農林漁家が最終的に負担する消費税の比重が、制度が導入された一九八九年以来、高くなっていることに注目したい。消費税の国税収入に対する比率は、一九八九年には七％の比率であったが、九二年には一一・八％となって法人税の比率を上回るようになり、さらに橋本行革下で消費税率が引き上げられた結果、九九年には二〇・二％と、法人税の比重の二倍になってしまうのである。民主党政権下の二〇〇九年度・一〇年度になると、法人税の比重が八％台であるのに対して、消費税の比重は二一％と、三倍弱の開きになりつつある。

つまり、大企業の剰余価値（m）部分からの国税負担が軽減される一方で、大企業の雇用者を含む労働者の賃金部分（v）、さらに中小企業・業者・農林漁家の個人所得や賃金部分を原資とする源泉徴収や消費税負担が増大して、財政が維持されてきた構造である。しかも、それだけでは財源が足りず、社会福祉関係支出、地方財政支出を削減しながら、巨額の国債を発行して財源を調達してきたわけである。ここで大いに留意しなければならない点は、巨額国債は、大銀行や証券、保険会社を中心とした金融資本によって引き受けられ、国庫からの元利払いは、大企業を除く経済主体によって毎年支払われている財源からまかなわれている点である。その金額は、年間二〇兆円を超えるに至っている。

4 経済のグローバル化と持続可能性の危機

(1) 海外への生産シフトと大企業

ここまで、日本の経済や財政に占める大企業の比重が、客観的にどの程度なのか、また時系列的にどのような傾向をたどってきたのかを検討してきた。本節ではさらに、海外直接投資による生産の海外シフトに代表される経済のグローバル化が、日本経済と、その地域経済構造に与えている影響について、定量的に把握してみたい。というのも、九〇年代末以来、「グローバル国家」論にもとづく海外直接投資や輸出促進政策が、日本の「成長」の基本戦略におかれ、第二次安倍内閣においてもTPP推進による投資、貿易、労働力移動の自由化が推進されようとしているからである。その妥当性を検討しなければならない。

表7は、資本金一〇億円以上の大企業が、海外事業活動に占める比重を示している。政財界やマスコミの論調は、円高や労賃高、法人税率高など(いわゆる「六重苦」)によって、日本の製造業がすべて海外に移動するかのようなキャンペーンをはっている。しかし、この表からもわかるように、まず海外生産比率は製造業平均で一八・一%であり、業種別にみると最高の輸送機械(自動車等)の三九・二%から最低の石油・石炭(二・四%)、金属製品(三・九%)、食料品(五・〇)まで、大きな開きがある。第二に、海外に展開している企業は製造業企業だけではなく、商社を含む卸売業はじめ多くの非製造業にわたる。第三に、各産業ですべての規模の企業が海外にシフトしているわけではない。同調査に回答した企業の三七・六%は大企業であるが、その比重は、本社の常時従業者数の八一・五%、売上高の九〇・三%、輸出額の九四・一%、経常利益の九〇・七%、現地法人からの受取収益の八五・五%を占めており、業種別の不均等性をともないながら、明らかに大企業の圧倒的な比重のもとでグローバル化が進められてきたことを確認することができよう。第四に、この表の右側にある、経常利益に占める現地法人からの受取収益の比重をみると、製造業平均で二五・三%となっているが、なかでも輸送機械は六〇%と過半を大きく超え、これに非鉄金属の四〇・一%、電気機械の三五・六%が続き、海外生産比率を上回る収益依存度になっている。非製造業でも、商社に代表される卸売業が三九・八%となっている。多国籍企業本社が受けとる現地

表7　日本企業の海外事業活動に占める大企業の比重（2010年度）

	製造業海外生産比率（%）	資本金10億円以上大企業の比率（%）							経常利益に占める海外受取収益比率（%）	輸出高に占める現地法人向け比率
		集計企業数（常時従業者数項目）	常時従業者数	売上高	輸出高	現地法人向	経常利益	現地法人からの受取収益		
合計		37.6	81.5	90.3	94.1	94.5	90.7	85.5	19.5	59.9
製造業	18.1	37.9	84.1	91.5	95.0	95.7	90.3	93.9	25.3	62.1
食料品	5.0	42.7	80.0	87.5	88.7	91.4	84.6	84.8	9.7	67.2
繊維	6.2	24.7	68.0	79.7	80.6	57.4	89.2	63.6	15.2	19.7
木材紙パ	4.5	46.9	84.1	94.1	90.3	81.6	91.4	95.6	10.6	34.5
化学	17.4	54.6	86.9	92.8	94.9	95.4	94.6	97.3	9.4	47.8
石油・石炭	2.4	54.5	95.9	99.6	98.7	94.7	98.9	99.3	7.7	9.1
窯業・土石	13.6	44.4	81.5	92.3	94.5	97.6	94.6	96.3	17.3	69.6
鉄鋼	11.2	49.3	89.2	96.2	99.2	97.6	96.3	97.7	14.1	15.5
非鉄金属	14.7	43.2	79.1	91.6	94.2	91.7	92.2	96.6	40.1	35.4
金属製品	3.9	19.9	56.2	68.3	63.7	61.0	70.5	60.3	13.8	56.8
はん用機械	28.3	40.0	78.1	92.0	93.1	97.8	88.1	96.9	22.5	65.7
生産用機械	11.1	33.1	72.7	81.3	89.2	94.0	83.6	94.4	24.3	53.9
業務用機械	13.8	38.0	74.5	78.5	84.3	94.9	71.7	89.4	28.5	77.5
電気機械	11.8	45.2	94.6	96.8	98.0	97.9	96.0	97.1	35.6	75.1
情報通信機械	28.4	45.4	90.7	95.4	97.5	97.3	94.6	95.1	30.7	70.6
輸送機械	39.2	35.3	86.3	91.3	95.4	95.8	85.7	94.2	60.1	68.7
その他の製造業	9.1	27.7	69.3	82.3	90.4	88.7	83.3	86.2	17.6	56.3
非製造業		37.0	77.1	88.7	90.4	76.4	91.2	67.0	11.5	36.3
農林漁業		28.6	×	×	×	×	×	×	×	×
鉱業		72.2	91.3	97.0	67.1	×	97.7	×	×	×
建設業		71.6	94.7	97.6	97.2	91.7	96.8	95.8	2.1	3.7
情報通信業		36.2	73.8	77.1	77.0	61.0	82.0	73.1	0.3	30.3
運輸業		46.7	85.9	86.7	54.2	88.5	92.0	13.0	4.9	67.2
卸売業		26.0	59.0	86.6	90.8	75.9	87.4	92.4	39.8	36.1
小売業		46.2	85.6	91.2	74.0	72.6	91.3	93.9	1.2	82.1
サービス業		33.5	65.2	81.6	97.4	81.8	83.6	91.6	11.9	93.5
その他の非製造業		60.8	×	×	×	×	×	87.6	×	30.4

注）×印は秘匿数字である。
出典）経済産業省『第41回海外事業活動基本調査』（2011年）。

法人の利益は、これ以外に企業内貿易による移転価格操作（本来の価格よりも割高に設定することによって、現地法人から所得を移転させる方法）がある。輸送機械はじめ金属加工組立産業だけでなく、食料品、さらにサービス業、小売業においても六～七割が現地法人向けの輸出となっており、この移転価格操作による収益を得ていると考えられる。

さらに、ここで留意しなければならないことは、海外現地法人の再投資行動である。二〇一〇年度の『海外事業活動基本調査』によると、調査対象全企業の現地法人の経常利益は一〇・九兆円、五六・三％の増加であり、前回調査にも回答した企業のみ（以下、連続回答企業）に絞ると五三・一％増であった。当期純利益は七・七兆円、六四・三％の増加であったが、連続回答企業ベースで五七・五％増となっていた。その利益処分の使途をみると、当期内部留保額が四・七兆円と、一五〇・九％も増加した。連続回答企業ベースでも一一〇・九％の大幅な伸びであり、内部留保による資本蓄積に力点をおいていることがわかるであろう。これは海外現地法人が利益を海外において蓄積・再投資する動きとして注目されよう。[*7]

(2) 中小企業の経済活動と地域経済

以上のような大企業の海外事業活動への傾斜に対して、中小企業の海外進出は、どの程度なのであろうか。「中小企業実態基本調査」によると、二〇一〇年度時点で、「海外に子会社・関連会社・事業所のある企業」は、合計一万六九二六社と推計されている。絶対数では、かなり多いようにみえるが、全体の中小

表8　中小企業の商品（製品）の仕入先・販売先（2010年度決算ベース）

	全産業（法人企業）					建設業（法人企業）				
	計	5人以下	6～20人	21～50人	51人以上	計	5人以下	6～20人	21～50人	51人以上
母集団企業数（社）	1, 668, 082	1, 088, 770	383, 955	117, 907	77, 450	320, 831	216, 760	85, 212	14, 206	4, 654
仕入を行なった企業数（社）	629, 147	411, 121	142, 659	44, 469	30, 898	37, 832	26, 147	9, 388	1, 564	733
仕入先の種類別の割合	100. 0%	100. 0%	100. 0%	100. 0%	100. 0%	100. 0%	100. 0%	100. 0%	100. 0%	100. 0%
中小企業から仕入れた割合	49. 5%	59. 1%	58. 4%	49. 2%	42. 2%	69. 6%	74. 0%	82. 8%	39. 5%	49. 2%
大企業から仕入れた割合	40. 2%	27. 7%	33. 5%	40. 8%	47. 5%	25. 5%	21. 2%	14. 4%	34. 4%	49. 2%
海外から直接輸入した割合	6. 1%	6. 5%	5. 8%	7. 6%	5. 4%	0. 8%	4. 0%	—	0. 1%	—
上記以外のその他から仕入れた割合	4. 1%	6. 6%	2. 3%	2. 4%	4. 9%	4. 1%	0. 8%	2. 7%	26. 0%	1. 6%
販売先の種類別の割合	100. 0%	100. 0%	100. 0%	100. 0%	100. 0%	100. 0%	100. 0%	100. 0%	100. 0%	100. 0%
中小企業に販売した割合	47. 7%	53. 4%	54. 1%	50. 2%	40. 7%	56. 4%	65. 4%	63. 9%	47. 4%	38. 9%
大企業に販売した割合	22. 4%	10. 8%	18. 7%	23. 9%	28. 4%	13. 7%	10. 4%	2. 3%	10. 9%	35. 7%
海外に直接輸出した割合	2. 5%	5. 2%	0. 9%	1. 6%	2. 7%	—	—	—	—	—
個人消費者に販売した割合	22. 2%	25. 6%	21. 6%	17. 3%	23. 6%	21. 2%	21. 8%	31. 5%	12. 5%	5. 5%
上記以外のその他に販売した割合	5. 2%	5. 0%	4. 7%	6. 9%	4. 6%	8. 7%	2. 4%	2. 3%	29. 3%	20. 0%
販売地域	100. 0%	100. 0%	100. 0%	100. 0%	100. 0%	100. 0%	100. 0%	100. 0%	100. 0%	100. 0%
国内・海外問わず	4. 2%	2. 8%	3. 9%	7. 9%	13. 0%	3. 8%	5. 2%	0. 8%	—	—
海外	0. 4%	0. 5%	0. 2%	0. 1%	0. 6%	—	—	—	—	—
国内全域	19. 9%	14. 4%	25. 1%	29. 3%	35. 6%	8. 4%	4. 3%	18. 2%	12. 4%	14. 8%
近隣都道府県	23. 4%	23. 2%	23. 9%	24. 4%	23. 2%	18. 7%	20. 6%	11. 2%	19. 3%	58. 5%
同一県内	17. 5%	18. 1%	18. 1%	14. 8%	13. 2%	32. 3%	32. 8%	32. 3%	28. 7%	19. 7%
近隣市町村	19. 3%	22. 4%	17. 5%	11. 9%	8. 4%	26. 1%	28. 2%	21. 5%	28. 9%	—
同一市町村	15. 3%	18. 7%	11. 5%	11. 6%	6. 0%	10. 7%	8. 8%	15. 9%	10. 7%	7. 0%

注）1．「仕入を行なった企業数」は，推計過程の四捨五入の影響から，内訳と計が一致しない場合がある。
2．割合は，小数点第２位を四捨五入しているため，内訳と計が一致しない場合がある。
3．個人企業の「販売先の種類別の割合」および「販売地域」は，調査していないため，不詳「…」とした。
4．従業者規模別表は，「常用雇用者」の規模で分類している。

出典）中小企業庁「平成23年度中小企業実態基本調査」（2012年）。

企業数に占める比率は、〇・四六%にとどまる。業種別にみると、卸売業の二・一二%が最も高く、これに製造業の一・四八%が続く。*8

すでにみたように、中小企業は、事業所数や従業者数という指標において、地域経済の圧倒的部分を占めているが、これにくわえて、原材料・商品の仕入れ、商品・サービスの販売といった取引関係において、地域内の中小企業等と活発な商取引を行なっており、地域内産業連関を幾重にもつくることによって、地域内経済循環を形成し、資本を回転させ、地域内再投資力を形成している点で、重要な役割を果たしている。表8は、同じく「中小企業実態基本調査」にもとづいて、仕入先と販売先を、全産業と建設業で比較してみたものである。第一に、全産業の仕入先では、中小企業からが四九・五%と最も多く、これは従業員規模が小さくなるほど高くなる傾向にある。大企業からも四〇・二%を仕入れているが、輸入依存度は六・二%である。第二に、同じく全産業の販売先では、中小企業が四七・七%と最も多く、大企業と個人消費者がほぼ同じ二二%台になっている。第三に、全産業の販売地域においては、規模が小さくなればなるほど同一県内あるいは同一市町村内比率が高くなる傾向にある。ちなみに、同一県内、近隣市町村、同一市町村内比率の合計値は、全産業合計で五二・一%となっているが、五人以下では五九・二%に及ぶ。また、海外および「国内・海外問わず」を合計すると全産業合計では四・六%にとどまるが、五一人以上では一三・六%となる。それにしても、圧倒的に内需であることが確認できよう。最後に、建設業の場合、とくに地域内への販売比率が高く、同一県内、近隣市町村、同一市町村内比率の合計値は七割近くに達する。住宅改修助成制度の地域波及効果が確実な理由も、このような産業的特質に規定されたものである。[*9]

(3) 東京・大都市圏への経済的果実の集中と地域格差

ここまでは、主として日本一国単位で、大企業と中小企業が、全体として、あるいは産業別・規模別にみて、日本経済や財政にいかなるポジションを占め、近年のグローバル化のなかでどのような傾向をたどってきたかを考察してきた。今度は、より具体的に都道府県レベルにまで降り立って、地域経済の不均等発展を念頭においた分析を行なうことにする。

表9は、資本金一〇億円以上の大企業が有する事業所およびそこでの従業者の比率を、本社が所在する都道府県別の企業数、事業所数、従業者数との対比および全国構成比という指標で示している。なお、本統計のデータの母数には、農業者などの自営業従事者数は入らないため、やや過大な数字になっていることに留意したい。まず全国平均をみると、大企業のウェイトは、企業数で〇・三%、事業所数で八・七%、従業者数で二四・七%となっているが、これらの数字は全体の半数を占める東京都の数値によって左右されているといってよい。すなわち、企業数で全国平均を上回っているのは、東京都の一・〇%、大阪府の〇・四%の二都府だけである。同様に、事業所数で全国平均を上回っているのは、やはり東京都の二三・六%と大阪府の九・〇%だけである。さらに従業者数では、東京都の四六・四%、大阪府の二九・一%の二つだけである。逆に、一〇%を切っている県は、過半数を超える二六に達する。つまり、大企業の本社

表9　資本金10億円以上大企業の都道府県別比重

（単位：社，所，人）

	資本金10億円以上企業			県内全企業に対する比重(%)			全国に占める比率(%)		
	企業数	事業所数	従業者数	企業数	事業所数	従業者数	企業数	事業所数	従業者数
全国	5,806	244,931	10,212,101	0.3	8.7	24.7	100.0	100.0	100.0
北海道	89	2,889	101,147	0.1	2.6	7.5	1.5	1.2	1.0
青森県	19	433	20,573	0.1	2.0	7.2	0.3	0.2	0.2
岩手県	21	443	13,938	0.1	2.1	5.0	0.4	0.2	0.1
宮城県	58	1,822	52,690	0.2	4.2	9.9	1.0	0.7	0.5
秋田県	14	352	12,979	0.1	2.0	5.9	0.2	0.1	0.1
山形県	22	578	26,129	0.1	2.7	9.4	0.4	0.2	0.3
福島県	27	1,961	51,063	0.1	4.9	10.6	0.5	0.8	0.5
茨城県	48	1,359	48,430	0.1	2.9	8.3	0.8	0.6	0.5
栃木県	33	1,413	47,093	0.1	3.6	10.3	0.6	0.6	0.5
群馬県	42	1,515	97,105	0.1	3.6	17.6	0.7	0.6	1.0
埼玉県	112	6,213	225,738	0.1	5.2	16.1	1.9	2.5	2.2
千葉県	107	3,546	240,437	0.2	4.0	21.1	1.8	1.4	2.4
東京都	2,799	143,573	5,668,528	1.0	23.6	46.4	48.2	58.6	55.5
神奈川県	293	7,447	308,413	0.3	4.7	15.4	5.0	3.0	3.0
新潟県	57	2,085	55,770	0.2	4.3	8.8	1.0	0.9	0.5
富山県	51	1,020	48,974	0.3	4.5	15.5	0.9	0.4	0.5
石川県	41	666	26,731	0.2	2.6	8.4	0.7	0.3	0.3
福井県	20	349	15,539	0.2	2.0	7.1	0.3	0.1	0.2
山梨県	18	240	11,322	0.1	1.5	6.1	0.3	0.1	0.1
長野県	50	892	52,806	0.1	1.9	9.6	0.9	0.4	0.5
岐阜県	37	1,754	49,908	0.1	4.1	9.4	0.6	0.7	0.5
静岡県	101	3,593	134,996	0.2	4.6	13.3	1.7	1.5	1.3
愛知県	314	10,392	664,943	0.3	6.1	24.6	5.4	4.2	6.5
三重県	35	995	43,704	0.2	3.4	11.0	0.6	0.4	0.4
滋賀県	19	546	37,984	0.1	2.7	13.9	0.3	0.2	0.4
京都府	85	2,554	165,923	0.2	5.0	22.3	1.5	1.0	1.6
大阪府	615	21,446	1,115,648	0.4	9.0	29.1	10.6	8.8	10.9
兵庫県	151	5,603	183,820	0.2	5.9	14.9	2.6	2.3	1.8
奈良県	9	273	7,684	0.1	1.8	4.3	0.2	0.1	0.1
和歌山県	15	359	25,071	0.1	2.5	13.5	0.3	0.1	0.2
鳥取県	9	101	3,396	0.1	1.0	2.9	0.2	0.0	0.0
島根県	5	346	6,499	0.1	2.6	4.2	0.1	0.1	0.1
岡山県	38	1,278	33,636	0.1	3.2	7.1	0.7	0.5	0.3
広島県	80	4,431	148,530	0.2	6.6	17.0	1.4	1.8	1.5
山口県	28	1,325	48,642	0.2	5.1	14.8	0.5	0.5	0.5
徳島県	11	226	9,895	0.1	1.5	6.1	0.2	0.1	0.1
香川県	29	724	31,595	0.2	2.9	11.1	0.5	0.3	0.3
愛媛県	25	757	33,738	0.1	2.7	9.4	0.4	0.3	0.3
高知県	11	294	8,266	0.1	2.4	5.9	0.2	0.1	0.1
福岡県	143	5,815	215,164	0.2	5.8	15.2	2.5	2.4	2.1
佐賀県	9	331	8,224	0.1	2.7	5.2	0.2	0.1	0.1
長崎県	16	267	11,337	0.1	1.2	4.4	0.3	0.1	0.1
熊本県	28	428	18,945	0.1	1.4	5.3	0.5	0.2	0.2
大分県	19	977	30,623	0.1	4.5	11.1	0.3	0.4	0.3
宮崎県	13	268	8,908	0.1	1.5	4.1	0.2	0.1	0.1
鹿児島県	14	593	20,381	0.1	2.0	5.9	0.2	0.2	0.2
沖縄県	26	459	19,236	0.2	2.5	7.4	0.4	0.2	0.2

出典）総務省「平成21年経済センサス　基礎調査」から作成。

機能が集まる東京都および大阪府において、事業所数や従業者数に占める大企業の比率が、平均値を押し上げているものの、大多数の県では中小企業が圧倒的な比重を占めているのである。

さらに、この表では、大企業の本社および事業所、従業者数の、それぞれ四八・二％、五八・六％、五五・五％が、東京都に集中していることが確認できる。第二位の大阪府が一〇％前後であることから、その格差は歴然である。前述したように、海外事業活動による直接投資の収益還流と輸出額の九割近くは大企業本社に集中していた。経済のグローバル化は、東京をはじめとする多国籍大企業の本社が立地する大都市に富が集中することになる。実際、二〇〇一年時点での経済産業省調査によると、海外売上高（海外直接投資収益と輸出額）の七割が東京都に集中し、大阪府と愛知県に一割ずつ還流していたことが確認できる。[*10]

本社と現地法人との間の収益還流構造は、グローバルなレベルだけではなく、日本国内における地域間関係においても、基本構造にすえられている。図4は、二〇〇九年度の第一次産業、第二次産業、第三次産業の都道府県別シェアと、二〇一〇年度の法人所得の都道府県別シェアをグラフ化したものである。法人所得が東京都に四五・二％も集中していることがわかる。各産業の生産額シェアを大きく上回っているので、他地域からの移転所得によって積み上がっていることがわかる。この所得の源泉は、海外からの収益以上に、国内にある大企業の分工場、支店、支社、店舗等からの収益である。同様の本社機能を、大阪府や愛知県も有しているが、大阪府の場合、二〇〇〇年代初頭に金融ビックバンによって住友、三和という二つの金融グループの本社機能が東京に統合移転した結果、東京都にくらべると四分の一の法人所得シ

図4　都道府県別に見た生産額と法人所得の不均等性（2009／10年の全国シェア）

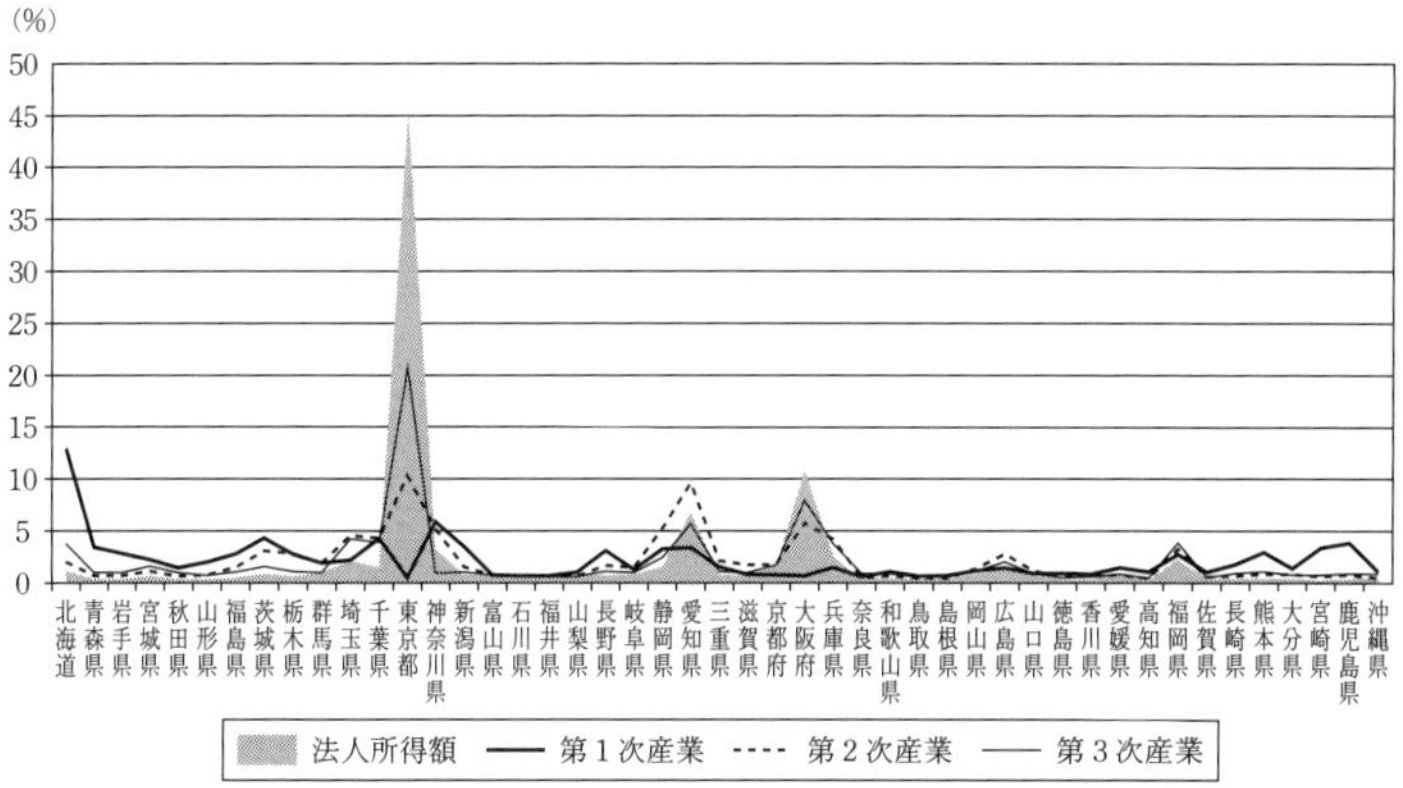

出典）内閣府「2009年県民経済計算年報」，国税庁「2010年国税統計」。

ェア（一一・五％）しかなく、東京資本と拮抗するような力関係にはない。また、愛知県の場合、自動車をはじめとする第二次産業のウェイトは九・五％と高い水準にあるものの、法人所得シェアは六・九％となっており、他の圧倒的多くの道府県と同様、東京に所得移転する地域となっている。

このような東京に集積する大企業の本社機能は、日本の地域経済構造だけでなく、東京経済をたいへん歪んだものにしている。それは、東京都が地域内での社会格差の最も大きな都市となっていること[*11]に加え、東京経済の他地域との関係における物質代謝関係の歪みに求められる。図5は、東京都産業連関表（二〇〇五年）にもとづいて、産業部門別の地域間取引を描いている。同表では、他県と異なり、「本社」も一つの産業部門とみなし、本社業務サービスを他地域に移出することによる所得移転を明確にとらえることができる。この図によれば、東京都の移出黒字二八兆円の半分にあたる一四兆円が、本社機能によって他地域から還流したものである。

図5　東京都の産業別純移出入構造（移出入額）

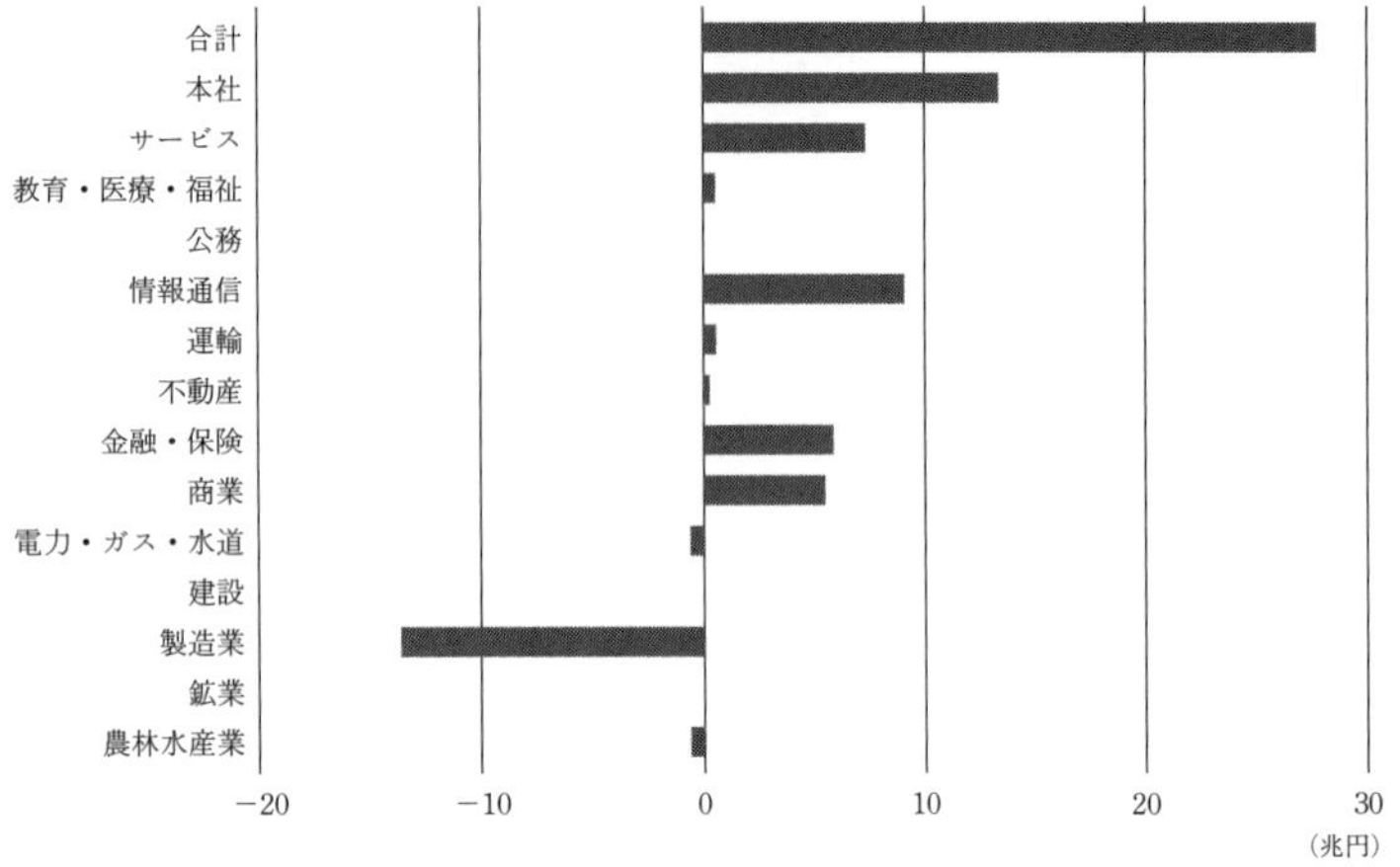

出典）東京都「2005年東京都産業連関表」。

これに、情報通信の九兆円、サービス業の七兆円、金融・保険および商業の各六兆円の出超産業が続く。東京は、これらの黒字部門によって、地方や海外の製造業、電気・ガス・水道業、農林水産業がつくりだした食料、エネルギー、水、工業製品を購入している構造となっているのである。

このような東京経済の脆さは、東日本大震災によって白日のもとにさらされたといえる。大地震による物流の途絶にくわえ、東京に電力を供給していた福島第一原発の事故と放射能汚染の拡大によって、電気エネルギーはもとより、食料や水、空気さえ安全かつ安定的に得られず、大混乱をきたすことになった。[*12] したがって、東日本大震災後、首都直下型地震や連動性の海溝型地震が、東京、名古屋、大阪などの大都市圏域を襲う確率が高まるなかで、これまでのような多国籍企業の業務空間の形成のための大都市開発に重点をおいた国土政策は、根本的に見直しをしなければならない時代に立ちいたっているといえる。ところが、以上のような大企業の所得移転への法的規制や税制改革の動きがないばかりでなく、道州制への移行をめざして、地域経済の不均等性を事後的に調整する仕組みである地方交付税交付金制度を廃止すべきだとする財界や維新の会などの政策提起が繰り返しなされる状況であり、この問題に根本的なメスを入れることが強く求められている。[*13]

(4) 人間社会の持続可能性の危機

さらに大きな視点からとらえるならば、新自由主義的な経済構造改革政策が本格化した一九九〇年代末から、日本の地域社会は、人間が生きていくことができないという意味で、持続可能性の危機に陥っているといえる。生活保護率は過去最悪記録を更新しつづけ、経済的な理由が多くを占める自殺者数はいまや一四年連続三万人を超えるに至り、人口当たり自殺率は先進国中最悪の数字となっている。そして、ほぼ同数の「無縁死」が、存在するという。労働力の非正規化を進める労働法制の規制緩和、さらに高齢者への負担を強いた社会保障構造改革、そして市町村合併や「三位一体の改革」による地方財政支出の削減と公共サービスの市場化・民間化などによる公務員削減のなかで、住民の孤立化が進行し、持続可能な社会関係が崩れてきている。[*14]

それは、人口の再生産ができない地域の広がりを意味している。表10は、国勢調査にもとづいて、二〇〇五年から一〇年にかけての都道府県別人口、就業人口、高齢化の動向を示している。この間、日本全体

表10　人口および就業者数の増減率（2005～10年）

都道府県・市区町村名	人口増減数（人）	人口増減率（%）	15歳以上就業者数増減率（%）	65歳以上人口割合（%）
全国	289, 358	0. 2	−3. 1	23. 0
北海道	−121, 318	−2. 2	−3. 6	24. 7
青森県	−63, 318	−4. 4	−6. 7	25. 8
岩手県	−54, 894	−4. 0	−8. 3	27. 2
宮城県	−12, 053	−0. 5	−4. 4	22. 3
秋田県	−59, 504	−5. 2	−8. 5	29. 6
山形県	−47, 257	−3. 9	−7. 5	27. 6
福島県	−62, 255	−3. 0	−7. 5	25. 0
茨城県	−5, 397	−0. 2	−2. 8	22. 5
栃木県	−8, 948	−0. 4	−3. 9	22. 0
群馬県	−15, 928	−0. 8	−4. 9	23. 6
埼玉県	140, 174	2. 0	−0. 8	20. 4
千葉県	159, 827	2. 6	−1. 7	21. 5
東京都	582, 777	4. 6	1. 6	20. 4
神奈川県	256, 744	2. 9	−3. 9	20. 2
新潟県	−57, 009	−2. 3	−5. 7	26. 3
富山県	−18, 482	−1. 7	−5. 5	26. 2
石川県	−4, 238	−0. 4	−2. 3	23. 7
福井県	−15, 278	−1. 9	−5. 1	25. 2
山梨県	−21, 440	−2. 4	−6. 7	24. 6
長野県	−43, 665	−2. 0	−5. 2	26. 5
岐阜県	−26, 453	−1. 3	−4. 5	24. 1
静岡県	−27, 370	−0. 7	−4. 7	23. 8
愛知県	156, 015	2. 2	−0. 9	20. 3
三重県	−12, 239	−0. 7	−3. 0	24. 3
滋賀県	30, 416	2. 2	−1. 0	20. 7
京都府	−11, 568	−0. 4	−2. 3	23. 4
大阪府	48, 079	0. 5	−3. 5	22. 4
兵庫県	−2, 468	−0. 0	−2. 5	23. 1
奈良県	−20, 582	−1. 4	−6. 0	24. 0
和歌山県	−33, 771	−3. 3	−5. 7	27. 3
鳥取県	−18, 345	−3. 0	−5. 7	26. 3
島根県	−24, 826	−3. 3	−5. 7	29. 1
岡山県	−11, 988	−0. 6	−3. 5	25. 1
広島県	−15, 892	−0. 6	−3. 9	23. 9
山口県	−41, 268	−2. 8	−7. 1	28. 0
徳島県	−24, 459	−3. 0	−7. 2	27. 0
香川県	−16, 558	−1. 6	−5. 8	25. 8
愛媛県	−36, 322	−2. 5	−4. 2	26. 6
高知県	−31, 836	−4. 0	−9. 3	28. 8
福岡県	22, 060	0. 4	−1. 5	22. 3
佐賀県	−16, 581	−1. 9	−3. 3	24. 6
長崎県	−51, 853	−3. 5	−4. 2	26. 0
熊本県	−24, 807	−1. 3	−4. 5	25. 6
大分県	−13, 042	−1. 1	−3. 7	26. 6
宮崎県	−17, 809	−1. 5	−3. 9	25. 8
鹿児島県	−46, 937	−2. 7	−4. 1	26. 5
沖縄県	31, 224	2. 3	3. 2	17. 4

出典）「国勢調査報告」。

としては二九万人、〇・二%の人口増加となっているが、都道府県別にみると、増加しているのは、東京都と隣接県、愛知県、大阪府と滋賀県、福岡県、沖縄県といった九都府県にすぎない。しかも、一五歳以上の就業人口となると、増加しているのは、東京都と沖縄県のみである。沖縄県は、人口の自然増と転入人口の多さによって増加傾向となっている。家族を養えるだけの仕事と所得がなければ、その地域に定住し、結婚・育児を行ない、人口を維持・増加させることにはならない。そのような就業機会・所得機会がなければ、人口減少と高齢化が進行するのは必然である。二〇一〇年の高齢化率は、全国平均で二三%となったが、秋田県では二九・六%、島根県では二九・一%と、三割近くに達している。二七%を超える高齢化率地域は、東北、中国、四国地方となっており、この間の経済のグローバル化政策の展開によって農林水産業や地場産業が衰退したうえ、誘致工場の閉鎖や市町村合併の影響がとくに大きかった地域である。これに、東日本大震災をはじめとする地震災害や集中豪雨による水害・土砂災害の頻発が追いうちをかけたといえる。

日本社会の持続可能性が危機に瀕している、もう一つの問題がある。それは人間社会の存続にとって必要不可欠な食料とエネルギーをめぐる再生産の危機である。高度経済成長期以来の輸入自由化政策によって、日本の石油・石炭自給率はゼロ%にまで落ち、穀物自給率は三〇%を切る事態となった。しかも、これまで外国の食料やエネルギーを購入する原資となっていた貿易黒字幅は、図6のように近年漸減傾向をたどり、とうとう二〇一一年には赤字を記録するに至った。これは、震災による一時的な減少ではなく、海外直接投資の増加にともなう構造的な要因によるところが大きい。経常収支構造をみると、二〇〇五年には、海外投資にともなう所得収支の黒字が、はじめて貿易黒字を上回る事態となり、二〇〇六年の『通商白書』は、これを「経常収支発展段階説」を援用して、貿易立国から英米型の「投資立国」への転換で

図6　海外生産比率と貿易収支・所得収支の推移

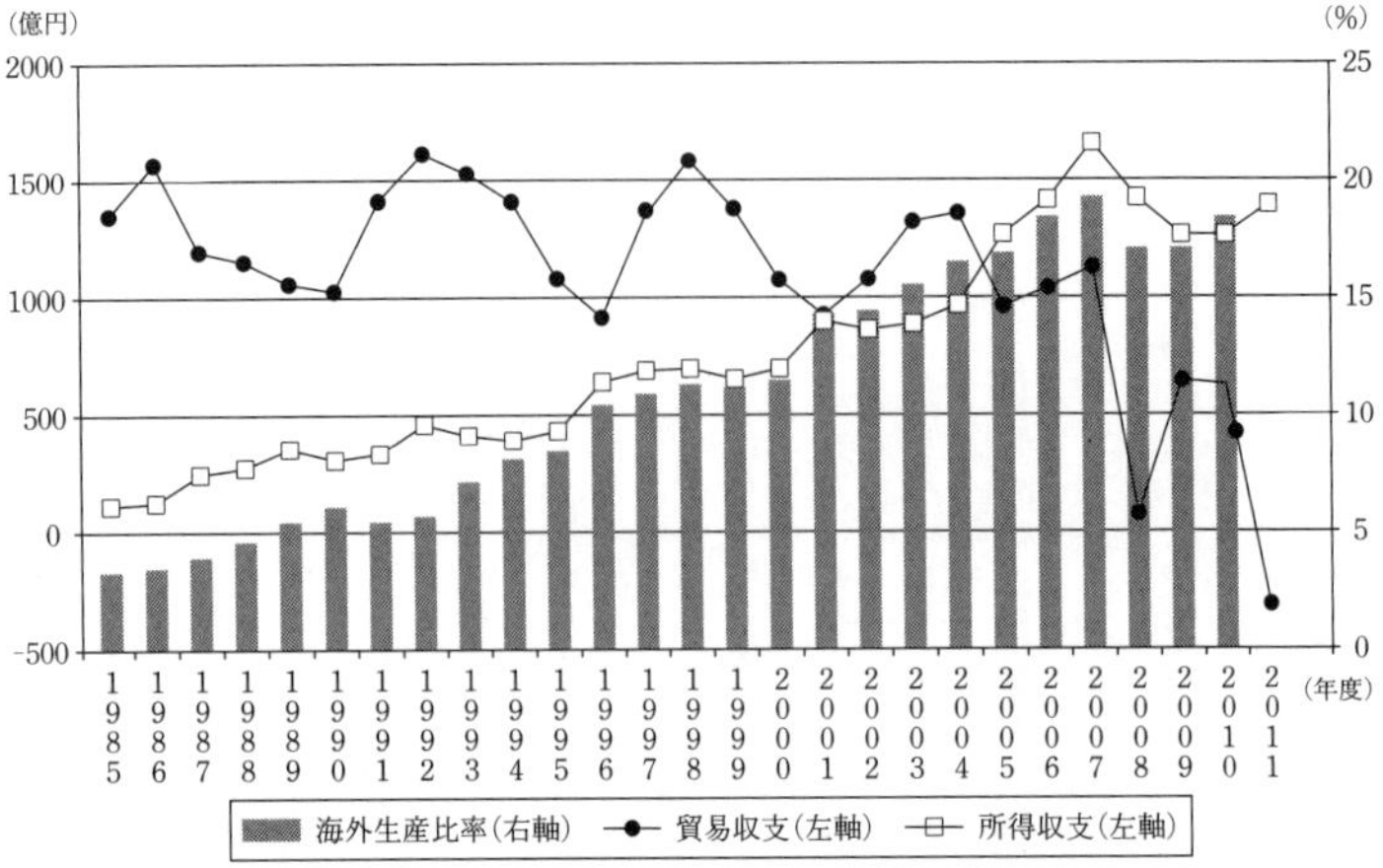

注）海外生産比率は，現地法人売上高／(現地法人売上高・国内法人売上高)×100。
出典）財務省「国際収支総括表」，経済産業省「海外事業活動基本調査」各年版。

あると評価し、今後ともこの「投資立国」の道を歩むべきだとした。しかし、英米両国とも、穀物自給率は一〇〇%を超え、国内にエネルギー資源を保有している国であることを忘れてはならない。しかも、「投資」の利益は、リーマン・ショックで明らかなように不安定なうえ、地域的・社会的偏在性をともなう。ちなみに、二〇一〇年度の利子・配当所得の源泉徴収額の、実に六〇・七%が東京都に集中し、以下大阪府の七・九%、愛知県の五・一%が続き、上位三都府県で全体の四分の三近くを占めているのである。[*15] 他の圧倒的多くの地域では、食料もエネルギーも安定供給できなくなる危険水域に達しているといえる。

　人間の生存と経済活動の根本条件である食料とエネルギーの海外依存度の高さは、日本の持続可能性の危機に直結する。このことはリーマン・ショック前後のエネルギー危機、食料危機によって、明白な事実として浮かび上がった。また、東日本大震災や原発事故を教訓とするならば、日本の農山村が抱える豊かな農林資源をいま一度見直し、基本食料や木質バイオマス・水力などの自然エネルギーの供給力を戦略的に強化することが、何よりも必要な時代であるといえる。そのことは、農山村での人口定住の促進や国土保全能力の向上、さらには輸入食料品や木材の削減による地球環境問題への貢献という、世界的な課題に応えることにもつながるだろう。

5 おわりに

本章では、経済のグローバル化が進むなかで、何ゆえに日本経済が「失われた二〇年」といわれるような衰退局面に入っているかを、客観的データで示してきた。それは同時に、地域から日本経済を形成、担っている真の経済主体が誰であるかを、客観的・定量的に明らかにする作業でもあった。

経済のグローバル化と、それを推し進める新自由主義的構造改革政策・財政改革は、東京に拠点をおく一部大企業の利益を増大させはしたものの、国内の雇用や就業機会、雇用者所得を減らし、地域経済や社会を疲弊させるだけでなく、国土保全機能も低下させることになった。さらに、地域的格差をともなった社会的格差と貧困の拡大は、人間社会の絆を破壊し、自殺や孤独死を増大させた。市町村合併による公務員削減と行政サービス削減はこれを助長するだけでなく、東日本大震災のさいに明らかになったように、災害対応にも、災害後の復旧・復興にも支障をきたす地域を、日本列島上に大きく押し広げたのである。

ふたたび政権の座についた安倍首相は、すでに失敗が明らかとなった構造改革政策と国土強靭化計画の名による公共事業拡大政策を展開し、二〇一三年の参議院選挙前後には、TPP推進、消費税引き上げ決定、原発再稼働と輸出推進、そして道州制導入や憲法改定を政治目標として描いている。そこには、無節操な赤字国債発行と日銀引き受けによる公共事業依存政策や新自由主義的な構造改革政策への反省はもちろん、東日本大震災と原発事故からの教訓も、見出すことができない。このような道は、日本の持続的発展にとって、むしろ障害物となっていることは、本章のデータ分析から明白であるといえる。

現に地域から日本経済を担っている主体は、勤労者や中小企業経営者、農林業者であり、それらが組織する会社、協同組合、NPO、地方自治体であった。大企業が海外に逃避するなかで、それぞれの地域で地域経済や納税の主力をなすのは彼らであった。

まず必要なことは、大幅金融緩和ではなく、彼らの雇用者報酬や所得を直接増やすことであり、社会保障給付を増加させて、消費購買力を高めていくことである。そうなれば、内需が拡大し、それに依存する地域中小企業や農林漁家の所得も就業機会も増え、生活手段生産のための設備投資も増大するであろう。さらに、原発ではなく自然エネルギーの発電所を全国各地に市民主導でつくることで、新たな雇用や所得が生まれるだけでなく、森林や河川との共生関係も強めることが可能となるであろう。これらは決して夢物語ではなく、地方自治体が主導して、中小企業振興基本条例や公契約条例、住宅改修助成事業、自然エネルギー事業など、多様な形態で、地域中小企業とともに展開していることである。

さらにもう一つ重要な問題は、大企業の資本蓄積活動へのコントロールを強化することである。不安定雇用化や低賃金労働化を止め、法人税などの税負担を相応の水準で求めるとともに、地域経済への貢献を法（米国にあるローカルコンテンツ法や地域再投資法のような法律）や条例によって促進することや、米国の「工場閉鎖法」にならい、勝手な工場・事業所閉鎖を許さない社会的制度を整備することも必要である。そして、地方で生産された経済的価値を東京本社に容易に移転させず、地域内に循環させる社会的制度の整備も求められる。

現に、少なくない地域において、住民が担い手である中小企業、農家、協同組合、NPOと地方自治体との協同によって、ネットワークが広げられ、地域内経済循環を高めることによって、地域内再投資力の形成がなされつつある。[*16]

そこでは、各企業、組織、団体ごとの個別問題対応型の社会運動から、それらを横につないでいく地域づくり型の社会運動が展開されつつあるといえる。たんに個々の経済主体の経済的利益だけでなく、崩れつつある人間関係、コミュニティの再構築であり、都市と農村との連携、自然や国土との共生、地球環境問題への貢献とも結びついた、質の高い社会運動を見出すことができる。

先進国内と途上国内の各地域と国が、それぞれ個性を磨きあげることによって、相互の自律性と経済主権を最大限に尊重したうえで、互いに共生できる、持続可能な世界をつくりだすことができる。一部の国の少数の多国籍企業が経済的利益の拡大だけを追求するようなグローバリズムを超えた、一つひとつの国や地域の住民の暮らしの向上を第一にした、真のグローバル社会が形成されていくことになるであろう。

そのような意味で、現代とは、人間らしい生活を、各地域から主体的に再構築していくための試練の時代であるともいえる。私たちは、地方自治体・国の主権者であり、地球社会を構成する一員でもある。その主権を行使し、互いに連携した、地域、日本、地球の持続的発展のための創造的運動が、今こそ求められている。

◉注

＊1　以上のような地域経済の把握については、岡田知弘『地域づくりの経済学入門——地域内再投資力論』（自治体研究社、二〇〇五年）を参照。

＊2　第二次安倍内閣発足に関する米倉会長のコメント（二〇一二年一二月二六日）。

＊3　内閣府「月例経済報告」（二〇〇一年四月一三日）。

＊4　経済産業省『第四一回海外事業活動基本調査結果概要　平成二二（二〇一〇）年度実績』（二〇一二年五月）および、同『第三七回海外事業活動基本調査結果概要確報　平成一八（二〇〇六）年度実績』（二〇〇八年六月）。

＊5　内閣府『平成二一年度年次経済財政報告書』（二〇〇九年）。

＊6　岡田知弘「高度成長の過熱と終焉」（大門正克ほか編『過熱と揺らぎ』高度成長の時代2、大月書店、二〇一〇年）。

＊7　経済産業省、前掲『第四一回海外事業活動基本調査結果概要』による。

＊8　中小企業庁『平成二三年中小企業実態基本調査の結果（確報）』（二〇一二年六月）。
＊9　中小企業振興、住宅改修助成制度が地域経済に果たす役割については、岡田知弘ほか『増補版　中小企業振興条例で地域をつくる――地域内再投資力と自治体政策』（自治体研究社、二〇一三年）を参照。
＊10　経済産業省『平成一二年度企業活動基本調査報告書』（二〇〇一年）。
＊11　たとえば、二〇〇五年時点での全国平均の一人当たり課税対象所得を一〇〇とした指数を都内二三区でとると、最低の足立区が一〇四に対して、最高の港区は三六二であった。また、二〇〇二〜〇五年の月平均生活保護世帯比率は、最低の中央区が一〇・六‰であったのに対して、最高の台東区は七七・九‰であった。詳細については、岡田知弘「地域再生と大都市問題」（『企業環境研究年報』第一三号、二〇〇八年）を参照。
＊12　東日本大震災の被害構造や国土政策にとっての教訓については、岡田知弘『震災からの地域再生――人間の復興か惨事便乗型「構造改革」か』（新日本出版社、二〇一二年）を参照されたい。
＊13　この点については、岡田知弘『増補版　道州制で日本の未来はひらけるか――民主党政権下の地域再生・地方自治』（自治体研究社、二〇一〇年）および前掲『震災からの地域再生』第七章を参照。
＊14　詳細については、岡田知弘「構造改革による地域の衰退と新しい福祉国家の地域づくり」（渡辺治・二宮厚美・岡田知弘・後藤道夫『新自由主義か新福祉国家か――民主党政権下の日本の行方』旬報社、二〇〇九年）を参照。
＊15　国税庁「平成二二年版　統計年報」源泉徴収の項目から計算。
＊16　詳細については、岡田・前掲『震災からの地域再生』、岡田知弘『一人ひとりが輝く地域再生』（新日本出版社、二〇〇九年）を参照されたい。

（岡田知弘）

あとがき

本書は、福祉国家構想研究会財政部会のメンバーが執筆したものである。同研究会では、全体研究会に併行して、テーマごとに分かれた複数の部会による共同研究が進められている。本書を担当した財政部会は、いくつかある部会のなかでも、当初より、研究会内外からの比較的高い期待を受けて発足した。それは、いうまでもなく、新福祉国家を構想・展望するには、それなりの財政的措置が必要であり、社会保障をはじめとして、すべての領域・分野の関心がとくに財源問題に集まることになったからである。

ただし、現代日本の国家・自治体は未曾有の財政危機のただなかにおかれている。安倍政権の発足後、この財政危機はいっそう深まる気配をみせている。「社会保障と税の一体改革」の名の消費増税も、二一世紀に入って以降顕著になった「新自由主義的財政危機」の構造を根本的に転換するものではなく、むしろ、財政危機を起点かつ終点とする悪循環の回路内のものであるといわなければならない。しかも、この「新自由主義的財政危機」の構造は、日本だけのものではなく、規模や形態に多少の違いはあっても、二〇〇八年の金融恐慌以来、欧米先進資本主義諸国に共通してあらわれているものである。

財政に比較的ゆとりのある時代とくらべて、深化する財政危機の時代には、財政構造の転換にもそれだけ多く困難がつきまとうものである。だが同時に、危機の深さはそれだけ強く構造の転換を促すものでもある。したがって「財政危機の打開」と「財政構造の転換」とは、同時に手がけるべき課題になる。そのうえに、「危機打開」と「構造転換」の両者には一定の論理的整合性が必要であり、共通の原則に根ざしたものでなければならない。その原則とは、本書の言葉でいえば福祉国家型財政原則である。

本書は、一方での新自由主義的財政危機の構造と他方での福祉国家型財政原則とを対置させ、両者の対抗関係のなかにおいて、「危機打開」と「構造転換」の方向を探ろうとしたものである。当初、私たちは、この方向を現代日本の実情に即しつつ、できるだけ具体的に、税財政の数値や試算をあげて追究しようと試みたが、財政分析に付随する固有の困難（情報不足、制度の複雑性、条件の可変性、総合的分析力量など）にぶつかり、そのもくろみを完全に達成することはできなかった。ここでは、この課題は今後に引き継がれるものとしておきたい。

私たちが本書で提示したのは、「危機打開」と「構造転換」の追究に必要な枠組み、視点、指針とそのいくつかの具体例である。福祉国家型財政への転換に問われる最低限の課題は、現代日本の財政危機分析と構造転換の総論的課題（第2章）、社会保障財政に固有な課題としての社会保険（第3章）、現代日本の最大の対決点としての「社会保障と税の一体改革」（第4章）、福祉国家型地方自治とナショナルミニマム保障（第5章）、福祉国家型国民経済の道（第6章）を扱った各章において明らかにされているはずである。

福祉国家型財政への転換の課題は、現代日本で問われているだけではなく、二一世紀における世界史的課題であるといってよい。したがって、この課題の探求は、福祉国家構想研究会だけに問われるものではなく、広く社会全体の心ある研究者多数の実践的テーマでもある。私たちは、研究会内外の多くの人々の意見やアドバイスに耳を傾け、本書を中間的とりまとめとして、新たに研鑽を積んでいきたいと思う。

執筆者を代表して　二宮厚美

〈付記〉本書は、福祉国家構想研究会に対する全国保険医団体連合会の委託、および、全日本民主医療機関連合会、京都府保険医協会、全国労働組合総連合、日本自治体労働組合総連合、日本国家公務員労働組合連合会、東京土建一般労働組合、全労働省労働組合の補助を受けた研究の成果である。

執筆者

梅原　英治（うめはら　えいじ）　1950年生まれ　大阪経済大学教授

髙山　一夫（たかやま　かずお）　1971年生まれ　京都橘大学准教授

川上　哲（かわかみ　さとし）　1977年生まれ　東京自治問題研究所

平岡　和久（ひらおか　かずひさ）　1960年生まれ　立命館大学教授

岡田　知弘（おかだ　ともひろ）　1954年生まれ　京都大学教授

編者
二宮厚美（にのみや　あつみ）1947年生まれ
神戸大学名誉教授
主な著書：『新自由主義の破局と決着――格差社会から21世紀恐慌へ』（新日本出版社，2009年），『新自由主義からの脱出――グローバル化のなかの新自由主義vs.新福祉国家』（新日本出版社，2012年），『橋下主義解体新書』（高文研，2013年），『新自由主義か　新福祉国家か――民主党政権下の日本の行方』（共著，旬報社，2009年），『福祉国家型地方自治と公務労働』（共著，大月書店，2011年）ほか。

福祉国家構想研究会
新たな福祉国家の構築をめざして，現代日本の状況を批判的に分析し，対抗構想を提起する，医療・教育・雇用・税制・財政・政治などの諸領域における研究者と実践家，約80名からなる研究会。代表：岡田知弘（京都大学教授）・後藤道夫（都留文科大学名誉教授）・二宮厚美（神戸大学名誉教授）・渡辺治（一橋大学名誉教授）。

装幀　臼井弘志

新福祉国家構想④
福祉国家型財政への転換――危機を打開する真の道筋

2013年5月31日　第1刷発行

定価はカバーに
表示してあります

編　者　二　宮　厚　美
　　　　福祉国家構想研究会
発行者　中　川　　　進

〒113-0033 東京都文京区本郷2-11-9
発行所　株式会社　大　月　書　店
印刷　三晃印刷
製本　中永製本

電話（代表）03-3813-4651　FAX 03-3813-4656　振替 00130-7-16387
http://www.otsukishoten.co.jp/

ISBN978-4-272-36074-1　C0336　Printed in Japan